역사 속에서 삶의 해답을 찾다 • 장상현의 고사성어

# 장상현의 故事成語 1

장상현 편저

오늘의 문학사

# 장상현의 故事成語 ❶

## | 머리말 |

역사는 우리에게 항상 삶의 지혜와 방향을 제시해주는 소중한 자산(資産)이라는 것은 주지(周知)하고 있는 사실이다. 과거(過去)가 있어야 현재(現在)도 존재하며 또 닥쳐올 일(未來)도 예측할 수 있다. 따라서 역사적 교훈은 우리에게 참으로 소중하다.

본서의 내용은 고사성어(故事成語)를 다루면서 삶의 지혜를 터득해보고자 하는 뜻에서 시작하려고 한다.

동양(東洋)에서는 수천 년을 지나오면서 고사성어(故事成語)라는 요약된 문자를 통해 빛나는 교훈을 남기고 있다. 고사성어란 고사(故事 : 사건으로 인하여)와 성어(成語 : 이루어진 말)의 합성어로 지나간 역사적 사건에서 유래되어 생긴 말로 비유적인 내용을 함축하고 있다.

필자가 고사성어를 접한 것은 실로 우연한 기회였다. 2013년 전주에서 한문번역을 위해 공부하던 중(한국고전번역원 전주분원) 평상시 존경하는 김용복 교수(효 교육원 교수)로부터 전화가 왔다. "지방자치단체장들에게 권할 칼럼을 쓰려고 하는데 그들을 위해 선현들의 좋은 말씀이 있으면 알려 달라."는 부탁성 전화였다.

나는 생각해 보겠노라고 하면서 전화를 끊은 후 여러 가지를 생각하다가 '수령칠사(守令七事)'를 생각하고 보내드렸다. 며칠 후 다시 연락이 왔는데 완전 히트! 대단한 자랑으로 생각한다고 하였다. 그 후 종종 고사를 이용하여 지금까지도 꾸준히 김 교수님의 붓은 지자체장이나 기초위원은 물론 대통령을 비롯한 정치가와 국회의원들이 잘 못 됨에는 정의의 칼날 같은 지적을, 잘 함에는 더 없는 칭찬으로 격려하고 있다.

한편 김 교수께서는 저에게 권고하시길 고사성어를 강의해보라는 뜻을 전해왔고 우연한 기회가 되어 대전시민대학을 시작으로 '재미있고 유익한 고사성어'라는 과목으로 3년째 강의를 하고 있다. 강의 횟수가 늘어감에 따라 역사적 사실의 재미보다는 고사에서 얻는 교훈에 점점 마음이 끌리게 됨은 물론, 모든 인생사가 고사의 범주 속에 포함되지 않음이 없는 것을 점차 깨닫게 되었다.

예로 '묘각재판(猫脚裁判)'의 절묘한 판결, '지록위마(指鹿爲馬)'의 우매한 군주와 권력욕에 미친 환관의 이야기 등 단 몇 자의 글자에 함축된 숨어있는 교훈은 가히 절묘한 표현이라고 말할 수 있다.

막상 글을 쓰려니 어렵고 두렵다 그러나 진흙 속의 구슬도 캐어서 다듬어야 빛나는 가치를 알 수 있다. 이제는 사람들의 가치관이 달라졌다. 부(富)와 귀(貴)에서 건강을 동반한 현실행복으로 바뀌고 있다. 그러나 인간의 추구하는 바가 옛사람과 현재인이 다르지 않을진대 선조들의 행적과 명언에서 찾는 것이 지름길이 될 것이다.

늘 가슴에 새겨두고 생각하는 서산대사(西山大師)의 명시(名詩)

를 생각해본다.

踏雪野中去(답설야중거)
눈 내린 들판 가운데를 걸어갈 때
不須胡亂行(불수호란행)
함부로 어지러이 발걸음을 내딛지 말라
今日我行跡(금일아행적)
오늘 내가 남긴 발자국이
遂作後人程(수작후인정)
뒤에 오는 사람에 길잡이(이정표)가 되리라

얼마나 가슴에 와 닫고 진정으로 교훈이 되는가! 이런 교훈을 여러 사람과 나누기 위하여 본서를 집필한다. 강호제현(江湖諸賢)의 비정을 구하며, 부족한 부분은 채워갈 요량이다.

2019년 여름에 저자

| 개요 |

고사성어(故事成語)는 고사(故事 : 옛일, 옛사례)와 성어(成語 : 옛사람들이 만들어 세상에 널리 쓰여지는 말)를 합쳐서 말한 것으로 지난 사례에서 유래되어 생긴 말로 비유적인 내용을 함축하고 있다. 대부분 중국의 역사와 고전(古典) 등 옛 사건의 지혜로움을 잘 조명(照明)하고, 또한 옛사람들의 잘됨과 잘못된 사실을 명확히 알아 후대 사람들에게 생활(生活)의 지혜(智慧)와 교훈(教訓)이 되고 있다.

한편 고사성어(故事成語)는 네 글자로 이루어진 말이 대부분이지만 "기우(杞憂)"나 "계륵(鷄肋)"처럼 두 글자로 된 말도 있고 "가정맹어호(苛政猛於虎)"나 "오십보백보(五十步百步)"처럼 네 글자가 넘는 것도 있다. 이는 인간의 오래된 역사 속에 기억될 만한 사건과 영웅호걸들의 행적에서 귀감(龜鑑)이 되고 지혜로움이 되는 두 글자, 네 글자, 네 글자 이상의 글귀로 간략하게 표현하여 숙어(熟語)로 전해진 것이다. 따라서 고사성어(故事成語) 속에는 인간의 지모(智謀)와 그로 인해 얻어지는 삶의 지혜(智慧)가 녹아 있어서, 조리 있는 문장 작성이나, 설득력 있는 대화를 진행함에 여러 방면으로 효과를 기대할 수 있는 것 또한 사실이다.

고려 문종(文宗)때 요(遼)나라가 압록강 동쪽을 자국의 국경으로 삼으려하자 고려의 문신(文臣) 박인량(朴寅亮)이 "온 천하가 이미 천자의 땅이자 천자의 신하가 아님이 없는데 얼마 되지 않는 땅을 두고 어찌하여 하필 내 땅이니 내가 다스리겠다고 하십니까."라고 하는 진정표(陳情表)를 지어서 올리니, 요(遼)나라 황제가 그 문장과 이론에 탄복하여 압록강을 경계로 삼도록 했다.

고사성어(故事成語)와 사자성어(四字成語)는 또 다른 의미가 있다.

우리는 옛 선인들의 사건을 통하여 현재 살아가는 지혜를 터득하여 즐겁고 후회와 부끄러움이 되풀이 되지 않는 삶을 살아야 하지 않겠는가!!

사람들의 삶의 가치가 바뀌어 가고 있다.

예로부터 미래까지 인간에게 변하지 않는 것이 있다면 인간의 3대 욕구일 것이다. 곧 식욕(食慾), 이성(異性), 수면욕(睡眠慾)으로 아마 인간이 존재하는 날까지 없어질 수 없는 것으로써 이는 생존과 번식에 직결되는 문제이기 때문이기도 하다.

이 세 가지는 단 한 순간도 놓칠 수 없는 문제이며 반드시 해결해야만 되는 삶의 기본이기도 하다.

그리고 삶의 기본 다음으로 인간이 가지고 싶어 하는 것은 '인간다운 삶' 즉, 삶의 가치일 것이다.

예로부터 선조들은 삶의 가치를 명예(名譽), 권력(權力), 부(富) 등을 우선시했다. 곧 명예를 출세(出世)라 하여 세상에 태어나서 이름을 크게 들어내고, 높은 관직으로 승진하는 것을 가문의 영광과 후손에게 모범으로 여겼다. 그리고 부유함은 누구나 갖고자 하는 소망이었다.

그러다가 시대가 변함에 따라 사람들은 점점 인격과 도덕성을 참다운 인간의 가치로 여기며, 수많은 이론과 관찰을 통하여 철학과 사상이라는 단어로 승화시켜 나아가고 있다.

그런데 시대가 경제적으로 여유로워 의(衣), 식(食), 주(住)가 여유롭고 사회에서의 인간의 역할이 다양해졌다. 즉 공동체의식에서 점차 개인성향의 의식으로 변함에 따라 이에 따른 전문성이 요구되고, 인격과 도덕을 바탕으로 한 베풂과 봉사의 가치를 우선으로 생각하게 되었다. 이른바 사랑과 행복이라는 것이다. 이는 인간이 인간에게 할 수 있는 최고의 가치로서의 베풂과 봉사를 의미한다. 또 남을 사랑하므로 남도 행복하게하고 자신도 행복해지는 밝은 사회를 의미하기도 한다. 그 사랑과 행복의 근원을 가정(家庭), 민족(民族), 조국(祖國)에서 찾고 실행하여야 한다.

이를 위해 인간이 살아가야 할 구비조건으로 知, 能, 時를 갖추어야 한다.

첫째는 앎[知]이다.

인간은 출생 직후부터 알고자 하는 강한 욕구를 가지고 태어났다. 곧 배고픔을 만족키 위해 먹는 것을 찾게 되고, 엄마의 품이 평온함을 알게 되며 주위의 환경(추위, 더위 등)을 알게 되는 등 표현은 못하지만 오감(五感)을 통해 삶을 영위하는 방법을 터득하거나, 저절로 알게 되고, 강력한 의지로 변하였다.

그리고 인간은 성장을 거듭하면서 실제로 생각, 행동, 변화 등을 통해 살아가는 방법을 알게 되고, 먼저 아는 자가 나중에 아는 자를 가르치게 되는 것이다. 따라서 인생의 삶에 알아야함(知)이 우선되어야함은 이론(異論)의 여지가 없다고 하겠다.

둘째는 능력(能力)이다.

아무리 지식이 많은 지혜로운 사람이라도 해결해야 할 문제에 봉착되었을 때 해결할 능력이 없으면 많이 알고 있는 것도 헛것이 되고 만다.

인간의 삶은 헤쳐나아가야 할 난제, 해결해야 할 무수한 문제와 부딪쳐 가며 생활하게 된다. 그런데 그 문제를 해결하지 못하고 헤쳐나아가지 못한다면 결국 삶의 경쟁에서 밀리고, 자신이 세운 목표에 도달하지 못하여 실패를 맞게 되는 것이다. 따라서 앎이 있으면 그 앎을 기본으로 하는 능력을 갖추는 것이 두 번째로 길러야 할 조건이다.

셋째는 때[時]를 기다려야 한다.

사람이 깊고 해박한 지식이 있으며 문제를 해결할 능력이 빼어나도 그 때를 갖추지 못하면 성공할 수 없는 것이다. 물론 때[時]는 자신이 만드는 방법이 있다. 그러나 시대와 상황, 환경, 여론 등 본인의 뜻과는 반대로 때[時]가 본인의 방법과 행동에 방해가 되는 경우 또한 흔하게 경험할 수 있다. 따라서 때[時]는 본인이 스스로 만들어 나가야 하지만 시대, 상황을 읽고 잘 대처해야하는 여지도 반드시 갖추어야 할 중요한 구비조건이라 할 수 있다.

이 知, 能, 時를 갖춘 다음에 필요한 것은 삼여(三餘)이다.

'삼여'란 삼여독서(三餘讀書)를 줄여서 말하는데, 선조들은 여유 있는 시간을 맞아 독서함을 가장 큰 즐거움으로 삼았다.

冬者歲之餘(동자세지여) : 겨울은 한해의 여가
夜者日之餘(야자일지여) : 밤은 하루의 여가
陰雨者時之餘(음우자시지여) : 내리는 비는 한 때의 여가

이렇게 함으로 소확행(小確幸 : 작지만 확실한 행복)을 누렸다.

## | 일러두기 |

1. 수록된 고사성어는 일상에서 많이 사용되는 것으로 선별했음.
2. 독자의 편의를 위해 한글로 쓰고 한자는 (　)로 처리하였음. : 한자(漢字)
3. 가급적 원문에 충실하고자 하였음.(필요한 내용 원문 첨부)
4. 본래의 뜻과 비유 등 이해가 쉽도록 구성하였음.
5. 유사성어를 병행함으로 여러 개의 고사성어를 습득하는 효과를 기대하였음.
6. 고사성어와 관련된 고전문구를 첨부하여 고전공부를 병행 하게하였음.
7. 순서는 식별이 용이하도록 가. 나. 다 순으로 하였음.

| 목차 |

| 목차 |

## 假道滅虢(가도멸괵)

우(虞)나라의 길을 빌려 괵(虢)나라를 멸망시킨다.

❍ **글자 뜻 : 假(빌릴 가) 道(길 도) 滅(없엘 멸) 虢(나라이름 괵)**

❍ **출전 : 春秋左氏傳(춘추좌씨전), 僖公(희공) 5년**

❍ **의미 / 비유**

❶ 다른 나라의 길을 임시로 빌려 쓰다가 그 나라를 쳐서 없앰.

❷ 기회를 포착하여 세력을 확장시킴.

❸ 어떤 일을 달성하기 위해 남의 힘을 빌린 후 상대방까지 자기 손아귀에 넣어 버림.

❍ **사건유래 요약**

춘추오패(春秋五覇)의 한 사람인 진문공(晉文公)의 아버지 헌공(獻公)이 왕위에 있을 때였다.

헌공은 괵(虢)나라를 치려 하는데 좋은 계책이 없을까 대부(大夫) 순식(荀息)을 불러 물었다.

이에 순식이 대답하기를 우공(虞公)은 욕심이 많은 사람이라 진나라의 명마인 굴산지마(屈産之馬) 네 마리와 천하의 명구슬인 수극지벽(垂棘之璧)을 보내 환심을 산 뒤 길을 빌려달라고 하는 것이 좋겠다고 대답했다.

사신으로 온 순식에게서 진 헌공이 우(虞)나라에 길을 빌려 괵나라를 치려(假道於虞以伐虢/ 가도어우이벌괵) 한다는 말을 듣고 우공은 화를 냈지만 가져온 선물을 보자 단번에 마음이 흔들렸다.

이때 우(虞) 나라의 책사 궁지기(宮之奇)가 극구 간했다.

"괵(虢) 나라가 망하면 저희 우 나라도 망합니다. 덧방나무(바퀴살의 힘을 돕는 나무)와 수레는 서로 의지하고 입술이 없어지면 이가 시립니다(輔車相依 脣亡齒寒/ 보거상의 순망치한)."

우공이 간언을 듣지 않고 길을 빌려주자 궁지기의 우려대로 괵을 멸하고 돌아가던 진나라 군사는 단숨에 우를 공략했다.

유래한 고사도 그렇지만 원래 가까운 이웃 나라가 망하면 다른 나라도 온전하기 어렵다는 비유였다.

### ❍ 유사성어

車之兩輪(거지양륜) 共爲脣齒(공위순치) 輔車相依(보거상의)
脣齒相依(순치상의) 鳥之兩翼(조지양익)

임진왜란 발발 초기 고니시 유키나가(소서행장)는 동래성에 도착해서 戰則戰矣 不戰則假道(전즉전의 부전즉가도) 싸울 뜻이 있으면 싸우고 싸우지 않으려거든 길을 빌려달라는 글을 동래부사 송상현에게 전했었다. 이때의 가도(假道), 즉 길을 빌려달라는 그 내용이 바로 이 가도멸괵이다.

길을 빌린 다음에 야심을 드러내어 주위 국가를 멸망시킨 고사를 생각한 동래부사 송상현은 "戰死易假道難(전사이가도난) 죽기는 쉬우나 길을 빌려주는 것은 어렵다."라고 답한 뒤 전투를 하게 된다.

고니시 유키나가가 말한 대로 길을 빌려주어 봤자 결국은 멸망당하게 된다는 것을 이미 춘추시대의 역사를 통해 알고 있었기에 송상현 부사는 어렵지만 나라를 위한 방법을 선택한 것이다.

한반도의 이점을 이용하려는 주위의 강국들은 여러 가지의 권모

(權謀)와 술수(術數)를 이용하며 자국(自國)의 이익에 접근하려한다.

미국, 일본은 대륙의 진출을 목적으로 하고 있고, 중국과 러시아는 일본을 포함한 태평양의 패권(霸權)을 노리고 한반도에 추파를 보내고 있다.

그 중 미국은 한국의 안보를 담보로, 일본은 독도를 자기영토라고 억지를 쓰면서 힘겨루기를 하고 있다.

한편 중국은 역사를 왜곡시켜가며 동북공정(東北工程)을 서두르고 있으며, 러시아도 천연가스와 대륙 간 철도연결의 달콤한 내용으로 술수를 부리고 있다.

모두들 자국의 이익을 위함인 것을 깊이 깨달아야 할 것이다.

國必自伐而後外寇伐之 人必自戕而後客邪戕之
(국필자벌이후 외구벌지 인필자장이후 객사장지)
나라는 반드시 스스로 친 뒤에 외적이 와서 치고,
사람은 반드시 스스로 해친 후에 사기(邪氣)가 와서 해친다.

깊이 새겨두어야 할 교훈이다.

*객사(客邪) : 밖으로부터 인체에 침입한 나쁜 기운.

## 苛政猛於虎(가정맹어호)

가혹한 정치는 호랑이보다 무섭다.

❍ 글자 뜻 : 苛(매울 가, 사나울 가) 政(정사 정) 猛(사나울 맹) 於(어조사어) 虎(범 호)

❍ 출전 : 禮記(예기), 檀弓 下(단궁 하)篇, 孔子家語(공자가어)

❍ 의미 / 비유

❶ 가혹한 정치의 폐해.

❷ 공직자의 양심도 없는 부패.

❍ 사건유래 요약

중국(中國)의 춘추(春秋) 시대(時代) 말엽, 나라마다 기강이 어지러워져 하극상(下剋上)하는 자들이 많았다. 노(魯)나라도 예외는 아니어서 대부(大夫)의 벼슬을 하는 계손자(季孫子) 같은 자는 백성(百姓)들에게서 세금(稅金)을 가혹(苛酷)하게 거두어들여 엄청난 부(富)를 누리고 있었다. 그는 그 나라 군주보다 부(富)가 많았다.

공자(孔子)가 제자들과 함께 태산(泰山)의 어느 길을 걷고 있었다.

그러데 갑자기 슬피 우는 한 부인의 소리가 들렸다.

공자는 수레에 몸을 기댄 채 울음소리에 귀를 기울였다.

이윽고 제자인 자로(子路)에게 명하여 묻게 하였다.

자로가 가까이 가보니 소복을 한 한 부인이 갓 조성한 무덤 앞에서 매우 슬피 울고 있었다. 자로가 그 부인에게 묻기를

"부인께서 마치 슬픈 일을 거듭 당하신 것 같은데 무슨 일이 있었습니까?" 그러자 부인이 이렇게 대답했다. "네, 말씀하신 대로입니다. 몇 년 전에 저의 시아버님이 호랑이에게 잡혀 먹혔는데 작년에는 남편이, 그리고 이번에는 자식까지 호랑이에게 잡혀 먹혔답니다."

이윽고 공자가 가까이 와서 이 말을 듣고 물었다. "그렇다면 이렇게 무서운 곳에서 왜 다른 곳으로 이사(移徙) 가지 않으십니까?"

그러자 부인이 이렇게 대답했다. "그 이유는 그래도 이곳에 살고 있으면 무서운 세금(稅金)을 내지 않아도 되기 때문이지요." 공자는 이 말을 듣고 깊이 느끼는 바가 있어 제자(弟子)들에게 이렇게 일깨웠다. "너희들도 가슴에 잘 새겨두어라. 가혹(苛酷)한 정치(政治)는 사람을 잡아먹는 호랑이보다 더욱 무섭다는 것을 말이다."

### ❍ 유사성어

塗炭之苦(도탄지고) 民生塗炭(민생도탄) 苛斂誅求(가렴주구)

조선후기 실학자이자 정치가였던 다산 정약용은 당시 부패한 관리들의 횡포를 통렬하게 비판하는 내용이 담긴 시(詩) 9편을 지었는데 그 중 애절양(哀絶陽)이란 시(詩)는 가히 그 시대를 잘 조명했음을 알 수 있다.

갈대밭마을 젊은 아낙의 곡소리 기나긴데
관문 앞으로 달려가 통곡하다 하늘 보고 울부짖네.

(중략)

시아버지 삼년상 벌써 지났고, 갓난아이는 배냇물도 안 말랐는데
세 사람의 이름이 군적에 올랐다니요.
억울한 하소연 하려해도 관가 문지기는 호랑이 같고,
이정(里正)은 으르렁대며 외양간 소마저 끌고 갔다네.

(중략)

자식을 낳고 사는 이치는, 하늘이 준 것이요
하늘의 도는 남자 되고, 땅의 도는 여자 되는 것이라
거세한 말과 거세한 돼지도 오히려 슬프다 할 만한데
하물며 백성이 후손 이을 것을 생각함에 있어서랴.

부자 집들 일 년 내내 풍악 울리고 흥청망청
이네들 한 톨 쌀, 한 치 베 내다바치는 일 없네.(세금을 내지 않네)
다 같은 백성인데 이다지 불공평하니
객창에 우두커니 앉아 시구편(鳲鳩篇)을 거듭 읊노라.

당시 뱃속의 아이, 죽은 사람, 심지어는 기르는 개에게까지 세금을 물리는 혹정(酷政)에 울분을 참지 못하고, 그 원인이 자식을 많이 낳게 만든 자신에게 있다고 개탄하면서 절양한 남편을 부여잡고 울부짖는 아내의 절규는 이 시대 정치가 만들어낸 비극이 아닐 수 없다.

또 하나, 학정의 시대상을 시로 풍자한 유명한 춘향전의 어사 이

몽룡의 시를 보자.

金樽美酒千人血(금준미주천인혈)
금동이의 술은 천 사람의 피요
玉盤嘉肴萬姓膏(옥반가효만성고)
옥쟁반의 맛난 안주는 만백성의 기름이라
燭漏落時民漏落(촉루낙시민루낙)
촛농 떨어질 때 백성의 눈물 떨어지고
歌聲高處怨聲高(가성고처원성고)
노래 소리 높은 곳에 원망소리 높도다.

조선은 임오군란, 동학혁명 등을 통하여, 아전들의 지독한 세금 탈취와 지방수령들의 가혹한 백성탄압으로 수많은 백성들이 고통받은 역사를 기억하고 있다.

이제 새로운 시대, 새로운 질서, 새로운 지도자 등 많은 변화가 이 땅에 뿌리 내렸건만 정치적 변화는 옛 그대로이다.

권력을 이용하여 아랫사람을 무시하고 가혹하게 대하는 이른바 '갑질'과 '반목'만은 구태에서 벗어나지 못함을 위정자들은 크게 반성해야 할 것이다.

말로는 항상 '국민을 위하여'라고 하지만 실제는 권력을 즐기는 틀에서 벗어나지 못하고 있는 한국 정치행태가 안타까울 뿐이다.

## 擧案齊眉(거안제미)

밥상을 들어 눈썹높이까지 들어 올림.

❍ 글자 뜻 : 擧(들 거) 案(밥상 안) 齊(가지런할 제) 眉(눈썹 미)

❍ 출전 : 後漢書 逸民傳(후한서 일민전)

❍ 의미 / 비유

❶ 아내가 남편을 깍듯이 존경함.

❷ 부부가 서로 존경하고 화목하게 사는 것에 비유.

❍ 사건유래의 요약

양홍(梁鴻)의 아버지는 왕망(王莽) 때 성문교위(城門校尉)로 북지(北地)에 살다가 거기서 죽었다. 양홍은 어린 나이에 난세를 만난 상황이라 어쩔 수 없이 돗자리에 아버지를 말아서 매장했다. 후에 양홍은 태학에 들어가 공부를 했는데 가난하지만 절조를 숭상했고 널리 책을 읽어 두루 학식을 쌓았다.

공부를 마친 후 양홍은 상림원(上林苑)에서 돼지를 쳤는데 그만 실화(失火)를 하여 다른 집들까지 태워 버렸다. 그는 피해자들을 찾아다니며 돼지로 손실을 갚았다.

어떤 사람이 돼지로는 보상이 부족하다고 하자 양홍은 자기에게는 다른 재산이 없으니 그의 집에서 일을 해 주는 것으로 보상하겠다고 했다.

주인이 허락하자 양홍은 게으름을 피우지 않고 성실하게 일했다.

이러한 소식이 온 마을에 전해지자, 사람들은 모두 감동하였다.

마을 사람들은 양홍이 평범한 인물이 아니라고 하며, 양홍에게 일을 시킨 사람더러 지나치다고 비난했다.

이웃의 노인은 양홍이 보통 사람이 아닌 것을 보고 그 주인을 비난하고 양홍의 성실함을 칭찬했다.

주인도 양홍을 대단한 사람으로 여기고 돼지를 돌려주었지만 양홍은 받지 않고 고향으로 돌아갔다.

권세를 가진 사람들이 양홍의 높은 절조를 흠모하여 자기 딸을 시집보내려고 했으나 양홍은 모두 거절했다.

같은 마을의 맹씨 집에 딸이 있었는데 몸은 뚱뚱한데다가 얼굴은 시커멓고 몹시 추했다. 힘은 장사여서 돌로 된 큰 절구를 들어 올릴 수 있었는데 나이 30이 되도록 결혼할 생각을 하지 않았다. 그녀의 부모가 결혼하지 않으려는 이유를 묻자 그녀는

"양홍처럼 덕 있는 사람이라면 시집을 가겠습니다."라고 대답했다.

양홍은 이 소식을 듣고 예를 갖추어 그녀를 아내로 맞이하기로 했다.

아내는 베옷, 짚신, 방직용 광주리, 새끼 꼬는 기구 등을 구해 놓고는 시집가는 날 화장을 잘하고 옷도 잘 차려입고 갔다.

그런데 결혼식을 마치고 며칠이 지나도 양홍이 부인을 거들떠보지 않았다. 부인이 궁금하여 그 까닭을 물었다. 양홍은

"내가 원했던 부인은 비단옷을 걸치고 짙은 화장을 하는 여자가 아니라 누더기를 부끄러워하지 않고 깊은 산속에서라도 살 수 있는 여자였소."라고 대답했다.

부인은 이제 당신의 마음을 알았으니 당신의 뜻에 따르겠다고 대답하고는 머리 모양도 옛날처럼 하고 베옷으로 갈아입고 나왔다.

양홍은 기뻐하며 그녀에게 덕요(德曜)라는 자(字)와 맹광(孟光)이란 이름을 지어 주었다. 그 후부터 아내는 화장도 않고 산골 농

부 차림으로 생활하다가 남편의 뜻에 따라 산속으로 들어가 농사 짓고 베를 짜면서 살았다.

그 후에 이들은 오(吳) 땅으로 가 명망이 있는 귀족인 고백통(皐伯通)에게 의지하며 곁채에서 살면서, 남의 방앗간지기로 일하며 생활을 꾸려 나갔다. 양홍이 일을 마치고 돌아오면 그 아내는 늘 밥상을 차려, 양홍 앞에서 감히 올려다보지 아니하고 밥상을 눈썹 위까지 들어 올려 바쳤다.

### ❍ 유사성어

鴻案相莊(홍안상장)

### ❍ 생활 속의 지혜

❶ 남편이 모범을 보이면 부인도 역시 잘한다.

❷ 賢婦令夫貴 惡婦令夫賤(현부영부귀 악부영부천)
어진(현명한) 부인은 남편을 귀하게 하고 악독한 부인은 남편을 천하게 한다.

남편과 부인의 관계에 있어서 생각해 볼 것이 있다.

첫째로 생각해 볼 것은 '공경(恭敬)' 또는 '존경(尊敬)'이란 단어이다.

법도와 사랑이 중심이 된 가정은 아내가 남편을 공경하는 것을 참으로 아름답다고 중요하다고 생각한다.

그 이유는 아내와 남편이 서로 공경하는 것은 인간의 가장 숭고한 사명이기 때문이다.

그런데 요즘시대는 남편을 무시하는 아내들이 점점 많아지는 것

같다. "돈도 못 벌어 오는 주제에…."라는 식으로 아내들이 남편을 무시하는 발언을 하는 것을 들을 때도 없지 않아 있다.

이러한 아내들의 남편 무시 발언은 남편의 마음에 깊은 상처를 입히는 것이다. 우리 아내들이 명심해야 할 것은 남편들은 타고난 심성은 존중받기를 원하는 욕구가 강하다는 사실이다.

그런데 가정에서 제일 가까운, 아니 한 몸인 아내로부터 존중을 받지 못하고 무시를 당하게 되면 그것은 인간 본성의 자존심을 상하게 하는 것이다. 물론 아내들의 입장에서 남편이 존중을 받을 만해야 하지 어떻게 그렇지 못하게 보이는 남편에게 존중을 해야 하는가라는 질문을 던질 수 있을 것 같다.

그러나 성경 에베소서 5장 33절에 "아내들이여 남편을 경외(敬畏)하라."는 말씀은 명령이라는 사실이다. '내 생각에 내 남편은 존경 받을 인물이 못 돼!'라고 생각해도 하나님의 명령은 분명하다. 남편을 존경하라. 이것은 조건적인 것이 아니다.

남편이 존경 받을 만한 행동을 해야 존경하라는 말씀이 아닌 것이다. 물론 남편의 입장에서는 아내에게 존경을 얻어야한다고 생각한다. 또 남편의 입장에서는 아내에게 존경을 요구하던지 강요(强要)해서는 안 된다.

오히려 아내의 존경을 얻고자하는 남편은 모범적인 행동을 하도록 힘써야 한다. 이것이 남편의 본분이요 역할인 것이다.

또 한 가지 생각해 보는 것은 '신뢰(信賴)'라 할 수 있다. 부부 관계에 있어서 서로에 대하여 신뢰를 쌓지 못하면 그것은 참으로 불행한 일이 아닐 수 없다.

남편이 아내를 믿지 못하고 아내가 남편을 믿지 못한다면 그 부부 관계는 서로가 의심으로 가득 차 불안한 부부관계 속에서 결국은 이혼까지 갈 수 있는 상황으로 변질되기 쉽다. 그러기 때문에 부부 관계에 있어서 서로를 신뢰하는 것이야말로 가장 중요하다고 생각한다.

요즈음 시대와 맞지 않지만 옛 문헌(明心寶鑑, 婦行篇)에 부인이 갖추어야할 덕목을 잠시 살펴보자. 그냥 참고로만 알고 있어야겠지만….

'여자에게는 네 가지 덕(德)의 칭찬(稱讚)이 있으니

첫째 부덕(婦德)이요, 둘째 부용(婦容)이요, 셋째 부언(婦言)이요, 넷째 부공(婦工)이다.

부덕이라는 것은 반드시 재주와 이름이 뛰어남을 말하는 것은 아니요. 그 부덕이라는 것은 맑고, 곧고, 청렴하고, 절개가 있어 분수를 지키고 몸가짐을 바르게 하며 행동거지(行動擧止)에 부끄러움이 있고, 동정(動靜)에 법도가 있는 것이다. 이것이 부덕이다.

부용이라는 것은 반드시 얼굴이 아름답고 고움을 말하는 것이 아니요. 부용이라는 것은 먼지나 때를 깨끗이 빨아 옷차림을 정결하게 하며, 목욕을 제때에 하여 몸에 더러움이 없게 하는 것이니 이것이 부용이다.

부언이라는 것은 반드시 구변(口辯)이 좋고 말 잘하는 것은 아니요. 부언이라는 것은 본받을 만한 것을 가려 말하며, 예의에 어긋나는 말은 하지 않고, 꼭 해야 할 때가 된 뒤에 말해서 사람들이 그의 말을 싫어하지 않는 것이니 이것이 부언이다.

부공이라는 것은 반드시 손재주가 다른 사람보다 뛰어남을 말하는 것은 아니다. 부공이라는 것은 오로지 길쌈을 부지런히 하고 마늘과 술을 좋아하지 않으며, 맛있는 음식을 갖추어 손님을 받드는 것이니, 이것이 부공이다.

이 네 가지 덕은 부녀자로서 하나도 빼놓을 수 없는 것이다. 행하기 매우 쉽고 힘씀이 바른 데 있으니 이것에 의거하여 행한다면 이것이 부녀자로서의 범절이 된다.

어진 부인은 남편을 귀하게 하고, 간악한 아내는 남편을 천하게 한다.(賢婦 令夫貴 佞婦 令婦賤)이라 했고, 집에 어진 아내가 있으면 그 남편이 뜻밖의 화를 만나지 않는다.(家有賢妻 夫不遭橫禍) 어진 부인은 육친(六親)을 화목하게 하고 간악한 부인은 육친의 화목을 깨뜨린다.(賢婦和六親 佞婦破六親) 요즈음은 남편이 잘 해야 가정의 평화가 유지된다.

현 시대 사회가 부부 관계에 있어서 신뢰를 잃는 행동들이 심심찮게 자행되고 있다. 남편과 아내가 서로 속이고 자기 멋대로 행동하는 세상이 되어가고 있다. 성경이나 선현들의 가르침대로 살아야 한다는 것이다. 부부가 서로에게 신뢰감을 줄 수 있는 언행을 해야 하며 그러기 위해선 서로에게 진실되어야 한다.

서로 속이지 말고 이런 척 저런 척하지 말아야 한다. 부부는 서로에게 투명해야 한다. 그리할 때에 서로를 신뢰하는 관계로 발전해 나아갈 수 있다고 생각한다.

가정이 화목하기 위해서는 고사성어 '거안제미(擧案齊眉)'처럼 아내된 도리를 충실히 잘 감당하여 남편을 존경하고 남편은 존경받을 만한 행동을 모범적으로 행동하므로 서로 신뢰하는 부부가 되어 가정을 화목하게 해야 한다.

## 結草報恩(결초보은)

풀을 묶어서 은혜를 갚는다.

○ **글자 뜻 : 結(맺을 결) 草(풀 초) 報(갚을 보) 恩(은혜 은)**

○ **출전 : 춘추 좌씨전(春秋 左氏傳) 宣公(선공) 15년**

○ **의미 / 비유**

❶ 죽어 혼이 되더라도 입은 은혜(恩惠)를 잊지 않고 갚음.

❷ 무슨 짓을 하여서든지 잊지 않고 은혜에 보답(報答)함.

❸ 남의 은혜를 받고도 배은망덕(背恩忘德)한 사람은 짐승만도 못함의 비유.

○ **사건유래의 요약**

진(晉)나라의 대부(大夫) 위무자(魏武子)라는 사람이 살았는데 그에게는 첩(妾)이 한 명 있었다.

어느 날 위무가 병으로 몸져눕게 되었다.

아직 정신이 말짱할 때 그는 아들 위과(魏顆)에게 일러 말했다.

"내가 죽으면 이 첩을 다른 사람에게 개가(改嫁)를 시켜라."하더니, 그 뒤 병이 심하여 죽게 될 때쯤 또 말하되

"내가 죽으면 저 여인(女人)은 순장(殉葬)을 시켜라."고 유언(遺言)을 했다.

아버지가 돌아가시고 난 후 이과가 말하되 "차라리 정신이 있을 때의 명령(命令)을 좇아서 아버지 첩인 서모(庶母) 개가(改嫁)를 시키리라." 그리하여 서모를 개가(改嫁)시켜 순사(殉死)를 면하게

했다.

후에 진(晉)나라와 진(秦)나라 사이에 전쟁(戰爭)이 일어나서 위과(魏顆)가 전쟁(戰爭)에 나갔다.

위과는 진(秦)나라의 두회(杜回)와 싸우다가 위험한 지경에 이르렀을 때에 두회가 풀에 걸려 넘어져 위과가 두회를 사로잡아 뜻밖에도 큰 전공을 세울 수가 있었다.

그날 밤, 위과의 꿈속에 한 노인이 나타나서 말을 하는데 그는 서모(庶母) 아버지의 망혼(亡魂)이었다.

"나는 그대가 출가시켜준 여인(女人)의 아비요. 그대는 아버님이 옳은 정신일 때의 유언(遺言)에 따라 내 딸을 개가(改嫁)시켜 주었소. 그 때 이후로 나는 그대에게 보답할 길을 찾았는데 이제야 그 은혜를 갚은 것이오."했다.

진(秦)나라에게 이기고 돌아온 위과의 공훈을 찬양하여 그에게 공훈의 대가로 비옥하고 기름진 영호(令狐)땅을 하사했다.

또 진(晉) 경공은 커다란 종을 제작하여 위과가 승전한 연, 월, 일을 새겨놓게 하였다. 이 종이 바로 경종(景鐘)이라 불리우는 종이다.

### ○ 유사성어

刻骨難忘(각골난망) 難忘之恩(난망지은) 難忘之澤(난망지택)

### ○ 생활 속의 지혜

❶ 어릴 때부터 은혜를 아는 사람으로 길러야 하는 가정교육이 필요.

❷ 가정에서 좋은 일을 했을 때는 반드시 보답을 하고 나쁜 행

위가 있을 때는 반드시 상응한 조치를 해야 한다.

❸ 반드시 국가의 은혜에 대한 보답과 부모은혜에 대한 보답을 교육해야 한다.

❹ 부모의 정신이 맑을 때 한 유언을 지킨다.

인간과 짐승의 구분은 지혜와 도리(道理)를 지키는 것으로 구분된다.

곧 은혜를 입었으면 마땅히 감사하게 생각하고 그 은혜를 잊지 않고 갚을 능력과 기회가 있을 때 반드시 갚는 것이 인간의 도리이다.

산 사람을 묻는 것을 순장(殉葬)이라 하고 쓰던 물건을 같이 묻어주는 것을 부장(副葬)이라 한다.

오래 전 옛날에는 순장제도라든지 부장제도가 엄존하고 있었다.

문제가 되는 것은 두말할 것도 없이 산 사람을 묻는 순장이 될 것이다. 순장을 당하는 사람은 힘없는 천민이나 돈에 팔려온 가난뱅이거나 몸종이다. 반면에 권세 있고 돈 있고 뒤를 봐주는 든든한 배경이 있는 사람들에게는 해당되지 않으므로 인간 세상의 불균형이 존재한다.

권세 있는 자가 첩이나 종을 같이 묻는 이런 풍습은 살인행위 그 자체라 할 수 있고, 무자비한 생명경시(生命輕視)다. 그런데도 권력자들은 산 사람임에도 불구하고 물건처럼 순장했던 것이다.

풍습이나 관습의 얼굴을 뒤집어쓰고 별 거부감 없이 아무렇지도 않게 행해지는 이 같은 일이야말로 오히려 더한 야만행위라 하지 않을 수 없다.

그런데 위무자는 자기 아버지가 죽기 바로 전에 한 말은, 정신이

오락가락하는 상황에서 한 말이기 때문에 취할 바가 못 된다고 생각했다.

그리고는 멀쩡했을 때 한 말을 제대로 된 유언이라 여겨 서모(庶母)를 순장시키지 않고 개가시켰던 것이다.

은혜는 동물도 갚을 줄 안다.

옛날 어느 마을에 아버지와 단 둘이 사는 소녀가 있었다.

어느 날 소녀가 부엌에서 일을 하는데 두꺼비 한 마리가 부뚜막 위에 앉아 있었다. 소녀는 두꺼비에게 솥에 남은 밥을 긁어주었다.

그때부터 소녀와 두꺼비는 친해졌고, 소녀는 끼니 때마다 밥을 챙겨주었다. 그렇게 세월은 흘러 두꺼비는 강아지만큼 커지고 소녀는 열여섯 살이 되었다.

그런데 그 마을에는 신당(神堂)이 있었는데 삼 년마다 열여섯 살 되는 처녀를 제물(祭物)로 바치는 풍습이 있었다. 그리고 소녀의 아버지도 제비를 뽑았는데 그만 소녀가 제물이 되게 되었다.

소녀는 두꺼비에게 마지막 밥을 차려주면서 "이제 누가 너에게 밥을 주지?"하고 눈물을 흘렸다.

드디어 소녀는 가마를 타고 집을 떠났고 두꺼비도 엉금엉금 소녀 뒤를 따라갔다. 사람들은 어두운 신당 안에 소녀를 두고 마을로 내려왔다.

이윽고 밤이 왔다. 신당 안에는 커다란 지네가 나타나 소녀를 삼키려하자 이때 두꺼비가 나타나 맞서 싸웠다.

소녀는 두꺼비를 응원하다 정신을 잃었다.

얼마를 지나 소녀가 정신을 차리고 보니 두꺼비와 지네 둘 다 죽어있었다. 그 이튿날 마을사람들은 신당 안을 보고 깜짝 놀랐다. 그리고 두꺼비를 정성껏 묻어주었다.

그 후로 신당에 처녀를 제물로 바치는 풍습은 사라졌다.

물론 소녀는 아버지와 행복하게 살았다.

갚아야 할 것이 있다면 갚고 받을 것이 있다면 받아야 하는 것이 세상 이치다.

그러나 자기보다 못한 사람에게 은혜를 베풀었을 때는 딱히 보답을 바라고 하지는 말아야 한다.

인간에게 중요한 것은 입은 은혜나 신세는 "후일 잘 돼서 꼭 갚아야지."하는 생각이다.

남에게 신세를 지고도 갚을 줄 모르는 자는 후일이 좋지 못하고, 갚을 형편이 됐으면서도 차일피일 미루는 사람이 있다면 도덕성이 결여된 사람으로 상대하려는 사람이 없다.

그러나 반대로 고마운 마음을 갖고 있다고 하더라도 갚을 형편이 못 되는 사람은 그의 삶이 매우 힘들고 어려운 사람이다.

따라서 받을 것을 탕감하던지 오히려 더 도와주는 따뜻한 인간미가 더 행복에 가까운 길일 것이다.

이 고사를 통하여 우리는 두 가지의 교훈을 얻을 수 있다.

남을 살리고 유익되게 하는 이에겐 본인의 의사와 무관하게 보답이 따른다는 것이다. 그리고 유언이나 유훈을 행할 때 멀쩡한 정신에 남겼던 말을 따라야 한다는 것이다.

전남구례에 운조루(雲鳥樓)라는 큰 한옥이 있다. 그 운조루에 두 가지 큰 자랑거리가 있다고 한다.

첫째는 '타인능해(他人能解)'라는 글이 새겨진 큰 쌀독이다. 쌀뒤주 아랫부분에 새겨진 이 글자는 '누구든 이 쌀독을 열 수 있다.'는 뜻이다.

운조루의 주인이 쌀 두 가마니 반이 들어가는 커다란 뒤주를 사랑채 옆 부엌에 놓아두고 끼니가 없는 마을 사람들이 쌀을 가져가 굶주림을 면할 수 있게 했다는 이야기다.

가난한 사람들에게 직접 쌀을 퍼줄 수도 있겠지만 그 사람들의 자존심을 생각해 슬그머니 퍼갈 수 있게 했던 것이다.

흉년이 들었을 때 굶주린 사람들에게 이 쌀독을 열어 구제했다는 말이 전해오고 있다.

쌀독에는 두 개의 구멍이 있는데 한 개의 구멍에 꽂혀있는 나무를 돌리면 다른 한 개의 구멍에서 쌀이 쏟아져 나왔다고 한다.

두 번째 운조루의 자랑거리이자 이 집만의 특징 가운데 하나가 굴뚝이다. 운조루에는 첨탑과 같이 하늘 높이 쌓아올린 멋들어진 굴뚝이 없다.

운조루의 굴뚝은 전혀 예상치도 못했던 곳에, 눈에 잘 띄지도 않게 숨어있다. 밥 짓는 연기가 멀리 퍼지는 것을 막고자 함이며, 끼니를 거르는 사람들이 이 집의 굴뚝 연기를 보면서 더욱 소외감을 느끼지 않도록 배려한 것이라고 한다.

부잣집에서 밥 짓는 연기를 펑펑 피우는 것이 미안해 굴뚝을 낮게 만들었다고 한다. 굴뚝이 높아야 연기가 잘 빠진다는 것을 집 주인이나 목수가 몰라서 굴뚝을 이처럼 낮게 만든 것이 아닌 것이다.

작은 것에도 배려를 아끼지 않던 우리 조상들의 아량이 운조루 굴뚝에 남아 있다.

이렇게 뒤주는 열고 굴뚝은 낮춘 운조루는 6 · 25전쟁 때 빨치산의 본거지였던 지리산 자락에 있었지만 화를 당하지 않았으니 대대로 나눔을 실천했던 정신이 운조루를 지킨 셈이다.

은혜를 잊지 않는 사람들의 마음에서 운조루는 계속 지켜지고 있다.

## 鷄口牛後(계구우후)

닭의 입, 소의 뒤(항문)

**❍ 글자 뜻 : 鷄(닭 계) 口(입 구) 牛(소 우) 後(뒤 후)**

**❍ 출전 : 史記의 蘇秦傳(사기의 소진전)**

**❍ 사건유래의 요약**

전국시대 중기, 진(秦)나라는 세력이 점차로 커지면서 나머지 여섯 나라를 압박하기 시작했다. 이에 두려움을 느꼈던 나머지 여섯 나라는 진나라에 대항하기 위해 외교적인 동맹 관계를 맺으려 했는데, 이를 주도한 것이 바로 합종책을 주장했던 소진(蘇秦)이었다.

소진은 진나라와 대적하고 있는 나머지 여섯 나라의 왕을 찾아다니며 연합하여 강한 진(秦)나라에 대항해야 한다고 설득하기 시작하였다.

소진의 유세에 여섯 나라의 왕들이 모두 설득을 당해 하나같이 "나라를 들어 선생의 말에 따르겠다."며 소진을 재상(宰相)으로 초빙했다.

소진은 세 치 혀로 여섯 나라의 합종을 이끌어 내고, 일거에 여섯 나라의 재상이 되었다.

소진이 이렇게 될 수 있었던 것은 각 나라의 사정과 왕들의 성향을 완전히 파악한 기초 위에 각국의 상황에 맞게 논리적으로 유세를 진행했기 때문이었다. 소진은 한(韓)나라에 가서는 다음과 같이 선혜왕(宣惠王, 재위 BC 333~BC 312)을 설득했다.

"대왕께서 진(秦)을 섬긴다면 진나라는 반드시 의양(宜陽)과 성고(成皐)를 요구할 것입니다. 금년에 땅을 떼어 주면 내년에 또 땅을 떼어 달라고 요구할 것입니다. 떼어 주면 줄 땅이 없게 되고, 주지 않으면 전에 땅을 주었던 공은 없어지고 화를 입게 됩니다.

또한 대왕의 땅은 국한되어 있는데 진의 요구는 끝이 없으니 국한된 땅을 가지고 무한한 요구를 거스르는 것을 가리켜 원한을 사고 화를 초래한다고 하는 것입니다.

속담에 '닭의 입(부리)이 될지언정 소의 뒤[肛門]는 되지 마라.(寧爲鷄口, 無爲牛後).'고 했습니다. 지금 대왕께서 진을 섬긴다면 소의 뒤가 되는 것이 아니고 무엇이겠습니까.

대왕의 현명함과 한나라의 강대함을 가지고 소의 뒤가 되었다는 오명을 얻으면 신도 수치스럽다고 느끼게 됩니다."

한왕은 얼굴빛이 변하더니 팔을 걷어붙이고 두 눈을 부릅뜨며 칼을 꽉 잡고 하늘을 향해 탄식하며 말했다.

"과인은 비록 불초하지만 반드시 진나라를 섬기기 않을 것이오.

지금 그대가 조왕(趙王)의 가르침을 전해 주었으니(조왕도 그대의 뜻에 따르기로 했다니) 국가 사직을 들어 그대의 가르침에 따르겠소."

### ❍ 유사성어

蛇頭龍尾(사두용미) 蠅頭馬尾(승두마미)

### ❍ 생활 속의 지혜

❶ 허황보다는 실익(實益)을 찾는 현명함이 자신에게 유리함.

❷ 자기재능을 찾아 안정된 삶을 사는 것이 현명한 처사임.

이 이야기는《사기(史記)〈소진열전(蘇秦列傳)〉》에 나온다.

당시 한(韓)나라는 진(秦)나라에 가장 인접해 있었고, 또 육국(六國) 중에서 제일 약한 나라였다.

그래서 진나라의 공격에 대한 위험에 가장 많이 노출되어 있었으며, 실제로 육국 중에서 첫 번째로 멸망당했다.

소진은 한나라의 이런 상황에 맞게, '보잘것없이 작은 닭에 붙어 있지만 먹는 것을 즐길 수 있는 입이 될 것인가, 아니면 덩치 큰 소에 붙어 있지만 입이 먹어 소화시키고 남은 것을 배설이나 해 주고 뒤치다꺼리나 하는 항문이 될 것인가.'라는 화두를 던짐으로써 한나라 왕의 자존심을 적당히 건드려 가며 유세를 하여 한나라 왕을 합종에 참여하게 하는 데 성공한 것이다.

소진이 한왕을 설득하며 말한 속담에서 유래하여 '계구우후'는 큰 조직의 말석을 차지하기보다 작은 조직의 우두머리가 되는 편이 낫다는 것을 비유하는 말로 쓰이게 되었다.

'계구우후'의 '구(口)'와 '후(後)'는 '신체의 맨 앞부분과 맨 뒷부분을 상징하는 입과 꼬리'가 아니라 '먹는 것을 즐기는 입과 입이 먹은 것을 배설이나 해 주는 뒤[肛門]'라는 뜻이다.

계구우후에 대해 사기정의(史記正義)에서는 다음과 같이 밝히고 있다. 닭 입은 비록 작지만 음식을 들인다. 소 항문은 비록 크지만 분변을 내보낸다.(鷄口雖小, 猶進食. 牛後雖大,, 乃出糞也)

이런 식으로 6국(國)의 군왕(君王)을 설득(說得)하는 데 성공한 소진(蘇秦)은 마침내 여섯 나라의 재상(宰相)을 겸임(兼任)하는 대정치가(大政治家)가 되었다.

이때부터 계구우후(鷄口牛後)는 집단(集團)의 말석(末席)보다는 작은 집단(集團)의 우두머리가 낫다는 의미(意味)로 쓰이기 시작했다.

대부분의 사람들은 너무 큰 야망을 갖는다. 그러다 보니 작은 것에는 만족하지 못한다.

취업도 마찬가지다. 자신의 능력에 맞게 계획을 세우고 그 실현을 위해 노력할 일이다. 그것이 바로 계구우후(鷄口牛後)의 교훈일 것이다.

일부 공무원들은 이렇게 말한다. "계장이나 면장이나 직급은 같지만 광역자치단체에서 계장으로 있는 것보다는 시골에 면장으로 가는 것이 더 낫지 않겠어? '계구우후'라고, 광역자치단체에 있으면 말단 간부로 갖은 궂은 일을 다 뒤치다꺼리해야 되지만, 면장으로 가면 그 면에서 서열 1위의 기관장으로서 입만 가지고 다니면서 아랫사람들에게 지시만 내리면 되잖아." 과연 그런가?

요즈음에는 소 뒤에 붙어서 닭 머리에 붙은 자들에게 갑질하는 것을 더 낫게 생각하는 사람들이 늘어 가는 것 같아서 옛 풍속과 약간의 차이를 느끼게 될 때가 있다.

## 鷄肋(계륵)

닭의 갈비뼈

**❍ 글자 뜻 : 鷄(닭 계) 肋(갈비 륵)**

**❍ 출전 : 三國志 魏書 武帝記(삼국지 위서 무제기)**

**❍ 의미 / 비유**

❶ 닭의 갈비는 먹자니 먹을 것은 없고, 버리자니 아까움에 비유.

❷ 어떤 것을 취해도 이렇다 할 이득이 없지만 버리기는 아까운 것에 비유.

**❍ 사건유래의 요약**

위(魏)나라 조조(曹操)가 촉(蜀)나라 유비(劉備)를 치기 위해 한중(漢中)으로 진격했다.

조조는 사곡(斜谷)의 입구에 주둔했다. 그런데 둔병을 한 지 오래되자 군사들을 진격시키자니 마초(馬超)가 굳게 지키고 있고, 군사들을 거두어 돌아가자니 촉나라 병사들에게 웃음거리가 될 것 같아 마음속으로 망설이며 결정을 내릴 수가 없었다.

그런데 마침 취사병이 저녁식사에 닭국을 들여왔다.

조조는 그릇에 있는 닭갈비를 보고 마음속에 어떤 느낌을 받았다.

조조가 머뭇거리고 있는데 마침 하후돈(夏侯惇)이 군막에 들어와 야간 군호(軍號)를 물었다.

조조는 입에서 나오는 대로 내뱉었다. "계륵이라고 해, 계륵."

하후돈이 모든 군관들에게 '계륵'이라고 명령을 전달했다.

그런데 행군주부(行軍主簿) 양수(楊修)가 전달된 '계륵'이라는 두 글자를 보고 수하 군사들에게 짐을 꾸려 철수를 준비하게 했다.

어떤 사람이 하후돈에게 이를 보고하자 하후돈이 크게 놀라 양수를 군막에 불러 물었다.

"공은 어찌하여 짐을 꾸렸소?" 양수가 대답했다.

"오늘 저녁의 군호를 보고 위왕께서 얼마 지나지 않아 군대를 물려 돌아가시리라는 것을 알았습니다.

계륵이란 것이 먹자니 살점이 없고, 버리기에는 맛이 있어 버리기 아까운 것입니다. 지금 진격하자니 이길 수가 없고 물러가자니 사람들이 비웃을 것이 두렵고, 그렇다고 여기 그대로 있자니 이익이 되는 것이 없습니다. 일찌감치 돌아가는 것이 낫다고 여기실 것입니다.

아마 내일 위왕은 분명 군사를 되돌릴 것입니다. 그래서 떠날 때 허둥대지 않기 위해 먼저 짐을 꾸린 것입니다."

이때 왕은 돌아갈 생각을 하고 계륵이라는 야간 군호를 내렸다.

관속들은 무슨 말을 하는지를 몰랐으나, 주부 양수는 즉시 행장을 꾸렸다. 사람들이 놀라 양수에게 물었다.

"어떻게 알았소?" 양수가 대답했다. "닭의 갈비는 버리자니 아깝고 먹자니 먹을 게 없는 것으로, 한중 땅에 비유할 수 있어 왕께서 되돌아가려고 하는 것을 알았습니다."(時王欲還, 出令曰, 鷄肋. 官屬不知所謂. 主簿楊修便自嚴裝. 人驚問修, 何以知之. 修曰, 夫鷄肋, 棄之如可惜, 食之無所得. 以比漢中, 知王欲還也.)

### ❍ 유사성어

如嚼鷄肋(여작계륵) 老牛舐犢(노우지독)

### ❍ 생활 속의 지혜

❶ 버릴 것은 빨리 버려라 걸레를 잘 빤다고 행주되지 않는다.

❷ 상급자 심중을 항상 잘 파악하고 주목해야 인정받는다.

우리나라를 계륵에 비유한 경우도 있다.

수나라 말기에 이밀(李密)이라는 장수가 있었는데 양제(煬帝)가 고구려 침략 원정을 떠나자 반란을 일으켰다. 이때 그는 고구려를 '버리기는 아깝고 먹기에는 만족스럽지 못한 계륵'에 비유하면서 쓸데없는 전쟁을 일으켜 백성을 도탄에 빠트렸다고 양제를 비난하며 반란의 명분으로 삼았다.

그런데 이밀이 지적한 고구려는 정확하게 말하자면 지금 우리가 살고 있는 한반도가 아니고 옛 고구려 땅인 만주 일대, 즉 지금의 중국 동북 3성인 요동(遼東)지역이다.

이밀은 서기 582년에 태어나 서른일곱의 젊은 나이에 사망한 수나라 장군으로 조상의 고향이 요동 지역이어서 일부에서는 고구려 출신이라고 얘기한다.

수나라의 정사 '수서(隋書)'인 '이밀열전'에는 그를 문무에 걸쳐 재주가 비상할 뿐만 아니라 영웅의 기상을 지녔다고 평가해 놓았다.

'계륵'은 먹기는 그렇고 버리기는 아깝다. 그래도 버리는 것보다는 먹어야 되지 않겠는가?

바둑에서도 별로 크지 않은 돌을 취하는 것을 계륵(鷄肋)이라고 한다.

요즘 닭갈비는 먹을 게 많다.

한 번도 읽지 않고 먼지만 잔뜩 쌓여있는 책을 바로 '계륵집(鷄肋集)'이라고 한다. 이 역시 버리려니 아깝고 읽으려니 싫고 차라리 필요한 사람한테 주는 게 낫다.

계륵의 고사에 또 하나 교훈으로 생각할 것은 조조가 양수의 목을 베어버린 이야기이다.

간웅이라고 불려지는 조조는 자기의 속마음을 읽고 있는 양수가 얄미웠을지도 모른다.

어쩌면 자기의 약점을 잘 알고 있기 때문에 늘 감시당하는 기분이었을 것이다. 천재적인 능력을 가지고 멋대로 재능을 발휘하면 목숨이 위태롭다는 사실에 직면함을 알아야 한다.

겸손(謙遜), 자제(自制), 인내(忍耐)라는 덕목(德目)이 반드시 필요하다.

천하를 평정한 한신(韓信)이 오히려 참언과 경계의 대상이 되어 죽게 되는 경우를 생각해야 한다.

옛말에 '勇略震主者身危 功蓋天下者不賞(용략진주자신위 공개천하자불상)이라는 말이 있다. 이는 곧 용략이 주인보다 앞서게 되면 그 신변이 위험해지고, 공로(功勞)가 천하를 덮게 되면 오히려 상을 받지 못한다.'는 교훈도 깊이 새겨 둘 구절이다.

## 鷄鳴狗盜(계명구도)

닭 울음소리를 잘 내고 개처럼 물건을 잘 훔치다.

**❍ 글자 뜻 : 鷄(닭 계) 鳴(울 명) 狗(개 구) 盜(훔칠 도)**

**❍ 출전 : 史記(사기) 孟嘗君 列傳(맹상군 열전)**

**❍ 의미 / 비유**

❶ 닭 울음소리나 내고 개구멍으로 물건을 훔치는 변변치 못한 재주를 소유한 사람.

❷ 고상한 학문은 없으면서 천박한 꾀를 써서 남을 속이는 사람.

**❍ 사건유래의 요약**

제(齊)나라 민왕(泯王)이 재위(在位) 25년(BC299)에 맹상군(孟嘗君)을 진(秦)나라에 보냈다.

진나라 소왕(昭王, 재위 BC306~BC251)은 즉시 맹상군을 진나라의 재상으로 임명했다. 그러자 신하들 중에 한 사람이 소왕에게 간했다.

"맹상군은 현능(賢能)한 사람이며 제나라 왕의 종친입니다. 이제 진나라의 재상이 되었으니 분명 제나라를 먼저 앞세우고 진나라를 뒤에 둘 것입니다. 그러면 진나라가 위태로워집니다."

이 말을 들은 소왕은 맹상군을 파면한 후 옥에 가두고 죽이려고 했다. 맹상군은 소왕의 총희(매우 사랑하는 첩)에게 사람을 보내 자기를 구해달라고 부탁했다. 총희는 조건을 제시했다. "맹상군의 호백구(狐白裘 : 여우의 흰 겨드랑이 털로 만든 옷)를 갖고 싶소.”
당시 맹상군은 호백구 하나를 가지고 있었는데 천금의 가치가 있는 천하의 귀한 물건이었다. 그런데 진나라에 들어올 때 소왕에게 선물을 해버려 소유하고 있지 않았다.

맹상군은 근심에 차 (데리고 온)식객 모두에게 그 방법을 물어보았으나 아무도 대책을 생각해 내지 못했다.

그런데 하급 식객(食客) 중에 개처럼 (개구멍으로 기어들어가)도둑질을 잘 할 줄 아는 사람이 나서서 말했다.

“제가 호백구를 가져올 수 있습니다.” 그리고 그는 밤에 개처럼 진나라 궁중의 창고에 들어가 소왕에게 바쳤던 호백구를 가져와 소왕의 총희에게 드렸다.

그 후 총희가 소왕에게 잘 말해 주어 소왕은 맹상군을 풀어 주었다.

맹상군은 석방된 후 즉시 이름을 바꾸고 출입증을 바꾸어 서둘러 떠나 야밤에 함곡관(函谷關)에 이르렀다.

뒤늦게 소왕이 맹상군을 풀어 준 것을 후회하고 찾았다가 맹상군이 이미 떠났다는 것을 알고 급히 군사들을 동원하여 추격하도록 했다. 맹상군 일행이 함곡관에 도착했지만 규정에 의하면 닭이 우는 시간이 되어야 사람들을 관문으로 내보낼 수 있었다.

맹상군이 추격병이 쫓아올까 걱정을 하고 있는데 하급 식객 중에 닭 울음소리를 낼 줄 아는 사람이 있어 닭 울음소리를 내자 성내(城內) 모든 닭들이 함께 울어 대므로 바로 출입증을 제시하고 관문을 나올 수가 있었다.

처음에 맹상군이 이 두 사람을 수행원에 집어넣었을 때 다른 식객들은 모두 수치로 여겼었다.

그런데 맹상군이 진나라에서 어려움을 당했을 때 이 두 사람이 위험에서 구해 낸 것이다.

이때부터 모든 사람들은 맹상군의 사람 볼 줄 아는 안목에 감탄하여 심복했다.

### ❍ 유사성어

鷄鳴之客(계명지객)  函谷鷄鳴(함곡계명)

### ❍ 생활 속의 지혜

❶ 세상 모든 사람들 중, 나에게 쓸모없는 사람은 없다.
❷ 천한 재주를 가진 사람도 때로는 요긴하게 쓰인다.
❸ 선을 베풀면 선이 돌아오고 악을 베풀면 악이 돌아온다.

닭의 울음소리를 흉내 내고 개처럼 좀 도둑질하는 천한 재주라는 뜻의 계명구도는 '잔재주를 자랑한다.'는 의미나 '비굴한 꾀로 남을 속이는 천박한 짓' 혹은 '바른 사람이 배워서는 안 될 천한 기능을 가진 사람' 등의 의미로도 표현되고 있다. 하지만, 실제 고사의 이야기는 '그러한 천한 재주도 필요한 경우가 있다.'는 의미를 지니고 있다.

실제 과거에 천대받던 재주가 현대에 새로운 재능으로 각광받고 있는 것을 보면 시대 흐름에 따라 새로운 가치의 변화를 실감케 한다.

전국시대 당시의 치열한 권모술수의 일면을 엿볼 수 있는 자료이기도 한 이 이야기는 중세의 격식과 예의를 숭상하던 시대를 지나면서 천한 재주라는 부정적 의미로 굳어져 왔던 것이다.

이 계명구도의 교훈 중 나에겐 천한 재주를 지닌 자도 그 쓰임새가 있다는 맹상군의 안목이 더 중요한 교훈인 것 같다.

맹상군이 잘 나가던 시절 많은 식객들을 거느렸을 때는 영웅호걸도 많았지만 좀도둑질 하는 자와 닭의 울음소리를 잘 내는 당시로서는 천박한 재능을 지닌 사람이라도 거두어들이지 않았는가?

주변의 참모들이 왜 저런 재주를 가진 사람을 곁에 두냐고 나무랐지만 맹상군은 아랑곳 하지 않고 거두어 주었고, 그 두 사람은 맹상군이 정말 어려울 때 자신의 재능을 발휘해 그 은혜에 보답했던 것이다.

사람은 결코 겉모습으로만 판단해서는 안 된다.

특히 자신의 안목과 기준으로만 사람을 평가하면 자기화(自己化)되는 것이다.

그래서 사람에 대한 평가는 늘 늦추어야 하고, 객관적 측면에서 그 실체를 보지 못한다면 그 사람을 잘못 평가하는 것으로, 사람을 평가할 때에는 늘 조심하고 경계해야 한다.

대부분의 사람들은 누가 바쁘게 사는 것을 보면 으레 "그 돈 다 벌어서 어디다 쓸건가?"라고 묻는다. 그 사람이 무슨 일로 어떻게 보내는지는 궁금해 하지 않는다.

그런데 사람은 누구에게나 그 사람만이 가지고 있는 장점과 특정한 재주가 있다. 꼭 돈 잘 버는 사람만이 잘난 사람은 아니다.

또 학창시절에 공부를 잘해서 출세한 사람만이 반드시 유능하고 이 사회에 필요한 존재만은 더욱 아니다.

결국 '사람을 무시하면 안 된다.'라는 교훈을 주고 있는 것이다.

인간의 겉은 다 같지만 지혜는 각기 다르다. 똑똑한 이가 있는가 하면 못난이도 있다. 그러나 저마다 교묘한 말로써 자신을 옹호한다.

인재를 판별하기 쉽지 않고, 믿을 만한 사람 고르기가 어렵다는 이야기다.

여씨 춘추에 기술된 '팔관육험법(八觀六驗法)'은 인재를 가릴 때의 여덟 가지 살필 점과 여섯 가지 시험해봐야 할 점을 제시하고 있다.

먼저 관찰이 필요한 여덟 가지이다.

① 순조로울 때(잘 나갈 때) 어떤 사람을 존중하는지를 본다.
② 높은 자리에 있을 때 어떤 사람을 기용하는가를 본다.
③ 부유할 때 어떤 사람과 접촉하는지를 본다.
④ 남의 말을 들을 때 어떤 행동을 취하는가를 본다.
⑤ 한가할 때 무엇을 즐겨 하는지를 본다.
⑥ 친해진 뒤 말 속에 드러나는 뜻을 본다.(무슨 말을 털어놓는가를 본다.)
⑦ 좌절했을 때 지조를 본다.(지조를 꺾지 않는지)
⑧ 가난할 때 무엇을 하고 무엇을 하지 않는지를 본다.

시험해 보아야 할 여섯 가지이다.

① 기쁘게 해서 천박하게 행동하지 않는지를 본다.
② 즐겁게 해서 취향을 본다.
③ 화를 돋워 통제능력이 있는지를 본다.
④ 두렵게 만들어 견딜 수 있는지를 본다.
⑤ 슬프게 만들어 스스로 지탱할 수 있는지를 본다.
⑥ 힘들게 만들어 의지를 시험한다.

寧測十丈水深 難測一丈人心(영측십장수심 난측일장인심)

열길 물속은 알아도 한 길 사람 속은 헤아리기 어렵다. 결국 사람의 마음을 분별하기가 제일 어렵다. 그냥 들어 넘길 일이 아니다.

## 鼓腹擊壤(고복격양)

배를 두드리고 땅을 치며 흥겹게 노래한다.

❍ 글자 뜻 : 鼓(두드릴 고) 服(배 복) 擊(칠 격) 壤(흙 양)

❍ 출전 : 十八史略(십팔사략) 帝堯篇(제요편)

❍ 의미 / 비유

❶ 매우 살기 좋은 세상을 비유.

❷ 어진 임금의 덕을 칭송함.

❸ 태평성대로서 의식이 풍부하고 만족한 상태.

❍ 사건유래의 요약

천하의 성군(聖君)으로 꼽히는 요(堯)임금이 천하를 통치한 지 50년이 지난 어느 날, 자신의 통치에 대한 백성들의 반응을 알아보기 위해 평복으로 거리에 나섰다.

그가 어느 네거리를 지날 때였다. 어린 아이들이 서로 손을 잡고 이런 노래를 부르고 있었다. 《강구요(康衢謠)》

입아증민(立我烝民) 우리가 이처럼 잘 살아가는 것은
막비이극(莫匪爾極) 모두가 임금님의 지극한 덕이네
불식부지(不識不知) 우리는 아무것도 알지 못하지만
순제지측(順帝之則) 임금님이 정하신 대로 살아가네

어린이들의 순진한 노랫소리에 요임금은 기분이 매우 좋았다.

마음이 흐뭇해진 요임금은 어느새 마을 끝까지 걸어갔다. 그곳에는 머리가 하얀 한 노인이 우물우물 무언가를 씹으면서 손으로 '배를 두드리고 발로 땅을 구르며(鼓腹擊壤)' 흥겹게 노래를 부르고 있었다.

《악부시집(樂府詩集)》 격양가(擊壤歌)에는 다음과 같은 글이 보인다.

日出而作 日入而息(일출이작 일입이식)
해가 뜨면 (들에 나아가)일하고 해가 지면 (집에 돌아와)쉬네.
耕田而食 鑿井而飮(경전이식 착정이음)
(배고프면)밭을 갈아 먹고 (목마르면)우물을 파서 마시니
帝力何有於我哉(제력하유어아재)
임금님의 힘이 나에게 무슨 소용인가.

백발노인의 고복격양에 요임금은 정말 기뻤다.

백성들이 아무 불만 없이 배를 두드리고 발을 구르며 흥겨워하고, 정치의 힘 따위는 완전히 잊어버리고 있으니 그야말로 정치가 잘 되고 있다는 증거이다.

이 노래의 내용은 요임금이 이상적으로 생각했던 정치였다.

다시 말해서 요임금은 백성들이 그 누구의 간섭도 받지 않고 스스로 일하고 먹고 쉬는, 이른바 무위지치(無爲之治)를 바랐던 것이다.

'요 임금의 덕택이다.' '좋은 정치다.'라고 사람들이 말하는 것보다, 그 노인처럼 백성이 정치의 힘을 의식하지 않고 즐겁게 살 수 있게 되는 것이 이상적인 정치라고 생각했다.

그래서 요임금은 자신이 지금 정치를 잘 하고 있다는 생각에 뿌듯했다.

### ❍ 유사성어

康衢煙月(강구연월) 太平烟月(태평연월)
含哺鼓腹(함포고복) 擊壤之歌(격양지가)
唐虞天地(당우천지) 太平聖代(태평성대)

우리들 속담에 '사람 삶에 등 뜨시고 배부르면 최고이다.'라고 한다. 먹고사는 것이 삶에 가장 크게 영향을 미치게 하는 대목이다.

사람들은 먹고살기에 여유가 있으면 정치에는 관심이 없고 놀고, 즐길 수 있는 방법으로 삶에 재미를 추구하게 된다.

반면 먹고 살기 힘들고 삶이 팍팍해지면, 정치에 관심을 가지게 되고 나아가 정치에 관여하게 된다.

논어 안연편에 공자의 제자인 자공이 정사(政事)에 대해서 물었다. 그러자 공자는 '양식이 풍족하고(足食 : 족식) 군대를 풍족하게 하고(足兵 : 족병) 백성들이 믿는 것(民信 : 민신)이다.'라고 했다.

즉 정치는 국가경제를 튼튼히 하여 국민들이 경제적으로 여유 있는 삶을 보장하고, 국방과 안보를 튼튼히 해서 국민이 안심하고 살 수 있는 나라를 만들고 정부와 국민이 서로 신뢰하는 풍토가 조성되어야 한다고 역설하고 있다.

모든 동물은 먹어야 살기 때문에 먹고사는 것이 가장 큰 문제이고 먹는 문제 때문에 싸움도 하고 죄도 짓게 되고 심지어는 국가 간에는 전쟁도 불사하게 된다.

과연 세상에 태평성대나 지상낙원이 존재할까?

아무리 훌륭한 정치지도자라도 모든 국민이 똑같이 태평성대를 느끼게 할 수는 없을 것이다.

다만 대다수 국민이 그렇게 느끼고 다른 나라와 비교해볼 때 확연히 느낄 수 있으면 태평성대인 것이다.

그것은 사람들이 여유를 느끼고, 불편함이 상대적으로 적음을 느끼는 것에서부터 시작된다고 볼 수 있다.

똥이 방에 있으면 오물이라고 하고, 밭에 있으면 거름이라고 한다.

모래가 방에 있으면 쓰레기라고하고 공사장에 있으면 재료라고 한다.

남편 때문에 못살겠다고 하지만 혼자 사는 사람에게는 남편이 있다는 것이 자랑처럼 들린다.

직장생활이 힘들지만 직장 없는 사람에게는 직장이 있는 것만으로도 부럽다.

인생을 부정적으로 보면 불행하고 긍정적으로 보면 행복한 것이다.

모두가 태평성대라고 생각하면 태평성대인 것이다.

특히 한 나라는 그 지도자에 의해 태평성대를 구축할 수가 있다. 이는 자신보다 백성을 먼저 생각하는 정치를 말함이다.

맹자는 정치지도자들에게 조언하기를 '백성의 세금과 부역을 덜어주고, 효(孝)와 제(悌)를 교육시켜 인간의 도리를 가르쳐 사회질서를 예(禮)로서 유지하면' 그 사회야말로 잘 다스리는 정치라고 말할 수 있다.

역사적으로 볼 때도 정치지도자(황제나 왕 또는 권력자)들이 영토 확장의 욕심에 사로잡히면 결국은 전쟁을 일으켜 백성들에게

과도한 세금부과와 젊은이들에게 전쟁의 부역을 요구하게 되고, 또한 사치를 일삼아 국고를 탕진하고, 여색을 즐겨 정사를 돌아보지 않는 지도자들의 국가는 결국 멸망했다.

그러나 지도자가 백성과 고통을 같이하고 고충을 해결하고자 하는 방향으로 정치를 하면 결국 그 나라는 흥하고 태평을 이루었던 사실을 우리는 역사를 통해 알 수 있다.

## 孔子穿珠(공자천주)

공자가 구슬을 꿰다.

**❍ 글자 뜻 : 孔(구멍 공) 子(남자존칭 자) 穿(뚫을 천) 珠(구슬 주)**

**❍출전 : 宋 祖庭事苑(송나라 조정사원)**

**❍ 의미 및 비유**

모르는 것이 있으면 자기보다 못한 사람에게 묻는 것이 부끄럼은 아니다.

**❍ 사건유래 요약**

공자(孔子)가 천하를 주유(周遊 : 이리저리 두루 다님)할 때 채(蔡)나라 국경을 지나다가 뽕을 따는 두 여인을 보았다.

동쪽에서 뽕 따는 여인은 얼굴이 구슬처럼 예뻤고, 서쪽에서 뽕 따는 여인은 곰보처럼 얽었다. 공자가 농(弄)을 하기를

"동지박 서지박(東枝璞 西枝縛)이로고(동쪽 가지는 구슬박이고, 서쪽 가지는 얽은 박이라….)"

서쪽 여인이 공자를 힐끗 보더니 이렇게 대꾸한다.

"乾脣露齒 七日絶糧之相 耳白於面 天下名文之相(건순로치 칠일절량지상 이백어면 천하명문지상) 입술이 바짝 마르고 이빨이 톡 튀어 나온 게 칠일 간 굶은 상인데, 귀가 얼굴색보다 흰걸 보니 문장만은 천하에 알려질 만 하겠군."

공자의 인물 면면을 자세히도 스케치한 최초 인물일지도 모르겠는데, 무안을 당한 공자가 서둘러 길을 떠나는데 채나라 국경에서

포졸에게 잡힌다. 천하의 석학 공자를 몰라보는 포졸이 묘한 숙제를 던졌다.

"당신이 노나라 성현 공자라면 보통 사람과 다른 비범함이 있을 터인즉, 구멍이 아홉 개 뚫린 구슬들을 명주실로 한 번에 꿰어보라."고 한다.

공자가 명주실을 잡고 구슬을 꿰는데 연 나흘을 끙끙댔지만 실패의 연속이라, 할 수 없이 자신이 무안을 준 서지박 여인에게 제자를 보낸다.

제자가 가보니 여인은 간데없고 짚신만이 거꾸로 뽕나무에 걸려 있었던 바, 그 내용을 보고하자 공자가 무릎을 탁치며 제자에게 이르되

"계혜촌(繫鞋村) 을 찾아가 보라."라고 한다.

제자가 우여곡절 끝에 계혜촌에서 그 여인을 찾아 구슬 꿰는 가르침을 청하자 여인은 말없이 양피지에 밀의사(蜜蟻絲)라는 글자를 적어 준다. 밀의사 글귀를 받은 공자가 탄복하며 꿀과 실과 개미 한 마리를 잡아오게 하여, 개미 뒷다리에 명주실을 묶어 놓고 구슬 구멍에 꿀을 발라 뒀더니 하룻밤 사이 개미가 구슬을 다 꿰어 놓았는지라 그 날은 공자가 밥 한 끼 못 먹고 굶은 지 바로 칠 일째 되는 날이었다.

옥문(獄門)을 나서는 공자가 혼자 말을 중얼거린다.

"격물치지(格物致知)인 것을" 사물의 이치를 연구하여 참 지식에 통달되도다.

자신의 오만방자(傲慢放恣)함과 어리석음을 깊이 뉘우친 공자는 또 다른 의문을 가진다. 왜? 구멍이 다섯도 일곱도 아닌, 아홉 개 뚫린 구슬을 나에게 주었을까? 공자는 70세가 되어서야 비로소 그 이치를 깨달았다는데, 인간이란 아홉 개의 구멍을 가지고 태어나

서 두 눈으로 바로 보고, 두 귀로 바로 듣고, 두 코로 향내를 감지하고, 입으로는 정갈하게 먹고 진실 되게 말하며, 두 구멍으로는 배설하는데 막힘이 없다면 그것은 바로 사람이 무리 없이 삶을 이어가는 기본이요, 하늘의 도리(道理)가 아닐까 하는, 즉, 나 자신을 제대로 아는 것이 천하를 아는 것보다 더 중요하다는 깨달음이었다.

나이 칠십에 그 이치를 비로소 통달하니, 이후 공자는 마음 내키는 대로 행동을 해도 규범에 어긋나는 일이 없었다하여, 종심소욕불유구(從心所欲 不踰矩)라는 것을 알았다.

### ❍ 유사성어

不恥下問(불치하문)  三人行必有我師(삼인행필유아사)

耕當問奴 織當問婢(경당문노 직당문비)

### ❍ 생활 속의 지혜

❶ 인생을 달관(達觀)함에는 믿고[信], 맡기고[任], 내려놓는다[兼].

❷ 사람은 끊임없이 배워야 한다. 남을 무시하지 않아야 한다.

❸ 남의 장점을 받아들여 자기 단점을 보완.

❹ 세상 모든 사람이 나의 스승.

천하를 꿰뚫어보는 공자도 배우는 일에 있어서는 연령이나 신분귀천과 부귀를 따지지 않았다. 모르는 것이 있으면 배우는 것이지 다른 조건이 중요한 것은 아니라고 생각했기 때문이다. 아울러 배우는 일에 있어서는 좋은 일만 배우는 것도 아니고 나쁜 경계와 반성의 대상이 되는 것도 배울 수 있다고 보았다.

〈논어(論語) 술이편(述而篇)〉에 공자는 세 사람이 길을 가면 반드시 나의 스승이 될 사람이 있다(三人行 必有我師)고 하였다.

세 사람이 함께 길을 가다가 보면 그 세 사람 중에는 반드시 내가 스승으로 삼을 만한 사람이 있다. 함께 가는 이에게서 그 좋은 점을 가려서 쫓고, 좋지 못한 점은 살펴서 고쳐야 할 것이다.

스승이란 반드시 나보다 좋은 점만 있어야하는 것은 아니다. 못한 점이 있을 때도 그것을 보고 거울삼아 고친다면 그 또한 스승인 것이다.

이는 세상의 어떤 일 어떤 사람에게서든 교훈을 얻어 내 수양에 도움을 받을 수 있다는 철학이 담겨있다.

당나라 한유(韓愈)는 사설(師說)이란 글에서 이렇게 말했다. '나보다 먼저 태어나서 도(道)를 들은 것이 앞서면 내 그를 쫓아 스승으로 삼을 것이요, 나보다 뒤에 태어났더라도 도(道)를 들은 것이 나보다 앞서면 또한 그를 쫓아 스승으로 삼을 것이니 나는 도를 스승으로 삼기 때문이다. 어찌 나보다 먼저 태어나고 나중에 태어난 것을 가지고 스승이라고 알 수 있겠는가라고 말하기도 했다.

이처럼 도를 기준으로 배움의 방향을 정한다면 길가의 거지에게서도 배울 점이 있을 것이다.

천하의 스승인 공자(孔子)도 이를 지적하여 자기보다 못하다고 생각하는 사람일지라도 내가 모르는 것이 있어서 묻는다면 부끄러운 일이 아니다. 이를 일러 불치하문(不恥下問)이라고 말한 적이 있다.

객관적으로 볼 때는 학벌과 학력이 그 사람의 인격을 좌우하는 척도가 되는 것은 사실이다. 그러나 인간의 삶과 현실은 그 사람의 사회현장에서의 경험과 인간으로서의 도덕성이 그 사회에 미치는 영향은 학문을 뛰어넘는 스승일 수도 있다. 이것이 공자천주일 것이다.

## 袴下之辱(과하지욕)

바짓가랑이 밑을 지나가는 모욕

○ 글자 뜻 : 袴(사타구니 과) 下(아래 하) 之(어조사 지) 辱(욕되게 할 욕)

○ 출전 : 史記(사기), 淮陰君列傳(회음군열전)

○ 의미 / 비유

이보다 더 큰 치욕이 없음을 비유하며 큰 뜻을 품은 사람은 하찮은 일로 승강이를 하지 않는다.

○ 사건유래 요약

한신(韓信)은 가난한 가정에서 태어났지만 어려서부터 장차 나라의 최고 명장이 되리라는 큰 뜻을 품었다.

그는 '손자병법(孫子兵法)'을 좋아해 밤낮으로 탐독하였다.

또 천하의 최고 명장(名將)을 꿈꾸며 다른 무사나 협객들처럼 늘 보검을 차고 다녔다.

하루는 그가 주막에서 술로써 공허한 마음을 달래고 있었다.

술 몇 모금에 취기가 올라오자 졸린 두 눈을 비비며 습관적으로 옆구리에 찬 검을 뽑았다. 그리고는 긴 한숨과 함께 도로 집어넣었다.

한신이 몸을 비틀거리며 주막을 나와 골목에 들어서자 동네 불량배가 팔짱을 끼고 그의 앞을 가로막았다.

"보아하니 덩치도 크고 무예에도 꽤나 능한 자처럼 늘 보검을 차고 다니던데 어디 나와 한번 겨뤄보지 않겠느냐?"

"어찌 감히 너와 겨루겠느냐. 오늘은 내가 급한 볼일이 있으니 그만 길을 비켜라."

"검술은 몰라도 사람을 죽이는 법은 알고 있을 테지? 겁쟁이가 아니라면 그 검으로 내 목을 쳐 보거라."

한신이 한 발자국 물러서자 불량배는 더욱 신이 나 말했다.

"키는 8척인 놈이 배짱이라곤 눈곱만큼도 없네. 이깟 일에 벌벌 떨다니. 이마저도 못하겠다면 내 가랑이 밑으로 기어나가 보려무나."

불량배는 저잣거리 가운데 두 다리를 쩍 벌리고 섰다.

두 사람이 오가는 고성에 구경꾼들이 우르르 몰려들었다. 심한 모욕에 더는 참을 수 없어 한신은 손으로 보검을 꽉 잡고 한참 동안 그를 노려보았다.

"만약 저 자를 죽이면 나는 살인죄로 신세를 망칠 것이 분명해. 어쩌면 죽을죄를 면치 못할지도 모르는 이 상황에서 명예나 체면을 지켜서 무엇 하리."

한신은 불량배를 한참 훑어보더니 납작 엎드려 그의 다리 사이로 엉금엉금 기어 지났다.

모여 섰던 구경꾼들은 배를 끌어안고 웃었다. 그 후 사람들은 한신을 "가랑이 사이로 지나간 놈"이라고 불렀다.

### ○ 유사 / 관련성어

臥薪嘗膽(와신상담) 受袴下辱(수과하욕)

兎死狗烹(토사구팽) 多多益善(다다익선)

### ○ 생활 속의 지혜

❶ 큰일을 하기 위해서는 작은 일에 현혹되지 않아야함.
❷ 큰일을 하기 위해서는 굴욕을 참고 견디어야함.

'인욕'(忍辱), 그것은 '치욕(恥辱)을 참는다.'는 뜻이다.

큰일을 위해서는 목전의 작은 이익에 현혹(眩惑)되어서도 안되겠지만 굴욕(屈辱) 또한 참고 견뎌낼 줄 알아야 한다.

주(周)의 문왕(文王)이 아들 삶은 국을 주왕(紂王)으로부터 받아마신 것이나, 와신상담(臥薪嘗膽)의 고사에서 월왕(越王) 구천(句踐)이 스스로 부하되기를 자청하고 말똥을 치우고 심지어는 오왕(吳王) 부차(夫差)의 대변을 찍어 맛보았던 것도 대사(大事)를 위해서는 인욕(忍辱)이 있어야 한다고 여겼기 때문이다. 만약 그 때 문왕이나 구천이 그렇게 하지 않았던들 아마 최후의 승자는 될 수 없었을 것이다.

한 철학자는 "모욕(侮辱)과 수치(羞恥)를 겪으며 배우는 것이 가장 빠르고 확실하면서 가장 오랫동안 그 교훈을 잊지 않게 해준다."라고 말한다.

굴욕은 사람들에게 깊이 생각하는 법을 가르쳐주며 순조로운 상황에서는 절대 배울 수 없는 교훈을 몸소 체험하게 해 준다. 굴욕은 더 깊은 현실체험을 통해 사회를 정확히 이해하고 한 단계 높은 수준의 사고방식을 갖고 광활한 성공의 길을 개척할 수 있게 해준다.

굴욕은 감정의 불꽃을 식혀주는 얼음과 같다. 그리고 굴욕은 성공을 향해 좀 더 분발할 수 있도록, 끊임없이 채찍질해 준다. 굴욕적인 일을 당하면 이것이 좋은 일은 아니지만 충분히 좋은 방향으로 이용할 수 있다.

심리학자들은 사람에게 세 가지 정신적 에너지가 있다고 말한다.

그것은 창조에너지, 사랑에너지, 핍박과 무시에 대한 반사에너지라 한다.

굴욕은 일종의 정신적인 핍박이라고 할 수 있다.

그러나 굴욕은 용기를 잃지 않고 더욱 분발할 수 있도록 끊임없이 우리를 채찍질하여 성공에 가까워질 수 있게 해줌에 의심할 여지가 없는 것이다.

나중의 일이지만 사기를 지은 사마천은 한신에 대해 이렇게 논평한다.

만일 한신이 도(道)를 배워 겸양을 지키며 자기의 공적을 자랑하거나 재능을 내세우는 일이 없었던들 한(漢)나라 왕조에 대한 그의 공훈은 저 주공(周公)과 소공(召公)·태공망(太公望)에 비교될 수 있는 것이어서 국가의 원훈(元勳)으로서 뒷세상에 길이 사당(祠堂)의 제사를 받을 수 있었을 것이다.

그렇게 되기를 꾀하지 않고 천하가 이미 통일되고 난 뒤에 여전히 반역을 꾀하고 있었으니 온 집안이 전멸을 당하게 된 것도 당연한 일이 아니겠는가.

젊은 시절 모욕을 참고 성공한 처세가 말년에 역적으로 참수된 사연이 참으로 안타깝다. 역시 인간은 어떻게 죽었는가가 중요하다고 할 것이다.

一勤天下無難事 百忍堂中有泰和
(일근천하무난사 백인당중유태화)
한 번 부지런하면 천하에 어려운 일이 없고,
백 번 참으면 가정에 큰 화평이 온다.
깊이 새겨야 할 구절이다.

## 管鮑之交(관포지교)

관중과 포숙아의 사귐

❍ **글자 뜻 : 管(피리 관. 성씨 관) 鮑(절인생선 포, 성씨 포) 之(어조사 지) 交(사귈 교)**

❍ **출전 : 史記, 管晏列傳(사기, 관안열전)**

❍ **의미 / 비유**

❶ 친구 사이의 두터운 우정.
❷ 친구를 위한 진정한 배려와 적극적인 도움.

❍ **사건유래의 요약**

제(齊)나라의 관중(管仲)이 포숙아(鮑叔牙)과 함께 장사할 때 이익을 많이 가져도 포숙이 나를 욕심이 많다고 여기지 않았고, 일을 도모하다가 곤궁해져도 어리석다 여기지 않았으며, 세 번 벼슬을 하였다가 세 번 쫓겨나도 못났다고 하지 않았고, 세 번 싸움에 세 번 도망갔으나 포숙은 관중을 겁쟁이라 여기지 않았다.

관중이 말하기를, "나를 낳아 주신 분은 부모이지만 나를 알아준 사람은 포숙이다[生我者父母, 知我者鮑叔也]."라고 했다.

춘추 시대 초엽, 제(齊)나라에 관중(?~BC645)과 포숙아라는 두 관리가 있었다. 이들은 죽마고우(竹馬故友)로 둘도 없는 친구 사이였다.

관중은 공자(公子) 규(糾)의 측근(보좌관)으로 있고, 포숙아는 규의 이복동생인 소백(小白)의 측근으로 있을 때, 공자의 아버지 양공

(襄公)이 사촌 동생 공손무지(公孫無知)에게 시해되자(BC686) 관중과 포숙아는 각각 자기가 보좌하던 공자와 함께 이웃 노(魯)나라와 거(莒)나라로 망명했다.

이듬해 공손무지가 살해되자 두 공자는 군주자리(君位)를 다투어 귀국을 서둘렀고, 관중과 포숙아는 본의 아니게 정적(政敵)이 되었다.

관중은 한때 소백을 암살하려 했으나 그가 먼저 귀국하여 환공(桓公 : BC685~643)이라 일컫고 노나라에 공자 규의 처형과 아울러 관중의 압송(押送)을 요구했다.

환공이 압송된 관중을 죽이려 하자 포숙아는 이렇게 진언했다.

"전하, 제(齊) 한 나라만 다스리는 것으로 만족하신다면 신(臣)으로도 충분할 것이옵니다. 하오나 천하의 패자(霸者)가 되시려면 관중을 기용하십시오."

도량이 넓고 식견이 높은 환공은 신뢰하는 포숙아의 진언을 받아들여 관중을 대부(大夫)로 중용하고 정사를 맡겼다.

이윽고 재상이 된 관중은 과연 대정치가다운 수완을 유감없이 발휘했다. '창고가 가득 차야 예절을 안다. [倉廩實則知禮節(창름실즉지예절)]'

의식이 풍족해야 영욕을 안다. '[衣食足則 知榮辱(의식족즉 지영욕)]'고 한 관중의 유명한 정치철학이 말해 주듯, 그는 국민 경제의 안정에 입각한 덕본주의(德本主義)의 선정을 베풀었다.

그리하여 마침내 환공으로 하여금 춘추오패(春秋五霸) 중 첫번째 패자(霸者)로 군림케 하였다.

### ❍ 유서성어

竹馬故友(죽마고우) 斷金之交(단금지교) 金蘭之交(금란지교)

芝蘭之交(지란지교)  刎頸之交(문경지교)  水魚之交(수어지교)

### ❍ 생활 속의 지혜

❶ 진정한 친구의 우정.

❷ 관중에 대한 포숙아의 용서와 배려.

❸ 국가미래 발전을 위한 공적(公的)인 활동과 사심 없는 면모.

이 고사에서 관중보다는 포숙아를 더 훌륭하게 보는 사람들이 많다. 관중은 정치적으로 성공한 사람이지만 포숙아는 진정한 친구의 의리를 보였기 때문이다.

포숙아는 관중을 추천하고, 자신의 몸은 그의 아랫자리에 있었다.

포숙아의 자손들은 대대로 제나라의 봉록을 받으며, 봉읍지(封邑地)를 10여대 동안 가졌으며, 항상 이름 있는 대부의 집안이었다.

세상 사람들은 관중의 현명함을 칭송하는 사람도 많지만, 사람을 알아보는 능력을 가진 포숙아를 더 찬미하는 사람도 많다.

그의 배품은 역시 보상을 바라고 하는 배품이 아니었기에 더욱 빛난다.

관중은 이미 벼슬하여 제나라 재상이 되어 정치를 맡았다.

큰 인물이 되려면 도량을 넓게 하여 많은 인물을 받아들이는 아량이 필요하다. 즉 사람들을 너그럽게 이해하고 믿고 존중해 주어야 한다. 이것이 어른의 태도이고 남들로 하여금 존중받는 태도이다.

나의 약한 모습을 부끄럼 없이 편하게 보여 줄 수 있는 친구.

내가 힘들고 괴로운 것을 말하지 않아도 알아주는 친구.

일평생 동안 이러한 친구를 단 한 명만 만들 수 있어도 성공한 인생이라 할 정도로 매우 어렵다. 그러나 내가 먼저 진정한 친구가 되어 준다면 그 친구도 진정한 친구가 되어 줄 것이다.

여기서 교훈을 몇 가지 생각해 본다.

첫째는 정말 목숨을 같이할 만한 친구를 사귀는 것이 가장 큰 재산이라는 것이다. '나를 낳아준 이는 부모이지만, 나를 알아준 이는 포숙아이다.'란 유명한 말을 기억해야 될 것이다.

둘째는 계란을 한 바구니에 담지 말라. 즉 분산투자를 했다는 말이다. 공자 규와 공자 소백 둘 중 한 명이 반드시 제나라 임금이 되었을 것이므로 친구 두 명이 한명씩 섬겨서 결국은 한명이 실패하더라도 성공한 사람 한 명이 추천하여 결국 뜻을 이루게 되었다.

셋째는 '창고의 물자가 충실해야 예절을 안다.'는 관중의 말로 경제가 중요하다는 것은 부국강병을 위해서는 먼저 국가경제의 안정이 보장되어야 함을 우선으로 삼아야 한다.

넷째 가장 중요한 점은 허물이 있는 인물이라도 덮어주고 인재라면 기용해야 한다는 점이다.

버트런트 러셀은

'좋은 친구를 기다리는 것보다 스스로가 누군가의 친구가 되었을 때 행복하다.' 그래야 진정한 행복이라 할 수 있다.

一樹十穫者木也 一樹百穫者人也

(일수십확자목야 일수백확자인야)

하나를 심어 열을 얻을 수 있는 것은 나무요.

하나를 심어 백을 얻을 수 있는 것은 사람이다.

관중의 총명함도 중요하지만 포숙아의 의리와 배려가 더 중요하며 이를 관대하게 수용한 환공은 결국 춘추시대 첫 번째 패자(霸者)가 된 것이다. 역시 큰 그릇은 많은 량을 담을 수 있다.

## 狡兎三窟(교토삼굴)

영리한 토끼는 굴을 셋이나 판다.

❍ **글자 뜻 : 狡(교활할 교) 兎(토끼 토) 三(석 삼) 窟(굴 굴)**

❍ **출전 : 史記(사기) 孟嘗君列傳(맹상군열전)**

❍ **의미 / 비유**

❶ 앞으로의 환란을 피하기 위해 대책을 세워 놓는 지혜, 준비성을 가져야 한다는 것을 비유함.

❍ **사건유래의 요약**

제(齊)나라 재상 맹상군은 집에다 3천 명이나 되는 식객을 거느리고 있는 것으로 유명했거니와, 그 식객들은 저마다 재주 또는 학식이 뛰어났다고 자부하여 주인의 눈에 들어 출세해 볼까 하는 자들이었는데 풍환(憑驩)도 그중의 한 사람이었다.

어느 날, 맹상군이 식객들을 둘러보며 말했다. "누가 설(薛)나라에 가서 빌려준 돈을 징수해 오겠는가?"

오로지 풍환 혼자 나서서 자기가 그 임무를 맡겠다고 청했다.

맹상군은 평소 그를 눈여겨보지 않았지만, 지원자가 한 사람이니 선택의 여지가 없어 풍환에게 그 임무를 맡겼다. 출발에 즈음하여 풍환이 맹상군에게 물었다. "징수가 끝나면 그 돈으로 무엇을 사 올까요?"

"무엇이든 자네 마음대로 사 오게. 단, 우리 집에 없는 것이어야 하네." 설 나라에 도착한 풍환은 채무자들을 불러 모아 차용증을 하나하나 본 다음 풍환은 채무자들에게 말했다.

"맹상군께서는 여러분의 성심성의를 오로지 고맙게 생각하시고는 나더러 채무를 면제해 주라고 하셨소이다."

그리고는 받은 이자를 일일이 돌려주고, 차용증 더미에다 불을 질렀다. 모든 차용증은 삽시간에 재가 되었고, 채무자들은 기뻐 날뛰며 '맹상군 만세!'를 외쳤다. 이윽고 돌아온 풍환에게 맹상군이 물었다.

"그대는 나를 위해 뭘 사 왔는가?"

"나리의 저택에는 없는 것 없이 다 갖춰져 있으나, 다만 한 가지 의(義)가 빠졌습니다. 그래서 그걸 사 왔습니다." "그게 무슨 소린가?"

풍환은 차용증을 모두 불살라 버림으로써 의를 사 왔다고 태연히 말했다. 맹상군은 기가 막히고 화도 났으나, 자기가 한 말이 있으므로 나무랄 수가 없어 속으로만 '이런 미친 놈!'해 버렸다.

일 년 후, 맹상군은 임금의 미움을 사는 바람에 재상 자리에서 쫓겨나게 되었다.

그 많던 식객들은 맹상군의 몰락을 보자마자 뿔뿔이 흩어져 버렸다. 그렇지만 풍환만은 맹상군 곁을 떠나지 않았고, 맹상군에게 맹상군의 영지인 설(薛) 땅으로 가서 훗날을 도모하라고 권했다.

맹상군은 가산을 정리해 설 땅으로 향했다. 설 땅에 도착한 맹상군은 놀라지 않을 수 없었다. 영지의 백성들이 함빡 몰려나와 환영했기 때문이다.

"지난번에 그대가 '의(義)'를 샀다고 한 것이 무슨 뜻인지 이제야 알겠네."

맹상군이 고마워하며 칭찬하자, 풍환이 말했다.

"교활한 토끼는 굴이 세 개나 있기 때문에 위험에서 벗어날 수 있지만, 주군께서는 아직 하나밖에 준비되지 않았으니 안심할 수 없습니다. 제가 나머지 굴 두 개를 마련해 드리지요."

그런 다음 풍환은 위(魏)나라로 가서 위왕(魏王)을 꼬드겼다.

"맹상군이 제나라 조정에서 쫓겨난 사실을 전하께서도 아실 것입니다. 그 같은 큰 인물을 불러들여 위나라 재상으로 삼으시면 반드시 부국강병(富國强兵)을 이룰 수 있을 것입니다."

위왕 역시 맹상군의 명성은 들어서 잘 알고 있었으므로 기뻐하며 사신을 보냈다. 그 사신보다 먼저 설 땅으로 돌아온 풍환은 맹상군에게 말했다.

"이 초빙에 간단히 응하시면 안 됩니다. 제왕(齊王)께서 위왕이 주군을 모셔 가려는 줄 알 때까지 은근히 배짱을 내미십시오."

그 충고에 따라 맹상군은 위왕의 사신을 만나서 딱 부러지는 대답을 하지 않았다.

그래서 위나라 사신은 보고와 조건 절충을 위해 몇 번이나 왕래했고, 결국 그 소문이 제왕의 귀에까지 들어갔다.

"아니, 위왕이 맹상군을 데려다 쓰겠다고? 그건 안 되지."

정신이 번쩍 든 제왕은 즉시 사신을 맹상군에게 보내 사과하고 달래었다.

풍환이 말했다.

"이것으로 주군께서는 굴 세 개를 마련하셨습니다. 이제부터는 베개를 높이 베고 편안히 주무십시오."

### ❍ 유사성어

居安思危(거안사위) 有備無患(유비무환)

天下雖安 忘戰必危(천하수안 망전필위)

❍ **생활 속의 지혜**

❶ 미리 대비하면 걱정이 없다.

❷ 최선을 목표로 정하고 성취하고자 최대의 노력.

❸ 최악을 가장하고 대비책 강구.

❹ 내 힘으로 할 수 없는 일은 편안히 받아들이는 철학 소유.

인간의 수명이 급속도로 늦춰지고 있다.

100세 인생을 이야기한 지가 불과 몇 년 안 된 것 같은데 이제는 120인생 나아가 150인생이라는 새로운 용어가 슬슬 등장하는 것을 알 수 있다.

드디어 제 2의 인생 즉 인생 후반전이라는 용어가 어느 사이에 인생 이모작(二毛作)으로 그 개념이 바뀌고 있다.

과거에는 인생 전반전의 힘든 과정에 대한 보상과 앞으로 있을 노후를 준비해놓은 안정감에 힘입어 좀 더 즐겁고 보람되게 살아보자는 것이 인생 후반전 개념이었는데 지금은 완전히 변화하는 새로운 시대에 맞는 삶을 설계부터 결과를 성취하는 것까지 새로운 삶에 씨를 뿌리고 수확하는 개념의 이모작으로 변화하고 있다.

최근 기대수명이 늘어나 일단 60세까지만 생존하면 평균적으로 남자는 91세, 여지는 97세까지 살 수 있다고 한다.

그야말로 센터내리언(백세인) 시대를 눈앞에 두고 있는 것이다.

지금 잠재적인 퇴직자이거나 실업 상태에 있다면, 앞으로 무엇을 준비해야 할지 고민해야 한다.

교토삼굴을 인용하자면,

첫째는 건강이다. 만일 당신이 재테크를 잘해서 돈을 많이 벌어 놓았으니 100세까지는 걱정 없을 것이라고 생각할지도 모르겠다. 그러나 건강상태가 좋지 못해 병환이 오래간다면 유병장수(有病長壽)가 무슨 의미가 있겠는가. 모든 것에 앞서 최우선해야 할 것은 바로 건강이라는 점을 유념해야 한다.

둘째는 안정적인 노후를 위한 자산관리이다. 젊은 시절부터 인생후반의 설계에 관심을 갖고 현역시절에 철저하게 준비해야 한다. 갈수록 살아야 할 기간은 상상 이상으로 점점 길어지고, 운용 가능 금액은 턱 없이 부족하다. 공적연금이나 개인연금으로는 버틸 수가 없다.

셋째는 후반 인생을 보람 있게 보낼 수 있는 일거리다. 화려하고 권한 있는 일이 아니라 소일거리라도 좋다.

많은 사람들이 과거의 경험이나 아이디어를 바탕으로 창업을 시도하지만, 창업 시장 역시 녹녹치 않다.

1년 안에 30~40%가 문을 닫는다고 한다. 그러니 우리가 흔히 말하는 호시절에 교토삼굴의 지혜를 본받아 후반 인생설계에 대한 보다 큰 관심을 갖고 치밀하게 계획을 세우고 준비해 나아가야 할 것이다.

한비자(韓非子)는 天下難事必作於易, 天下大事必作於細(천하난사필작어이 천하대사필작어세)라 하였다.

세상의 모든 어려운 일도 반드시 쉬운 것부터 해나가고 세상의 큰일도 작은 것부터 해야 한다.

## 口蜜腹劍(구밀복검)

입으로는 꿀, 배속에는 칼을 품다.

❍ **글자 뜻 : 口(입 구) 蜜(꿀 밀) 腹(배 복) 劍(칼 검)**

❍ **출 전 : 資治通監(자치통감), 唐紀(당기)**

❍ **의미 / 비유**

❶ 입으로는 꿀처럼 달콤한 말을 하지만 실제 속으로는 칼을 숨기고 있다는 의미임.

❷ 겉으로는 친밀한 척하면서 마음속으로는 해치려는 생각을 품고 있음을 비유함.

❍ **사건유래의 요약**

이임보(李林甫)는 뛰어난 처세술로 황제(皇帝)의 환심을 사서 권세가 아주 대단했다. 그는 글과 그림에도 뛰어난 재주를 가지고 있었다.

하지만 그는 사람됨이 음험(陰險)하고 아부(阿附)에 능했다. 그는 조정의 권세를 한 손에 쥐고 자기와 의견을 달리하는 자를 배척하고, 수백 명의 충신을 죽였다.

모두들 이임보를 두려워하여 그의 의견에 감히 반대를 하지 못했으며, 심지어는 황태자까지도 그를 두려워했다.

이임보에 대한 간단한 일화를 살펴본다.

이임보는 조정 대신 엄정지(嚴挺之)가 자기를 따르지 않는다고 해서 외직인 어느 지방의 자사(刺史 : 감찰관)로 내려 보냈다.

후에 현종(玄宗)은 재능이 출중한 엄정지를 조정에 다시 중용하고자 하였다. 이에 이임보가 엄정지에게 병을 핑계로 경성(首都)에 치료하러 오라고 사주하고, 현종에게는 반대로 "엄정지는 정말 아까운 사람인데 애석하게 되었습니다. 엄정지가 지금 중병으로 고생하고 있습니다. 그러니 어떻게 조정 대사를 볼 수 있겠습니까? 참으로 일이 안타깝게 되었습니다."라고 보고하였다.

그러자 현종도 탄식하며 엄정지를 내직(內職)으로 승진시키려던 마음을 버리게 되었다. 이렇듯 이임보는 현명한 사람을 미워하고 능력 있는 사람을 질투하여 자기보다 나은 사람을 배척하고 억누르는 성격이 음험한 사람이다.

사람들은 그를 보고 입에는 꿀이 있고 배에는 칼이 있다고 말했다. 그가 야밤에 (그의 서재) 언월당(偃月堂) 들어앉아 장고를 했다 하면 그 다음 날은 예외 없이 누군가가 주살되었다.

그는 자주 옥사(獄事)를 일으켰으므로 황태자를 비롯해 많은 사람들이 그를 두려워했다.

재상 지위에 있는 19년 동안에 천하의 대란을 만들어 내었으나 현종은 깨닫지 못했다. 안록산(安祿山)조차 이임보의 술수를 두려워했으므로 그가 죽을 때까지는 감히 반란을 일으키지 못했다. 이임보가 죽자 양귀비의 일족인 양국충(楊國忠)이 재상이 되었다.

양국충은 이임보의 죄목을 낱낱이 현종에게 고했다. 화가 난 현종은 이임보 생전의 관직을 모두 박탈하고 부관참시(剖棺斬屍)의 극형에 처했다.

이임보가 죽은 지 3년째 되던 해에, 이임보를 두려워하여 감히 반란을 생각하지 못했던 안록산이 반란을 일으켰다.

이를 계기로 당나라는 멸망의 길을 걷기 시작했다.

❍ 유사성어

綿裏藏針(면리장침) 笑裏藏刀(소리장도) 面從腹背(면종복배)

❍ 생활 속의 지혜

❶ 늘 웃음과 아첨하는 자를 배격하라.
❷ 성격이 음흉하고 남의 뒤통수를 잘 치는 자를 경계하여야함.
❸ 실력으로 경계하려 하지 않고, 남을 깎아서 올라가려는 자를 친근히 하지 말아야함.

공자도 논어를 통해서 교언영색선의인(巧言令色善矣仁 : 말을 교묘하게 하고 얼굴색을 좋게 꾸미는 사람치고 어진 자가 적다.)을 가르치고 있다. 이는 사람의 덕을 해치는 나쁜 습관 중의 하나로 필히 경계해야 함을 강조하고 있는 것이다.

어느 조직이든지 반드시 이러한 사람은 존재한다.

뇌물로 승진하고 좋은 보직 자리를 차지하여 이익을 독점하는 경우가 많다. 누군들 자기 가려운 곳을 긁어주는데 싫어할 사람이 있겠는가!

그러나 최소한 조직을 이끌어가는 관리자(管理者)나 리더 그리고 인사행정에 종사하는 사람들은 반드시 다시 살피고 교언영색(巧言令色)을 경계해야 할 것이다.

이러한 사건들을 역사(歷史)의 귀감(龜鑑)으로 삼는 까닭은 치란(治亂)과 흥망(興亡)의 자취를 통해 그 속에서 교훈(敎訓)을 얻을 수 있기 때문이다.

대체로 명군현상(明君賢相)이 있었던 때는 치세(治世)가 잘 되었고, 혼주간신(昏主奸臣)이 있을 때는 어김없이 난세(亂世)가 따랐음을 볼 수 있다. 이 점에서 당 현종(唐 玄宗 · 712~755 在位)이 대표적인 예라 할 수 있다.

사실 중국(中國)의 역대(歷代) 제왕(帝王) 중 그 만큼 사람들의 입에 많이 회자(膾炙)되는 인물도 드물 것이다. 그의 일생은 온통 극적(劇的)인 요소로 가득 차 있다고 해도 과언이 아니다.

그는 할머니였던 측천무후(則天武后)가 망쳐놓은 대당제국(大唐帝國)을 영명(英名)한 통치로 다시 일으켜 장장 30년에 이르는 유명한 '개원지치'(開元之治)를 이루었다. 이로 인해 당나라는 최대의 태평성대(太平聖代)를 이루었다.

여기에는 물론 현종 자신의 지혜와 용기, 그리고 탁월한 정치력이 바탕이 되었겠지만 어진 인재의 등용 또한 빠뜨릴 수가 없다.

즉 그는 즉위 초부터 강력한 개혁정책을 밀고 나갔는데 이 때 그를 도왔던 이로 명재상 요숭(姚崇)과 송경(宋璟)이 있다.

이들과 함께한 현종은 정치적으로 성공하여 결국 천하는 미증유(未曾有)의 태평을 맞게 되어 기록에 의하면 도둑을 찾아볼 수 없을 정도가 되었다고 한다.

하지만 재위 후반기의 천보(天寶, 742~755) 시대는 달랐다.

한 여인(양귀비)에게 빠진 현종의 총명도 날로 흐려져 갔으며 충신은 사라지고 주위가 온통 간신으로 채워지면서 급기야 대당제국은 망국(亡國)의 길로 접어들게 된다.

당시 대표적 간신에 재상 이임보(李林甫)가 있었다.

환관 고력사(高力士)의 추천으로 재상이 된 그는 간사하고 음험

(陰險)했으며 시기심(猜忌心)이 많아 자신보다 훌륭한 자는 눈뜨고 보지를 못했다. 결국 그에 의해 제거된 충신만도 장구령(張九齡), 엄정지(嚴挺之), 이적지(李適之), 이옹(李邕) 등 수십 명에 달했다.

그가 政敵(정적)을 제거하는 방법은 악랄하기 그지없었다.

절대로 전면에 나서지 않고 남을 시켜 처리했으며 자신은 도리어 제거할 자를 칭찬하고 다녔다.

그러면서 은밀히 온갖 죄상을 날조하고 뒤집어씌워 꼼짝 못하게 만든 다음 제거했다. 그래서 史家(사가)들은 그를 두고 이렇게 적었다.

"口有蜜, 腹有劍"(구유밀 복유검)

입술에는 달콤한 꿀을 발랐지만 뱃속에는 무서운 칼을 품고 있다. 여기서 나온 말이 '口蜜腹劍'으로 겉은 웃는 낯이지만 속으로는 사람을 해칠 무서운 생각을 품는 것을 뜻하게 되었다.

아부도 능력이라는 말이 있다.

그냥 간이라도 빼줄 듯이 감언이설(甘言利說)로 상대방의 눈과 귀를 속이고 혼을 쏙 빼놓는다.

그러나 돌아서면 태도가 돌변한다. 누구보다도 그를 험담하고 욕하며 다닌다. 거기에 혹하면 사리판단이 허물어지고 옳고 그름이 달라진다. 눈 앞에서 꼬리를 흔들며 아부하는 그런 사람은 반드시 사람을 함정에 빠뜨리는 법이니 경계해야 한다. 구밀복검이 가르쳐 주는 교훈이다.

성경에도 두 마음을 품은 자는 하나님의 앞에 마음을 성결하게 하라고 가르친다.

"온유한 입술에 악한 마음은 낮은 은(銀)을 입힌 토기(土器)니라,

감정(憾情)있는 자는 입술로 꾸미고 속으로는 궤휼(詭譎)을 품나니 그 말이 좋을지라도 믿지 말 것은 그 마음에 일곱 가지 가증(可憎)한 것이 있음이니라.

궤휼로 그 감정을 감출지라도 그의 악이 회중(會衆) 앞에 드러나리라. 함정(陷穽)을 파는 자는 그것에 빠질 것이요, 돌을 굴리는 자는 도리어 그것에 치이리라.

거짓말을 하는 자는 자기의 해(害)한 자를 미워하고 아첨하는 입은 패망(敗亡)을 일으키느니라.(잠언 26장 23~28절)

그리고 하나님을 가까이하라 그리하면 너희를 가까이 하시리라.

죄인들아 손을 깨끗이 하라. 두 마음을 품은 자들아 마음을 성결하게 하라.(야고보서 4장 8절)

동 · 서양을 막론하고 속이는 것은 악을 대표하는 것임을 단적으로 증명하고 있다. 특히 가정에서 잠시의 곤란을 모면하고자 아이들에게 거짓을 한다면 그 아이들은 자라서 거짓말을 죄악으로 여기지 않고 늘 하는 것으로 생각할 수가 있다.

어른들의 평소 말과 행동 가르침 등 모든 것을 심사숙고(深思熟考)해야 밝은 사회가 될 것이다.

구밀복검의 고사는 우리에게 많은 교훈을 시사한다.

善諛者不忠 好諫者不倍(선유자불충 호간자불배)

아첨을 좋아하는 자 충성하지 않고 간쟁(諫諍)을 좋아하는 자 배반하지 않는다. (丁若鏞 / 牧民心書)

새삼스레 강조하지 않아도 모두가 알고 있는 충언이지만 막상 인간은 아부를 좋아하기 때문에 악순환의 반복은 지금까지도 계속 행해진다.

우리가 역사상 가장 존경하는 이순신 장군의 적은 왜적만이 아니었다. 다들 잘 알고 있는 백의종군(白衣從軍)은 이순신 장군 개인의 잘못이 아니라 후방에 있던 조정 대신들의 음해에서 시작됐다.

또한, 왜적과의 모든 해전에서 연전연승을 거두면서도 늘 그들의 시기와 음해를 견뎌야 했다.

여기에 이순신 장군을 괴롭혔던 악의적인 소문과 음모, 괴담 같은 유언비어(流言蜚語)들은 늘 보이지 않는 내부의 적에 의해 자행되었음을 알 수 있다.

최고의 명장인 이순신 장군조차도 보이는 적의 함대는 함포로 격파할 수 있었지만, 보이지 않는 적은 그 어떤 무기로도 부술 수 없었다.

아마 군인의 신분으로 적과 싸우다 죽는 것은 영광이나 헛소문에 자신의 명예와 애국심을 의심받는다면 그것은 치욕이고 한순간 전투 의지가 사라져 버리고 말 것이다.

아마 이 시대가 조선땅에서 구밀복검으로 망국의 길을 걷는 가장 위험한 시기였으리라. 다행히 명장(이순신)과 명재상(유성룡)이 존재한 덕분으로 위기는 면했으나 그 쓰라린 경험을 후손들은 오래토록 교훈삼아 잊지 말아야 한다.

특히 달콤한 회유성과 그럴 듯한 유언비어로 국민을 이간질하고 내부 적의 위험성을 정확히 인식해야 한다.

여기에 현실을 정확히 직시할 수 있는 눈을 가짐으로써 적의 공갈과 협박이 있더라도 흔들리지 말고 굳건히 그것을 이겨내려면 지금이 어느 때보다 국민들의 대동단결을 이루어야 할 때임을 인식해야 한다.

## 捲土重來(권토중래)

땅을 말아 일으킬 것 같은 기세로 다시 온다.

❍ **글자 뜻 : 捲(말 권) 土(흙 토) 重(거듭 중) 來(올 래)**

❍ **출전 : 史記(사기) 項羽本紀(항우본기)**

❍ **의미 / 비유**

❶ 부대가 전진 할때 일으키는 먼지가 멀리서 보면 마치 땅을 말면서 달리는 것처럼 보임.(捲土)

❷ 한번 실패했다가 세력을 회복하여 다시 쳐들어오다.

❸ 실패했다가 재기함을 비유.

❍ **사건유래의 요약**

勝敗兵家不可期(승패병가불가기)
승패는 병가도 기약할 수 없으니
包羞忍恥是男兒(포수인치시남아)
수치를 싸고 부끄럼을 참음이 남아로다
江東子弟俊才多(강동자제준재다)
강동의 자제 중에는 준재가 많으니
捲土重來未可知(권토중래미가지)
권토중래는 아직 알 수 없네.

오강(烏江)은 초패왕(楚霸王) 항우(項羽 : BC232~02)가 스스로 목을 쳐서 자결한 곳이다.

한왕(漢王) 유방(劉邦)과 해하(垓下 : 안휘성 내)에서 펼친 '운명과 흥망을 건 한판 승부[乾坤一擲]'에서 패한 항우는 오강으로 도망가 정장(亭長)으로부터 "강동(江東 : 양자강 하류 이남의 땅)으로 돌아가 재기하라."는 권유를 받았다.

그러나 항우는 "8년 전(BC209) 강동의 8,000여 자제와 함께 떠난 내가 지금 혼자 '무슨 면목으로 강을 건너 강동으로 돌아가[無面江東]' 부형을 대할 것인가"라며 파란 만장한 31년의 생애를 마쳤던 것이다.

항우가 죽은 지 1000여 년이 지난 어느 날, 당(唐)나라 시인 두목(杜牧)은 오강의 객사(客舍)에서 생을 마친 일세의 풍운아(風雲兒)요, 단순하고 격한 성격의 소유자며, 힘은 산을 뽑고 의기는 세상을 덮는 장사 항우가 사면초가(四面楚歌) 속에서 애인 우미인(虞美人)과 헤어질 때 보여 준 인간적인 매력이 있는 항우를 생각했다.

그리고 그는 '강동의 부형에 대한 부끄러움을 참으면 강동은 준재가 많은 곳이므로 권토중래할 수 있는 기회가 있었을 텐데도 그렇게 하지 않고 31세의 젊은 나이로 자결함을 애석히 여기며 이 시를 읊었다.

이 시는 항우를 읊은 시 중에서 가장 잘 알려진 것이다.

### ○ 유사성어

刻舟求劍(각주구검) 鷄卵有骨(계란유골) 南柯一夢(남가일몽)
南轅北轍(남원북철) 前倨後恭(전거후공)

### ○ 생활 속의 지혜

❶ 자신의 현재 처지와 분수를 잘 인식해야 함.
❷ 남에게 준 부담을 생각할 줄 알고 더 큰 부담을 주지 않아야함.
❸ 허황된 꿈은 버리고 현실을 직시할 줄 알아야 함.

권토중래(捲土重來)! '흙먼지 일으키며 살아서 다시 돌아오리라!'

이 고사성어는 어렵고 힘들 때마다 새로운 재기를 꿈꾸며 외치는 리더들의 생존화두(話頭)다.

지금은 비록 패해서, 의지가 꺾여야 하지만 다시 전열을 재정비하여 새로운 기세(氣勢)로 지나간 패배를 반드시 설욕하리라는 각오가 담겨있다.

병력과 물자 등, 모든 면에서 우세했던 항우가 패한 이유는 여러 가지 이유로 분석된다.

오로지 자신의 우세한 전력만 믿고 상대방을 과소평가한 일,

승리에 대한 확신도 없이 무리하게 군대를 운영한 일,

휘하의 제후들에게 봉토(封土)를 나누어주면서 공정하게 처리하지 못해 병사들과 승리의 이익과 성과를 공유하지 못한 일,

감정과 분노로 무리한 결정과 판단을 한 것 등, 다양한 이유들이 제시되고 있다.

특히 해하성(垓下城) 전투에서 사면초가에 빠져 사랑하는 여인 우미인과 서른 한 살의 나이에 인생을 마감한 항우의 가장 큰 패착(敗着)은 새로운 기회에 대한 희망을 잃었다는 것이다.

잠시의 분노와 수치를 참고, 다시 병사들을 모아 새로운 기회를 모색하는 권토중래(捲土重來)의 판단을 했더라면, 얼마든지 재기하고도 남을 인물인데 자기에게 다가온 위기에 힘없이 무너져 버린 항우는 결국 절망이라는 재앙이 닥쳤고, 역사의 패배자로 남았다.

당시 항우(項羽)를 지원하는 초(楚)나라는 물자가 풍부하고, 인구가 많아서 항우가 고향으로 돌아가 다시 재기의 칼을 갈고, 때를 기다렸다면 얼마든지 성공할 수 있는 기회를 만들 수 있었다.

그러나 패배를 수용하지 못하고, 죽음을 선택한 항우 자신은 역사에 기개가 있는 장군으로 기억되었을지 모르지만 그를 믿고 지원했던 초나라 원로들은 완전히 파산하였다.

그리고 그와 함께 전쟁터를 누비던 병사들은 객귀(客鬼)가 되어 전장에서 여지없이 쓰러져 갔다.

치욕과 분노와 부끄러움을 참고, 훗날을 기약하며 희망을 잃지 않는 권토중래의 철학은 포기하지 않으면 반드시 희망이 있다는 것을 교훈으로 한다.

오늘에 성공한 사람과 기업들 중에는 권토중래의 철학으로 위기를 이겨내고, 재기에 성공한 기업과 사람이 많다.

어찌 이기는 인생만 살 수 있겠는가!

문제는 힘들고 어려울 때 포기하지 않고, 답을 찾아내어 미래를 준비하는 믿음과 긍정의 힘이다.

지금의 치욕과 분노 그리고 부끄러움은 잠시일 것이다.

주 안에서 꿈과 거룩한 목표의 성취가 중요하기에 피눈물을 흘리며 잠시 뒤로 물러서야 할 때를 분별한다.

'장수가 전쟁터에 나가 공격을 명령함에 명예를 구하고자 해서는 안 되며, 또한 후퇴를 명령함에 죄를 피하려 해서도 안 된다.

공격과 후퇴의 모든 판단기준은 오로지 국가의 생존과 병사들의 안전에 있다.' 〈손자병법〉에 나오는 진퇴에 대한 지휘관이 가질 철학에 대한 말이다.

항우(項羽)는 치욕을 참고, 잠시 몸을 피했어야 했다.

흙먼지 일으키며 다시 돌아오겠다는 권토중래의 각오로 자신을 믿고, 목숨을 건 병사들과 자신에게 인생을 건 고향의 원로들에게 은인자중(隱忍自重)하여 승리로 보답했어야 옳았다.

절망을 용기 있게 끊어버리는 순간, 눈앞에는 새로운 희망이 보인다는 것을 항우는 깨닫지 못한 것이었다.

진정한 승리는 패배에 굴하지 않고, 용기 있게 다시 서는 것에서 나온다.

세상살이에 실패의 경험이 없었던 사람은 없다.

실패는 성공의 어머니라고 했다. 실패를 통해 그 원인을 배우고 새로운 방법을 찾아야 한다.

에디슨은 발명을 위하여 수천수만 번의 실패를 하였다.

아기는 걷기 위해 수천수만을 넘어지며 걷는 방법을 배운다.

亡羊牢可輔 失馬廐可築 往者雖已矣 來者猶可及

(망양뢰가보 실마구가축 왕자수이의 래자유가급)

곧 양(羊)을 잃었어도 양의 우리를 다시 고치고, 말을 잃었어도 마구간을 다시 지을 지어다. 지난일은 비록 어쩔 수 없지만 다가오는 일은 오히려 대처할 수 있으니.

이는 임진왜란에 폐허가 된 조선을 재상(宰相)의 입장에서 바라본 명재상 서애(西厓) 유성룡(柳成龍)의 뼈아픈 반성어린 교훈이다.

## 南橘北枳(남귤북지)

江南(강남)의 귤을 江北(강북)에 심으면 탱자가 된다.

❍ **글자 뜻 : 南(남녘 남) 橘(귤 귤) 北(북녘 북) 枳(탱자 지)**

❍ **출전 : 晏子春秋(안자춘추) 內篇, 雜下(내편, 잡하)**

❍ **의미 / 비유**

❶ 처지나 환경이 달라짐에 따라 기질도 변한다.

❷ 본래의 것을 찾으려 하거나 고집하지 말아야 한다.

❍ **사건유래의 요약**

춘추시대 제(齊)나라에 안영(晏嬰)이란 유명한 재상이 있었다.

어느 해, 초(楚)나라 영왕(靈王)이 그를 초청했다. 안영이 너무 유명하니까 만나보고 싶은 욕망과 코를 납작하게 만들고 싶은 심술이 작용한 것이다. 수인사가 끝난 후 영왕이 입을 열었다.

"제(齊)나라에는 그렇게도 사람이 없소?" 안영이 대답했다. "사람이야 많이 있지요." 다시 영왕은 거들먹거리면서 "그렇다면 제나라는 사신으로 보낼 사람이 경(卿)과 같은 사람밖에 없소?"

안영의 키가 너무 작은 것을 비웃는 영왕의 말이었다.

그러나 안영은 태연하게 대꾸하였다.

"예, 저의 나라에선 사신을 보낼 때 상대방 나라에 맞게 사람을 골라 보내는 관례가 있습니다. 작은 나라에는 작은 사람을, 큰 나라에는 큰 사람을 보내는데 신(臣)은 그 중에서도 가장 작은 편에 속하기 때문에 뽑혀서 초나라로 왔습니다."

가는 방망이에 오는 홍두깨격의 대답이었다.

그때 마침 포리(捕吏)가 죄인을 끌고 지나갔다. 초왕이 묻기를

"여봐라! 그 죄인은 어느 나라 사람이냐?"

"예, 제(齊)나라 사람이온데, 절도(竊盜)죄인입니다."

영왕(靈王)은 다시 안영에게 물었다.

"제나라 사람은 원래 도둑질을 잘하오?"하고 안영에게 모욕을 주는 것이다.

그러나 안영은 초연한 태도로 말하는 것이었다.

"강남에 귤(橘)이 있는데 그것을 강북에 옮겨 심으면 탱자[枳]가 되고 마는 것은 토질 때문입니다.

제(齊)나라 사람이 제(齊)나라에 있을 때는 원래 도둑질이 무엇인지도 모르고 자랐는데 그가 초(楚)나라에 와서 도둑질한 것을 보면, 역시 초나라의 풍토 때문인 줄 압니다."

그 기지(機智)와 태연함에 영왕은 안영에게 사과를 했다.

"애당초 선생을 욕보일 생각이었는데 결과는 과인이 욕을 당하게 되었구려."하고는 크게 잔치를 벌여 안영을 환대하는 한편 다시는 제나라를 넘볼 생각을 못했다.

### ❍ 유사성어

孟母三遷(맹모삼천) 近墨者黑(근묵자흑)

### ❍ 생활 지혜 및 교훈

❶ 환경만 탓하지 말라(현 여건을 너무 낙심치 말라).

❷ 스스로 좋은 환경을 찾아 조기에 적응하라.

남귤북지는 원래 강남종귤(江南種橘) 강북위지(江北爲枳)를 네 자로 줄여서 나타낸 고사성어이다.

이 고사는 제나라 재상 안영의 재치와 담력 등으로 초나라 영왕의 코를 납작하게 만든 사건에서 생겨난 고사이다.

안영은 춘추시대 사람으로 중국 명재상(名宰相)에 속하는 사람이다.

그는 나라를 잘 다스린 뛰어난 재상이면서 또한 언변이 좋기로 명성이 자자했다.

한 예로 안영이 외교 사절로 강대국 초나라를 방문하게 됐는데, 초나라의 영왕은 안영이 훌륭한 인물이라는 소문이 자자하니까 한 번 만나보고 싶어 했다.

그런데 막상 제나라 사신으로 오게 된 안영의 재치를 시험하고자 성문 옆에 조구마한 개구멍을 만들어 놓고 기(氣)를 꺾으려고 하였다.

며칠 후 궁궐에 도착한 안영을 큰 문 옆에 조그만 개구멍을 만들어 놓고서 개구멍으로 들어가게 하려는 것을 알아차리고, 안영이 말하길 "제가 개 같은 나라에 사신으로 왔다면 개구멍으로 들어갈 것이나, 저는 대국인 초나라에 사신으로 왔기 때문에 개구멍으로 들어갈 수가 없노라!" 고 크게 외쳤다.

이 소리를 들은 초나라 왕은 만약 안영을 개구멍으로 들어오게 하면 오히려 초나라가 개 같은 나라가 되므로 초나라 재상을 정문으로 보내어 정식으로 영접하게 되었다.

요즈음 시대에 직장생활에서 외형이라는 것은 무엇을 의미하는가?

가장 큰 것이 학력이나 학교에 대한 편견이 될 것이다.

이른바 가방 끈이 길면 유능한 직장인이고, 좋은 학교를 나오면 훌륭한 일 처리를 할 수 있다고 생각하는 리더들이 참 많은 것 같다.

그것은 마치 초(楚) 나라 왕이 안영(晏嬰)의 외모를 보고 비웃으면서 사람을 깔보는 것과 크게 다르지 않다.

그 다음으로 근무 년 수가 될 것이다.

근무 년 수가 많으면 일을 잘할 수 있고, 신입이라면 무조건 배워야 하고 일에 있어서 선임이 항상 리더가 되어야 한다는 생각이다.

이 또한 제 나라 왕의 인재선발 능력에 턱없이 모자라는 선택이 되는 것이다.

리더들은 제 나라 왕이 안영과 같은 재상을 기용하고 나라를 운영하듯이 조직을 운영하여야 한다.

구성원들의 학력이나 근무 년 수에 연연하지 않고, 최적의 인재를 최적의 업무에 잘 배치해서 사용하는 조직의 리더가 되어야 한다.

그러기 위해서는 구성원 하나하나의 특징과 장점을 내 손금 보듯이 훤히 꿰뚫고 있어야 하며 실수를 하더라도 성장할 수 있는 기회를 많이 주어야 한다.

사람을 외모로 평가한다는 것 자체가 우스운 일이고 또 그렇게 평가한 사람은 남에게 또한 외모로 평가받을 것이다.

조선 중기의 문신 계곡(谿谷) 장유(張維, 1587~1638) 선생의 '계곡집(谿谷集)'에 실린 '붓에 대한 이야기(筆說)'이다.

족제비 꼬리털로 만든 황모필(黃毛筆)보다 좋은 붓은 이 세상에 없다.

내 친구 이생(李生)이 글쓰기를 좋아하여 어떤 사람에게 부탁해서 그 붓을 얻었는데, 터럭이 빼어나게 가늘고 번질번질 윤기가 흘러 기가 막히게 좋은 붓이라 여겼다.

그런데 붓을 한번 털어 보니 조금 이상했다. 먹을 적셔 시험 삼아 글씨를 써 보니 구부러져 꺾이는 바람에 글자를 제대로 쓸 수가 없었다. 자세히 살펴보니 속은 개의 털로 채우고, 가늘고 윤기 나는 족제비 털을 겉에다 살짝 씌운 것이었다.

이생이 말하였다. "이것을 만든 놈은 남을 속여 먹는 재주가 뛰어난 것이 분명하다. 아무도 가짜인 것을 분별하지 못하기 때문에 그 간사한 상술이 통하는 것이다. 인심이 이렇게까지 야박해질 수 있단 말인가."

글씨 쓰기 좋아하는 분이 좋은 붓을 얻어 기분 좋게 한번 휘두르려는데 아뿔싸, 그만 가짜 붓이었습니다. 인심의 타락을 하소연하는 친구에게 선생이 말합니다.

오늘날의 사대부(士大夫)라는 자들도 이 붓과 비슷하지 않은 경우가 드물다네. 몸뚱이를 번드르르한 옷으로 감싸고 언어를 그럴듯하게 구사하면서 걸음걸이를 법도에 맞게 하고 얼굴색 역시 근엄하게 꾸미고 있으니, 바라보면 모두 군자(君子)나 선비같이 여겨진다네.

그러나 그들이 남이 보지 않는 곳에 있으면서 이해(利害)가 걸린 상황을 만나게 되면 평소의 뜻을 완전히 바꿔 욕심을 마구 부리며, 속으로는 착하지 못한 마음을 품고 올바르지 못한 행동을 보이는 경우가 대부분이라네.

번드르르하게 외양을 장식했지만 속은 온통 개의 털로 채워져 있는 이 붓과 조금도 다를 바가 없네.

觀人者不察也, 視其外而 信其中. 故有奸人亂國而 不可悔者也(관인자 불찰야, 시기외이 신기중. 고유간인난국이 불가회자야)

그런데 그들을 살피는 사람들이 제대로 눈여겨보지 않은 채 외양만 보고 속마음까지 믿어버리기 때문에 간사한 사람이 나라를 어지럽혀도 뉘우쳐 바로잡지 못하는 것이다.

사대부라는 것들부터 가짜이니 붓 만드는 자도 제대로 만들 리가 없다. 붓은 글씨를 버리고 말 뿐이지만 가짜 사대부는 나라를 망친다. 등용하는 사람, 등용되는 사람, 감시하는 사람이 살피고 또 살피는 수밖에 없다.

오늘날 정치인들이나 기업인들에게 좋은 경계(警戒)의 말이다.

## 囊中之錐(낭중지추)

주머니 속의 송곳

○ 글자 뜻 : 囊(주머니 낭) 中(가운데 중) 之(어조사 지) 錐(송곳 추)

○ 출전 : 史記(사기), 平原君虞慶列傳(평원군우경열전)

○ 의미 / 비유

❶ 능력과 재주가 뛰어난 사람을 비유함.

❷ 주머니 속의 송곳이 뾰족하여 밖으로 튀어나오듯이 훌륭한 사람은 숨어있다 해도 자연스럽게 그 됨됨이가 드러나기 마련이다.

○ 사건유래의 요약

진(秦)나라가 조(趙)나라의 한단(邯鄲 : 조나라의 수도)을 공격하자 조나라 왕은 평원군(平原君)을 초(楚)나라에 보내 합종(合縱)의 맹약을 맺도록 했다.

평원군은 식객들 중에서 문무를 겸비한 20명을 골라 함께 가기로 했는데, 19명을 고른 뒤에는 더 이상 고를 만한 사람이 없었다.

평원군의 문하에 모수(毛遂)라는 사람이 있었는데 앞으로 나와 자천(自薦)하며 평원군에게 말했다.

"군께서 초나라와 합종을 하러 가시는데 외부에서는 찾지 않고 문하의 식객 20명과 함께 가기로 했다고 하는데 한 사람이 모자란다고 들었습니다. 저를 수행원으로 데리고 가 주시기를 바랍니다."

평원군이 물었다. "선생께서는 내 집에 오신 지 몇 해나 되었소?"

"3년입니다."라고 대답하자 맹상군은 "현사가 세상에 처해 있는 것은 비유하자면 송곳이 주머니 속에 있는 것과 같아 그 끝이 튀어나온다고 하는데, 지금 선생은 내 문하에 3년이나 있었다지만 주변 사람들이 칭찬하는 소리도 없었으며 나도 듣지 못했소. 이는 선생이 아무런 재주도 없는 까닭이오. 선생은 임무를 수행 할 수 없으니 남아 있으시오."

그러자 모수가 말했다.

"신(臣)은 지금 주머니 속에 넣어 주기를 청하는 것입니다. 만약 일찍이 주머니 속에 넣었더라면 송곳이 주머니를 뚫고 나왔을 것입니다. 어찌 그 끝만 보였겠습니까?"

이로 인하여 평원군은 모수와 함께 가기로 결정했다.

다른 식객들이 부러워하면서도 비웃기를 그치지 않았다.

모수는 초나라에 도달하는 동안 19명과 이야기를 하여 모두 굴복시켜 버렸다.

평원군이 초나라와 합종의 맹약을 협상하면서 이해관계를 논하는데, 해가 뜨면서부터 협상을 시작하였는데 해가 중천에 걸리도록 결정이 나지 않았다. 같이 동행했던 다른 19명이 모수에게 올라가보라고 말하자 모수는 장검을 비껴들고 계단으로 뛰어 올라가 평원군에게 말했다.

"합종의 이해관계는 두 마디면 결정되는 건데 오늘 해가 뜰 때부터 협상을 시작해서 해가 중천에 걸리도록 결정이 안 나는 것은 왜입니까?"

초왕이 평원군에게 물었다.

"이 사람은 무엇 하는 사람이오?"

“저의 사인(舍人)입니다.”

초왕이 꾸짖었다.

“어서 내려가지 못할까! 나는 너의 주인과 협상을 하고 있는 중이다. 지금 무엇을 하자는 것이냐!”

모수가 칼에 손을 대고 초왕 앞으로 나아가 말했다.

“왕이 저를 꾸짖는 것은 초나라가 사람이 많기 때문입니다. 지금 열 발짝 안에서는 왕은 초나라의 많은 사람들을 의지할 수가 없을 뿐만 아니라 왕의 목숨은 나의 손에 달려 있습니다. 우리 주인이 앞에 있는데 왜 꾸짖는 겁니까. 합종을 하는 것은 초나라를 위한 것이지 조나라를 위한 것이 아닙니다. 그런데 우리 주인 앞에서 꾸짖는 것은 웬일입니까!”

초왕은 모수의 말에 사직을 받들어 합종에 따르겠다고 약속을 했다.

이어 모수는 개와 말의 피를 가져오게 하여 초왕, 평원군의 순서로 마시게 한 다음 자신도 피를 마시고, 왼손으로는 쟁반을 들고 오른손으로 19명을 불러 말했다. “그대들은 당하(堂下)에서 피를 마시도록 하시오. 그대들은 한 일도 없이 다른 사람에 붙어서 일을 성사시켰을 뿐이니까요.”

평원군은 합종을 성사시키고 조나라에 돌아온 후 말했다.

“나는 이제 더 이상 선비들의 상을 보지 않겠다. 내가 많게는 수천 명, 적게는 수백 명의 상을 보면서, 천하의 선비들을 하나도 놓치지 않았다고 자부했는데 오늘 모 선생을 보지 못했구나. 모 선생은 세 치의 혀로 백만의 군대보다 더 강하게 만들었다. 나는 이제 감히 선비의 상을 보지 않겠다.”

그러고는 모수를 상객으로 대우했다.

### ❍ 유사성어

毛遂自薦(모수자천) 錐處囊中(추처낭중) 脫穎而出(탈영이출)

### ❍ 생활 속의 지혜

❶ 주위에 재능 있는 자를 잘 분별한다.(자신의 재능을 파악한다.)

❷ 재능을 잘 갈고 닦을 수 있도록 도움을 준다.(자신이 노력한다.)

❸ 그 재능을 발휘하도록 주선이나 인도한다.

뛰어난 인재는 어디서나 그 날카로움을 보인다는 말인 낭중지추는, 낭중지추를 이용해 자신을 드러내 보인 모수라는 사람의 고사에서 유래된 말이다.

모수는 평소에 능력을 인정받지 못하고 주위를 빙빙 도는 정도의 선비로 평가받고 있었는데, 나라에 큰일이 생겼을 때 역할을 자임하고 나선 것이다. 하지만 이 고사성어는 약간 비꼬는 의미도 포함하고 있어서 부끄러움 없이 자신을 내세우는 사람을 말하기도 한다.

인재는 어디에 있든 그야말로 티가 난다고 한다.

하지만 스스로의 재능을 믿고 숨어만 있다면 그야말로 은둔자에 불과할 것이다.

지금은 스스로를 알리는 PR시대, 낭중지추도 모수의 말처럼 주머니에 들어있어야 드러나는 법, 지나치지도 부족하지도 않은 자신만의 PR이 필요할 때이다.

옛이야기로부터 전해온 말이 지금까지 쓰이는 것을 보면, 성현들의 지혜와 교훈이 현대인들에게도 영향을 미친다는 것을 알 수 있다.

현대사회는 지식과 정보가 넘쳐나며, 새로운 것이 계속 등장하는 변화의 시대이다.

그러나 지식 사회와 변화 추구에도 우리가 살아가는 데 있어 필요한 삶의 지혜는 변하지 않는다.

옛 성현도 그 선조가 전해준 지혜로부터 처세를 하고, 선택을 하였으며 인생의 방향을 결정했다. 숨겨진 고사성어의 뒷이야기를 통해 회사생활의 또 다른 지혜를 찾아보는 것이 어떨까.

위의 내용이 주는 교훈은 국가에 충성하는 부분도 있지만 오직 자기의 재능을 발휘할 수 있는 기회를 놓치지 않고 활용해야한다는 작지 않은 교훈을 나타내고 있다.

이 고사에서 흥미로운 것은 모수의 자신감이다.

자신을 천거하는 일은 분명히 쉬운 일이 아니다. 이것은 자기능력에 대한 믿음이 있어야 가능한 일이다. 자신의 진가를 믿어주지 않고 무시하는 사람에게 그는 난동을 부리거나 애걸복걸하지 않았다. 그는 차분하게 뽑는 사람의 논리를 이용하고 설득했다.

모수 또한 자신의 능력을 믿고 의심치 않았고 기회를 기다렸다. 하지만 좀처럼 기회는 오지 않았다.

그러다가 한번 온 기회를 놓칠 수 없었고 자신의 능력을 150% 발휘했다. 주위나 다른 사람들을 의식하면 절대 본인이 자신을 추천할 수 없는 것이다.

여기에서 우리는 모수에게서 자신의 능력을 기를 것과 그 능력을 바탕으로 자신감을 가질 것과 기회를 기다리고 기회가 가까이 왔을 때 냉정한 자신감으로 어필하는 교훈을 얻게 된다.

특히 동양인의 정서는 겸손과 양보를 미덕으로 알고 있기 때문에 자기 자랑을 늘어놓는 것조차 선비의 법도에 어긋나는 것으로 여겼다.

그러나 요즈음은 어떤가, 자기를 위한 홍보가 낯간지러울 정도로 대담해졌고, 심지어는 자기 소개를 위한 학원까지 등장하고 있는 추세이다.

자기는 자기가 제일 잘 아는 것이다. 그러나 간혹 자기 재능에 도취되어 자기 분수를 모르고 함부로 일을 처리하고자 하는 의욕을 보이다 망치는 경우를 우리는 종종 볼 수 있다.

혹 자기가 낭중지추의 재주를 갖고 있는 것으로 착각하는 경우이다. 만약 자기가 낭중지추의 재능이 있다고 해도 겸손과 베풂을 병행한다면 더욱 날카롭고 큰 낭중지추가 될 것이다.

海納百川有用乃大 壁立千仞無慾則剛
(해납백천유용내대 벽립천인무욕칙강)
바다는 온갖 시내를 받아들이니 그 너그러움이 있어 지대하고
천길 높이의 벽이 서있어도 욕심이 없으니 굳건하니라.

모수도 훌륭하지만 그를 받아들인 평원군 또한 큰 군자가 아닌가.

## 老馬之智(노마지지)

늙은 말의 지혜

❍ **글자 뜻 : 老(늙을 노) 馬(말 마) 之(어조사 지) 智(지혜 지)**

❍ **출처 : 韓非子(한비자), 說林上篇(설림상편)**

❍ **의미 / 비유**

❶ 아무리 하찮은 사람도 각자 그 나름대로의 장기나 슬기를 하나쯤은 가지고 있다.

❷ 오래된 경험은 위기나 위급 시 반드시 좋은 길잡이가 된다.

❍ **사건유래의 요약**

춘추시대(春秋時代), 오패(五覇)의 한 사람이었던 제(齊)나라 환공(桓公 : 재위 BC685~43) 때의 일이다.

어느 해 봄, 환공은 명재상 관중(管仲 : ?~BC645)과 대부 습붕(隰朋)을 데리고 연(燕)나라를 침범한 산융(山戎)을 정벌하러 나섰다.

그런데 전쟁이 의외로 길어지는 바람에 그 해 겨울에야 끝이 났다.

그래서 혹한 속에 지름길을 찾아 귀국하다가 길을 잃고 말았다.

전군(全軍)이 진퇴양난(進退兩難)에 빠져 떨고 있을 때 관중이 말했다. "이런 때 '늙은 말의 지혜[老馬之智]'가 필요하다."

그런 즉시 늙은 말 한 마리를 풀어놓았다. 그리고 전군이 그 뒤를 따라 행군한 지 얼마 안 되어 큰길이 나타났다.

또 한 번은 산길을 행군하다가 식수가 떨어져 전군이 갈증에 시달렸다.

그러자 이번에는 습붕(隰朋)이 말했다.

"개미란 원래 여름엔 산 북쪽에 집을 짓지만 겨울엔 산 남쪽 양지 바른 곳에 집을 짓고 산다. 흙이 한 치[一寸]쯤 쌓인 개미집이 있으면 그 땅 속 일곱 자쯤 되는 곳에 물이 있는 법이다." 군사들이 산을 뒤져 개미집을 찾은 다음 그곳을 파 내려가자 과연 샘물이 솟아났다.

이 이야기에 이어 한비자(韓非子 : 韓非, ?~BC233)는 그의 저서 《한비자》에서 이렇게 쓰고 있다. 관중의 총명과 습붕의 지혜로도 모르는 것을 늙은 말과 개미를 스승으로 삼아 배웠다. 그러나 그것을 수치로 여기지 않았다.

### ❍ 유사성어

老馬識途(노마식도) 各自圖生(각자도생)
屈己下心(굴기하심) 不恥下問(불치하문)

### ❍ 생활 속의 지혜

❶ 사람은 누구나 나름대로의 장기나 슬기 하나는 가지고 있다.
❷ 노인이나 경험 많은 사람의 말을 잘 경청할 것.
❸ 자기만 못한 사람에게 조언을 구함을 부끄럽게 생각 말 것.
❹ 자기를 낮추는 겸손한 태도견지.

金剛山高松下立 漢江水深沙上流
(금강산고송하립 한강수심사상류)
금강산이 아무리 높아도 소나무 아래 서있고 한강물이 아무리 깊어도 모래 위에서 흐른다.

동양의 전통에는 노(老)가 단순히 늙었다는 의미뿐만 아니라 그 외 어른, 익숙하다. 공경하다. 라는 뜻도 내포되어 있다. 부로(父老) 장로(長老)라는 했을 때 노자(老字)는 늙었다는 뜻보다는 '웃어른'이라는 뜻을 함께 가지고 있다.

우리가 잘 아는 퇴계(退溪) 선생을 높여서 부를 때에는 퇴로(退老)라고 불렀다. 즉, 늙어서 벼슬에서 물러남을 의미하는 말이다. 일종의 높임을 나타내는 말로 전해 내려오고 있다.

지금도 중국에서는 선생님에 대한 존칭으로 노사(老師)라는 명칭을 쓰고 있다고 한다. 이 말은 '늙은 선생님'이란 뜻은 더욱 아니다. 더구나 젊은 선생님에게도 노사라는 호칭을 써서 존경을 의미하게 된다. 우리나라는 언제부터 인지 노(老)자가 빛을 바래고 있다.

나이가 많은 사람은 쓸모없는 사람으로 취급 받는 사회가 되어 가고 있다.

옛날에 늙은 쥐 한 마리가 있었다. 이 쥐는 먹을 것을 훔치는 데는 귀신같았다. 그러나 늙어서 눈이 침침해지고 기력이 떨어져 나다닐 수가 없었다.

그래서 여러 쥐들이 그에게 가서 먹을 것을 훔치는 법을 배우고 그 대가로 훔쳐온 것을 그에게 나누어 주곤 하였다.

이렇게 얼마간 지나자 쥐들은 마침내 늙은 쥐의 술수를 다 배웠다고 여기고 다시는 먹을 것을 나누어 주지 않았다. 이에 늙은 쥐는 어쩔 수 없이 분을 품은 채 지내야만 했다.

어느 날 저녁, 시골 아낙네가 밥을 지어놓고 돌로 솥뚜껑을 눌러

놓은 채 이웃으로 놀러 나갔다. 여러 쥐들은 밥을 훔쳐 먹으려고 갖은 꾀를 다 부렸으나, 훔쳐낼 방도가 없었다. 어떤 쥐가 말했다.

"늙은 쥐에게 방법을 물어보자." 다른 쥐들도 모두 그게 좋겠다고 하여 일제히 늙은 쥐에게 몰려가서 방법을 물었다.

그러자 늙은 쥐는 노기를 띠면서 말했다. "너희들은 모두 내게 방법을 배워서 항상 배부르게 먹고 지냈다. 그런데 지금 와서는 나에게 먹을 것을 나누어 주지 않는다. 나는 가르쳐 주고 싶지 않다."

쥐들이 모두 고개를 숙이고 절을 하면서 사정하였다.

"저희들이 참으로 잘못하였습니다. 지난 일은 어쩔 수 없지만 앞으로는 잘 모시겠으니, 부디 밥을 훔쳐낼 방도를 가르쳐 주십시오."

그러자 늙은 쥐는 이렇게 일러 주었다. "솥에는 발이 세 개 있다. 그 중 발 하나가 놓인 곳을 파내면 조금만 파도 솥이 기울어져서 저절로 뚜껑이 열릴 것이다."

여러 쥐들은 달려가서 땅을 파냈다. 그러자 과연 늙은 쥐의 말대로 솥이 기울면서 솥뚜껑이 열렸다. 쥐들은 배부르게 실컷 먹은 다음 남은 밥을 싸가지고 와서 늙은 쥐에게 바쳤다.

오랜 경험을 가진 이들의 지혜가 담긴 말에 귀 기울이라는 속뜻이 담긴 이야기다. 아무리 하찮게 보이는 사람이나 사물일 지라도 저마다 다 특별한 장기나 훌륭한 장점이 있기 마련이다.

器非求舊人惟求舊 (기비구구 인유구구)
그릇(물건)은 옛것을 구하지 않으나(새것을 좋아하나)
사람만은 오직 오래된 사람을 찾는다.

경험과 경륜은 조직과 사회의 높은 가치를 인정해야 할 것이다.

## 老益壯(노익장)

늙을수록 더욱 힘쓴다.

❍ 글자 뜻 : 老(늙을 노) 益(더할 익) 壯(씩씩할 장)

❍ 출전 : 後漢書(후한서) 馬援傳(마원전)

❍ 의미 및 비유

늙거나 궁(窮)해도 절조(節操)를 잃지 말아야 한다.

❍ 사건유래의 요약

후한(後漢) 광무제(光武帝) 때의 명장 마원(馬援)은 어려서부터 큰 뜻을 품고 글을 배우고 예절을 익혔으며 무예에도 정통하여, 그의 맏형 마황(馬況)은 그를 대기만성(大器晩成)할 것이라고 말하였다.

그의 형이 젊은 나이로 죽자 마원은 상례(喪禮)를 정중히 모셔 치른 후 예를 다하여 형수를 받들었다.

그 뒤 마원이 부풍군(扶風郡) 독우관(督郵官 : 감찰관)이란 벼슬에 있을 때 명을 받들어 많은 죄수들을 압송하게 되었다.

그러나 도중에 죄수들이 고통에 못이겨 애통하게 부르짖는 것을 보고는 동정심이 우러난 나머지 모두 풀어주어 제각기 제 살길을 찾아가도록 하고 자신도 북방으로 달아났다.

마원은 북방으로 가서 소·말·양 따위를 놓아 먹이면서 지냈다. 부지런하고 수완이 좋은 그는 수년간 정성껏 가축을 길러 그 규모가 수천 두까지 이르렀다.

생활이 윤택해지고 많은 돈을 벌게 되자 가까운 친구나 이웃 사람들에게 돈을 나누어 주었고, 자기는 오히려 떨어진 양가죽 옷을 걸치고 소박한 식사를 하는 등 근검한 생활을 했다고 한다. 그는 항시 친구에게 말하였다.

"대장부라는 자는 뜻을 품었으면 어려울수록 굳세어야 하며 늙을수록 건장해야 한다.(大丈夫爲者 窮當益堅 老當益壯(대장부위지 궁당익견 노당익장))." 재산을 늘리는 것은 남에게 베풀기 위해서이다. 그렇지 않고 지키기만 한다면 이는 수전노(守錢奴)에 불과하다.

세상이 혼란스럽게 되자, 마원은 평범한 삶을 버리고 농서(隴西)의 외효(隗囂) 밑으로 들어가 대장이 되었다. 외효는 공손술(公孫述)과 손을 잡기 위해 마원을 그곳으로 파견하였다.

마원은 공손술의 오만(傲慢)한 행동에 크게 실망하고 의례적인 인사만을 하고는 곧장 돌아왔다.

그 후 마원은 광무제를 만나게 된다.

광무제는 마원을 만나자 예절을 다해 대접하였으며, 각 부서를 데리고 다니며 조언할 말이 있는지 물었다. 마원은 이러한 후한 대접에 감동되어 외효에게 돌아가지 않고 광무제의 휘하(麾下)에 있기로 결심하였다. 광무제는 마원을 복파장군(僕波將軍)에 임명하여 남방의 교지(交趾 : 越南(월남) 북부)를 평정하게 하여 성공한다.

얼마 후, 동정호(洞庭湖) 일대의 만족(蠻族)이 반란을 일으키자, 광무제가 군대를 파견하였으나 전멸하고 말았다.

이 소식을 들은 마원이 자신에게 군대를 달라고 청하며 나섰다.

광무제는 그가 너무 늙었으므로 군대 주기를 주저하자 마원이 말하기로 "소신(小臣)의 나이 비록 예순두 살이나 갑옷을 입고 말도 탈 수 있으니 어찌 늙었다고 할 수 있습니까?"하고는 말에 안장을 채우고 훌쩍 뛰어올랐다.

광무제는 미소를 지으며, “확삭하도다, 옹은”이라며 출정(出征)을 허락하였다. 결국 마원은 군대를 이끌고 정벌길에 올랐다.

그 후 대장군으로 임명되어 반란을 평정하고 흉노(匈奴) 토벌에 큰 공을 세움으로써 그의 형이 말한 대로 대기만성(大器晩成)을 이루었다.

### ❍ 유사성어

老當益壯(노당익장)

### ❍ 생활 속의 지혜

❶ 내 나이가 어때서 자신감 있는 생활.

❷ 도전과 열정으로 바라는 바를 이루는 지혜로운 삶.

❸ 자식이나 친지에게 짐이 되는 삶이 아닌 도와주는 생활구현.

행복은 누구나 원한다. 막상 ‘행복이 무엇인가.’라고 물으면 세상에 같은 답은 없다. 모든 사람에게 행복은 주관적인 판단으로 놓이며, 시간과 장소에 따라서도 달라지기 때문이다.

혹자는 행복과 성공은 동전의 양면이라고 말한다. 부와 권력, 명예를 얻으면 행복하고, 실패한 사람은 불행하다는 섣부른 결론을 내리기도 한다. 더욱이 나이가 들수록 ‘성공한 사람은 행복하다.’고 단정 짓기 쉽다.

그러나 노령의 철학자가 말하는 성공과 행복의 함수 관계는 사뭇 다르다. 100세의 노철학자(老哲學者) 김형석 교수는 그의 저서를 통해 “자신에게 주어진 재능과 가능성을 유감없이 발휘한 사람은 행복하고 성공한 사람이지만, 그렇지 않은 사람은 성공했다고 인정할 수 없다."고 일갈한다. 또한 노교수는 "젊어서는 용기가 있어야 하고 장년기에는 신념이 있어야 하나, 늙어서는 지혜가 필요하다."고. 그런데, 우리 사회는 너무 일찍 성장을 포기한 젊은 늙은이가 많다며 작금의 세태를 꼬집기도 한다.

대한민국은 사회적으로 다양한 영역의 노인문제에 직면해 있다.

우리나라는 OECD국가 중에서도 노인 자살률과 노인 빈곤률, 그리고 고령화 속도가 1위인 국가이다. 노인의 빈곤과 질병, 복지 등의 문제는 언제나 잠재한 가운데, 건강하고 활동성을 가진 노인들의 사회 참여를 어떻게 풀어낼 것인가에 대한 과제도 새롭게 부각되고 있다. 그런 만큼 최근 '노년학(老年學)'의 주요 연구 주제 역시 '생산적 노년' 혹은 '성공적 노년'이라는 개념에 초점이 맞춰지고 있다. 이는 꾸준한 건강관리를 통해 인지능력을 유지하면서, 변화하는 사회에 잘 적응하기 위해 교육이나 학습의 기회를 적극 활용하는 노년을 목표로 한다.

그로써 의미 있는 사회활동에 참여하며 노년기의 자아실현을 이루는 참다운 삶을 말한다. 모든 노인이 앞서 김형석 교수와 같은 노익장을 발휘하며 삶을 구가할 수는 없을 것이다. 다만, 방향과 정도는 다를지라도 그와 같은 인생관과 가치관을 공통분모로 개인과 사회가 함께 노력하는 것이 고령화 사회를 대비하는 중요한 키워드라는 점이다.

진정한 생산적 노년, 성공적 노년의 정착을 위해서는 이제껏 잘못 인식된 고정관념에서 벗어나야 한다. 노년기는 고독하고 의존적이라는 부정적인 사고에서 탈피해 생산적이고 활기차며 긍정적인 모습으로 그려지는 새로운 노년 문화를 조성해 나가야 함은 물론이다. 나이 들어 늙어감에는 나름의 처연한 미학이 있다. 부풀렸던 욕심을 줄이고, 벌렸던 관심사를 줄이는 것도 물론 필요하다. 부귀와 명예를 쫓기보다는 단단한 결실로 원숙을 선보이고, 남과 나누는 베풂의 미덕도 요구된다. 아울러 노년의 고독과 소외감을 떨쳐버리고 닫힌 삶을 열린 삶으로, 수동적인 삶을 능동적인 삶으로 변화시키는 진정한 의미의 '사회적 노익장'을 발휘할 수 있어야 한다.

피라미드형이었던 우리나라의 인구 구조가 종 모양을 거쳐 급기야 항아리형으로 바뀌었다. 오히려 고령인구가 많아진다는 것이다. 거기다가 의학의 발달과 복지혜택으로 평균수명은 점점 더 길어지고 있다.

하지만 오래 산다고 해서 꼭 행복지수가 높은 것만은 아니다. 그리고 건강한 삶이 보장되는 것도 아니다.

노인들은 질병, 자녀의 허약한 부양기능 등 개인적 요인뿐만 아니라, 빈곤의 세습화, 사회보장 미비 등 사회구조적 요인 탓에 아직도 많은 고통을 겪고 있다.

필연적 약자인 노인들에게 자력으로 삶의 고난을 헤쳐 나가라고 요구하는 것은 아직까지는 무리이다.

그래도 마원의 사례는 노인문제 해결의 한 유형임에 분명하다. 능력 과시를 통해 입지를 구축했던 그의 정신만은 어느 시대에도 유효하다.

人一能之己百之 人十能之己千之

(인일능지기백지 인십능지기천지)

남이 한 번에 할 수 있으면 나는 백번을 하고, 남이 열 번에 할 수 있으면 나는 천 번 한다. 중용(中庸) 제10장에서 볼 수 있다.

## 累卵之危(누란지위)

계란을 포개 쌓는 것처럼 위태롭다.

❍ **글자 뜻 : 累(포갤 누) 卵(알 란) 之(어조사지) 危(위태로울 위)**

❍ **출전 : 說苑(설원)**

❍ **의미 / 비유**

❶ 위기에 또 위기가 겹침.

❷ 계란을 겹겹이 쌓아놓은 것같이 곧 부서질 것 같은 위기.

❍ **사건유래 요약**

춘추시대, 진(晉)나라 영공(靈公)이 천금의 비용을 들여 9층 높이의 누대를 세우면서 측근들에게 말했다.

"감히 누대를 세우는 것에 관하여 간하는 자가 있으면 참형에 처하겠다." 순식(荀息)이 이 사실을 듣고 상서를 올려 영공을 뵙기를 청했다. 영공은 활에 화살을 먹여 들고 순식을 인견했다. 순식이 말했다.

"신은 감히 간(諫)하지 않을 것입니다. 신은 12개의 바둑알을 쌓고 그 위에 9개의 계란을 쌓아 올릴 수 있습니다." 영공이 의아해하면서 "어디 한번 해 보시오." 말했다.

순식은 얼굴빛을 바르게 하고 정신을 집중하여 12개의 바둑알을 쌓고는 그 위에 계란을 올렸다. 사람들은 긴장해서 감히 숨도 쉬지 못하였다. 영공도 숨을 제대로 쉬지 못하고 계속 중얼댔다. "위험하다, 위험하다."

간신히 한 알을 포개 놓으면 무너지고, 다시 주워 올리면 또 무너지는 것이 보기에도 너무 아슬아슬 하였다. 보다 못한 영공이 소리쳤다.

“위태로운 짓은 그만하고 내려놓으시오.”

순식이 천천히 입을 열었다. “이건 아무 것도 아닙니다. 이보다 더 위험한 것이 있습니다.” 영공이 말했다.

“그게 뭔지 보여 줄 수 있겠소?”

“9층 높이의 누대를 짓는다는 것은 삼 년 내에도 완성할 수 없습니다.”

남자들은 농사일을 하지 못하고, 여자들은 길쌈을 하지 못해 국고가 바닥나서 혹시라도 이웃나라가 군사를 일으키려고 모의하여 사직이 멸망하게 되면 그보다 위태로운 일이 어디 있겠습니까? 그렇게 되면 왕께서는 무엇을 바라볼 것입니까?”

이에 영공은 “과인의 잘못이 여기까지 이르게 만들었구려.”라고 말하고 사람을 불러 즉시 9층 누대를 헐어버렸다.

### ❍ 유사성어

危於累卵(위어누란) 絶體絶命(절체절명) 風前燈火(풍전등화)

### ❍ 생활 속의 지혜

❶ 나라/가정의 위태로움을 잘 파악하여야 한다.

❷ 성실, 능력과 아부, 아첨을 잘 구분하여야 한다.

누란지위(累卵之危)는 절체절명(絶體絶命)과 동의어이다.

이러한 역사적 상황은 동 · 서양의 어느 나라를 막론하고 무수하게 겪는 경우이다. 특히 전쟁을 하고 있는 나라 중 패전이 짙은 나라나 거의 패전해가는 나라에서 흔히 겪는 경우이다.

우리나라의 경우 임진왜란이나 병자호란 등 외국의 군대로부터 침략을 딩했을 때가 나라의 위기상황이있다.

특히 태평성대를 누릴 때이거나 무능한 군주의 사치와 방종으로 외적의 침입에 대비하지 않고 내부갈등과 당파의 정쟁으로 나라가 분열되었을 때 외침을 당한 경우를 역사학자들은 누란지위라고 표현하였다.

성경의 역사를 통해 볼 때도 출애굽 한 이스라엘민족이 추격해오는 애굽 군대 앞에서 홍해를 만났을 때 상황의 긴박감. 인간의 힘으로서는 해결이 거의 불가능하고 신(神)의 축복에 의해서 벗어날 수 있는 상황을 주로 표현했다.

조선말기 임상옥(林尙沃)이라는 거상(巨商)이 있었다.

그는 조선의 인삼(人蔘)을 중국 상인에게 넘겨 이익을 얻는 상인으로 요즈음 표현으로 무역상이었다.

그런데 중국 상인들이 가격을 담합(價格談合)하여 임상옥의 인삼 매수(買收)를 거부했다.

임상옥은 인삼을 오래 두면 상할 수도 있고, 가격담합에 밀리면 막대한 손해와 목숨까지 위험한 상황에서 추사(秋史) 김정희(金正喜) 선생에게 자문을 구였다.

이때 김정희의 조언이 '百尺竿頭進一步 十方世界現全身(백척간두진일보 시방세계현전신)'였다. 곧 백 척 높이의 흔들리는 장대위에 한 발을 더 내디디면(한 걸음 더 나아가면) 비로소 새로운 세계가 그 모습을 보일 것이다.

임상옥은 중국 상인들에게 간접적으로 소문을 내고 인삼을 모아 놓고 불을 질러 태우는 모습을 묘사했다. 이래도 망하고 저래도 망한다.

과연 중국 상인들은 그 소식을 듣고 놀라 모두들 뛰어와서 임상옥에게 사과하고 더 높은 값을 쳐서 사갔다.

그러므로 임상옥은 그 위기를 벗어났으며, 그 다음부터 조선의 인삼은 중국에서 큰 빛을 발함은 물론 최고의 가치상품으로 거래되었음은 두말할 필요가 없었다.

죽음을 벗어날 수 있는 것은 오직 죽음 뿐이라는 추사의 조언을 통해 이루어낸 누란지위에서 벗어나는 좋은 방법이었다.

인간에게 누란지위 상황은 종종 있다. 무엇보다도 강한 의지로 극복하는 지혜가 필요하다.

옛 분들이 주는 교훈이 놀라울 뿐이다.

## 多多益善(다다익선)

많으면 많을수록 좋다.

❍ 글자 뜻 : 多(많을 다) 益(더할 익) 善(좋을 선)

❍ 출전 : 史記(사기), 淮陰候列傳(회음후열전)

❍ 의미 / 비유

❶ 많을수록 더 능력을 발휘할 수 있다는 것에 비유함.

❷ 아무리 많아도 싫지 않음.

❸ 아무리 많아도 해치울 수가 있음.

❍ 사건유래의 요약

항우(項羽)를 멸망시키고 천하의 주인이 된 한고조(漢高祖) 유방(劉邦)은 천하통일의 일등 공신 중의 하나인 제(齊)왕 한신(韓信)의 군사를 빼앗고, 초왕(楚王)으로 봉했다.

그런데 과거에 항우의 휘하에 한신과 함께 있으면서 평소 친하게 지냈던 종리매(鍾離昧)가 한신에게 몸을 의탁하러 왔다.

평소 종리매에게 여러 차례 괴롭힘을 당해 그를 증오하고 있었던 한고조 유방은 초나라에 칙명을 보내 종리매를 잡아 압송할 것을 요구했다.

한신은 차마 친구를 사지(死地)에 보낼 수가 없어 차일피일 미루고 있었는데, 어떤 사람이 한신이 종리매와 더불어 모반을 꾀한다고 모함을 했다.

천하 명장인 한신을 무력으로 진압하기 쉽지 않다고 생각한 유방은 진평(陳平)의 계책에 따라 운몽(雲夢, 춘추전국시대 초왕의 사냥하는 땅)으로 제후들을 회동시켰다. 꺼림칙하게 생각하고 있는 한신에게 누군가가 종리매의 목을 들고 유방을 알현하라고 권했다.

한신은 종리매와 이 일을 상의했다.

종리매는 한신을 꾸짖으며 스스로 목을 찔러 자결하고 말았다.

한신은 유방에게 종리매의 목을 바쳤지만 그 자리에서 체포되어 간신히 죽음만 면한 채 회음후(淮陰侯)로 강등되고 말았다.

유방과 한신이 사이좋게 천하를 평정하면서 서로 만나서 환담할 때에 하루는 유방이 한신과 조용히 장졸들의 재능과 각각의 차이와 높고 낮음에 대해 이야기하면서 물었다.

"나는 얼마만한 군사를 거느릴 수 있겠소?"

"폐하는 십만도 거느리지 못합니다." 유방이 물었다.

"그럼 그대는 어떻소?"

"신은 많으면 많을수록 좋습니다."

그러자 유방이 웃으며 다시 물었다.

"다다익선(多多益善)이라면서 어쩌다 내게 묶였단 말인가?" 한신이 대답했다.

"폐하는 군사를 거느리는 데는 능하지 못하지만 장수를 거느리는 데는 훌륭하십니다. 이것이 바로 신이 폐하에게 묶인 까닭입니다. 폐하는 이른바 하늘이 주신 것이지, 사람의 힘은 아닙니다."(上嘗從容與信言諸將能不, 各有差, 高低. 上問曰, 如我能將幾何. 信曰, 陛下不過能將十萬. 上曰, 於君何如. 曰, 臣多多益善耳. 上笑曰, 多多益善, 何爲爲我擒. 信曰, 陛下不能將兵, 而善將將, 此信之所以爲

陛下擒也. 且陛下所謂天授, 非人力也.)

### ❍ 유사성어

多多益辦(다다익판) 背水陣(배수진) 兎死狗烹(토사구팽)

### ❍ 생활 속의 지혜

❶ 많으면 많을수록 좋다는 것은 자신의 능력이 출중함을 의미한다. 그러므로 그 재능을 잘 살리고 전문적으로 발휘할 수 있도록 양성.

❷ 그 재능을 이용하여 남을 얕보거나 과장되게 발휘함을 경계해야 함.

이 고사에서 유래된 다다익선(多多益善)은 말 그대로 많으면 많을수록 더 좋다는 것을 말한다.

군(軍) 내(內)에서 지휘통솔 능력뿐만 아니라, 많으면 많을수록 좋은(多多益善) 것은 참 많다. 돈도, 능력도, 권력도 많으면 많을수록, 높으면 높을수록 좋다.

많은 사람들이 이를 위해 적극적인 노력을 기울이는 것 또한 사실이다.

공부에서도 마찬가지이다. 성적이 높을수록 좋고, 입시에 도움이 되는 정보도 많을수록 좋다. 보다 유리한 입장에서 선택하고, 준비할 수 있기 때문이다.

그래서 많은 학부모들이 최신의 정보, 남들은 알지 못하는 정보 등 보다 많은 정보를 모으기 위해 시간과 노력을 기울이는 것이다.

모든 것이 다 아이를 위해서, 좋은 학교 보내고 좋은 스펙을 얻기 위해서이다.

그러나 요즈음 시대의 사람들은 시대의 변화에 따라 생각도 많이 달라졌다.

곧 양(量)보다는 질(質)을 더 중요하게 생각한다.

옷이 아무리 많아도 비싸고 좋은 명품 몇 개 있는 것을 더 선호하고, 군대도 병사의 숫자가 많은 것보다 소수지만 신무기와 고도의 훈련으로 숙달된 정예요원이 전장에서 요구된다.

경제도 무역도 마찬가지이다.

값싼 많은 물량을 수출하기보다는 적지만 높은 부가 가치가 있는 품목으로 수출하여 많은 수입을 내는 것이 훨씬 무역의 가치가 있는 것이다.

실제 전투에서도 숫자보다 질적 우수부대가 승리한 칸네(Cannae) 섬멸전을 상고해본다.

카르타고의 명장 한니발은 무궁무진한 기정법(奇正法)을 구사하여 트라시메네(Trasimene)호 전투에서 로마군을 격파하고 다시 진군하여 로마의 중심부를 향해 기동하던 중 이탈리아의 칸네 일대에서 다시 로마의 주력군과 대치했다.

한니발은 로마군의 지휘관이 성격이 급한 바로(Varro)와 신중론자인 파울루스(Paulus)의 두 집정관에 의해 하루씩 교대되어 지는 것을 간파하였다.

그리고 그는 성격이 급한 바로가 지휘를 맡게 되었을 때 이들을 전투지역으로 유인코자 칸네 부근의 곡창지대를 습격하니 드디어 로마는 칸네에서 한니발과 접전하기에 이르렀다.

바로는 최초 수(數)적 우위를 이용하여 한니발 군을 포위하려했으나 불가능함을 알고 전 전열(戰列)을 재조정하여 밀집대형으로 강화하였으며 한니발의 유인작전에 휘말려 성급히 전진을 재촉했다.

한니발은 비교적 약세인 중앙부대를 계획적으로 서서히 후퇴시켜 바로 군을 유인하였다.

결정적 시기에 한니발은 중앙부대의 퇴각을 중지시키고 동시에 양익(兩翼)부대를 기동시켜 중앙부대와 함께 포위망 내로 완전히 들어온 바로 군을 향해 총공격을 가하였다.

한니발의 기병부대는 바로군의 기병부대를 격파시키고 곧바로 바로군의 배후로 기동시키니 좌 · 우 배후에서 전면공격을 당한 바로군은 완전히 섬멸되었다.

이 전투로 72,000명의 바로군 중 무려 60,000여 명이 전사하게 되는 실로 가공할 섬멸전이 된 것이다.

중요한 것은 핵심을 파악하는 것이요, 중심을 유지하는 것이다. 이로써 현대에서는 양보다 질이 더 중요한 요소라고 할 수 있다.

## 亡羊補牢(망양보뢰)

양을 잃고서 우리를 고치다.

❍ 글자 뜻 : 亡(잃을 망) 羊(양 양) 補(수리할 보) 牢(우리 뢰)

❍ 출전 : 戰國策 楚策(전국책 초책)

❍ 의미 / 비유

일을 실패한 뒤에 바로 수습하면 그래도 늦지 않음을 비유.

❍ 사건유래의 요약

전국 시대, 초(楚)나라의 양왕(襄王)이 주색에 빠져 정사를 돌보지 않자 국세가 날로 쇠약해져 갔다.

장신(莊辛)이 양왕에게 여러 차례 간언(諫言)했지만 양왕은 간언을 듣지 않고 오히려 화를 내며 장신을 꾸짖기만 했다. 장신은 할 수 없이 조(趙)나라로 몸을 피신했다.

5개월 후 진나라가 초나라를 침공하여 도성까지 짓밟았다. 양왕은 성양(城陽)으로 달아났다. 양왕은 그제야 장신의 충고가 옳았다는 것을 깨닫고 그를 불러들였다.

장신이 돌아오자 양왕은 친절히 그를 맞이하면서 말했다.

"과인이 애당초 그대의 말을 들었다면 오늘 이 지경에 이르지는 않았을 것이오. 이제 과인이 어찌하면 좋겠소?" 장신이 대답했다.

"신은 일찍이 이런 속담을 들은 적이 있습니다. '토끼를 발견하고 나서 사냥개를 돌아봐도 늦지 않고, 양을 잃은 후에 우리를 고쳐도 늦지 않다.'고 말입니다.(臣聞鄙語曰, 見兎而顧犬, 未爲晩也. 亡羊而補牢, 未爲遲也.)

옛날에 탕왕(湯王)과 무왕(武王)은 백 리의 땅에서 나라를 일으켰고, 걸왕(桀王)과 주왕(紂王)은 천하를 가지고도 멸망했습니다. 지금 초나라는 비록 작긴 하지만, 긴 것을 잘라 짧은 것을 기우면(絶長補短) 그래도 수천 리의 땅이 있으니 어찌 백 리의 땅과 비교할 수 있겠습니까?"

**❍ 유사성어**

死後藥方文(사후약방문) 失馬治廐(실마치구)
晩時之歎(만시지탄)

**❍ 생활 속의 지혜**

❶ 실패는 성공의 어머니.
❷ 닥쳐 올 일을 예상하며 계획하고 실천하자.
❸ 일을 실패하면 좌절하지 말고 즉각 대처해야한다.

'소 잃고 외양간 고친다.'는 속담이 있다.
우리는 이 속담을 쓸데없는 일을 한다는 식으로 받아들인다.
즉 지킬 소도 없는데 무엇 하려고 외양간을 고치느냐고 비난하는 것이 그것이다.
과연 그럴까? 잃어버린 소 이외에 다른 소가 있을 수 있고, 또 앞으로 소를 키울 수 있으므로 속담을 다른 식으로 이해할 필요가 있다.
뒤늦은 후회를 강조한 반면, '망양보뢰(亡羊補牢)'는 뒤늦은 행동을 힐난하지 말고, 실수나 실패 후에 재빨리 수습을 하면 그래도 늦지 않다는 뜻으로 '늦었다고 생각했을 때가 가장 빠르다'는 서양 속담과 그 의미가 상통한다.

이 고사에서 두 가지 중요한 사실을 알 수 있다.

첫째, 일반적으로 알고 있던 망양보뢰가 '소 잃고 외양간 고친다.'는 속담처럼 '일이 잘못된 뒤에는 손을 써도 소용이 없다.'는 부정적인 의미라기보다는, 비록 과실이 있어도 늦게나마 고치면 된다는 긍정적인 의미를 담고 있다는 사실이다.

둘째, 이와 관련해 그동안 남의 잘못이나 과실을 헐뜯고 탓하기만 했지, 재발 방지를 위한 노력에는 소홀함이 없었는지 다시 한 번 돌아봐야 한다는 점이다.

「주역」에서는 "서리를 밟으니 굳은 얼음이 이를 것이다(履霜堅氷至)"라는 말이 나온다. 서리는 곧 얼음의 징후라는 점을 깊이 인식하고 그런 상태에 이르기 전에 미리 방비해야 한다는 뜻이다. 이어서 "신하가 임금을 죽이고 아들이 아버지를 죽이는 일은 하루 아침저녁에 일어나는 것이 아니다. 그런 일이 발생하는 작은 것들이 조금씩 쌓인 결과이다.(臣弑其君 子弑其父 非一朝一夕之事 其所由來者漸矣)"는 말로 이 구절의 의미를 좀 더 명확하게 설명하고 있다.

'사후약방문(死後藥方文)'이란 말이 있다.

조선 인조 때 학자 홍만종의 「순오지」에 나오는 말이다. 굿이 끝난 뒤에 장구를 치는 것은 모든 일이 끝난 뒤에 쓸데없는 짓을 하는 것과 같고, 말을 잃어버린 후에는 마구간을 고쳐도 소용없다는 뜻이다. 사람이 죽은 후에 아무리 좋은 약을 써도 소용이 없다는 말이다. 어떤 일이 일어나기 전에 근본적인 대책을 세워야 한다는 교훈을 주고 있다.

황제(黃帝)가 배를 만든 이래로 물에 빠져 죽은 사람은 겨우 몇 백 명에 하나 꼴인데 그나마 모두 인사(人事)를 조심하지 않았거나 천수(天數)가 불행해서 그런 것이다.

배가 꼭 사람을 죽이는 것이라면 선왕(先王)이 어째서 만들었으며 지자(智者)가 어찌 타려고 하겠는가.

지금 불(火)이 혹 집을 태우고 사람을 그을리기도 하지만 불을 쓰지 않는 사람이 없는 것과 혹 술(酒)이 위장을 썩게 하고 덕을 어지럽히기도 하지만 없애지 않는 것은 조심하면 해가 없기 때문이다.

사람이 참으로 조심하지 않으면 편안함이 오히려 독(毒)이 될 수 있다. 그러므로 소를 잃었다고 절망만 할 것이 아니라 다시 고쳐서 소를 키우고 조심하여 같은 실수를 반복하지 않는 것이 더 중요하다고 할 수 있다.

時或見欺 不足爲恥 旣有見欺 而不覺見欺(시혹견기 부족위치 기유견기 이불각견기) 어쩌다 속는 것은 부끄러울 것이 없지만 이미 속임을 당함이 있고, 그 속임 당함을 깨닫지 못한다면 이것은 부끄러워해야 한다.(최한기)

어쩌면 한번 양을 잃은 다음 재차의 실수가 없도록 단속을 잘해 양떼들의 양육이 번창하는 지혜가 더 이로울 수가 있는 것이다.

임진왜란이 끝난 뒤 서애(西厓) 유성룡(柳成龍)이 전쟁을 회고하면서 쓴 징비록(懲毖錄)은 바로 징전비후(懲前毖後)의 글귀에서 따다 붙인 제목이다.

곧 왜란을 거울삼아 스스로 힘써 다시는 그런 전철(前轍)을 밟지 말자는 뜻이다.

## 毛遂自薦(모수자천)

모수가 자신을 천거(薦擧 : 추천)하다.

**❍ 글자 뜻 : 毛(터럭 모) 遂(이룰 수/마침내 수) 自(스스로 자) 薦(천거할 천)**

**❍ 출전 : 史記(사기), 平原君 虞卿列傳(평원군 우경열전)**

**❍ 의미 및 비유**

스스로 자신을 추천하거나 자진해서 나아가는 것을 말함.

**❍ 사건유래 요약**

진(秦)나라가 조(趙)나라의 한단(邯鄲 : 조나라의 수도)을 공격하자 조나라 왕은 평원군(平原君)을 초(楚)나라에 보내 합종(合縱)의 맹약을 맺도록 했다. 평원군은 식객들 중에서 문무를 겸비한 20명을 골라 함께 가기로 했는데, 19명을 고른 뒤에는 더 이상 고를 만한 사람이 없었다.

평원군의 문하에 모수(毛遂)라는 사람이 있었는데 앞으로 나와 자찬하며 평원군에게 말했다.

"군(君)께서 초(楚)나라와 합종을 하러 가시는데 외부에서는 찾지 않고 문하의 식객 20명과 함께 가기로 했다고 하는데 한 사람이 모자란다고 들었습니다. 저를 수행원으로 데리고 가 주시기를 바랍니다."

평원군이 물었다.

"선생께서는 내 집에 오신 지 몇 해나 되었소?"

"3년입니다." 이어 맹상군은

"현사가 세상에 처해 있는 것은 비유하자면 송곳이 주머니 속에 있는 것과 같아 그 끝이 튀어나온다고 하는데, 지금 선생은 내 문하에 3년이나 있었다지만 주변 사람들이 칭찬하는 소리도 없었으며 나도 듣지 못했소. 이는 선생이 아무런 재주도 없는 까닭이오. 선생은 할 수 없으니 남아 있으시오." 그러자 모수가 말했다.

"신(臣)은 지금 주머니 속에 넣어 주기를 청하는 것입니다. 만약 일찍이 주머니 속에 넣었더라면 송곳이 주머니를 뚫고 나왔을 것입니다. 어찌 그 끝만 보였겠습니까?"

평원군은 모수와 함께 가기로 결정했다. 다른 19명은 서로 눈짓으로 모수를 비웃기를 그치지 않았다. 모수는 초나라에 도달하는 동안 19명과 이야기를 하는 족족 모두 굴복시켜 버렸다.

초왕과 평원군은 합종의 맹약을 협상하려고 이해관계를 말하면서 해가 뜨면서부터 협상을 하기 시작했는데, 해가 중천에 걸리도록 결정이 나지 않았다. 함께 간 19명이 모수에게 올라가라고 말하자 모수는 장검을 비껴들고 계단으로 뛰어올라가 평원군에게 말했다.

"합종의 이해관계는 두 마디면 결정되는 건데 오늘 해가 뜰 때부터 협상을 시작해서 해가 중천에 걸리도록 결정이 안 나는 것은 왜입니까?" 초왕이 평원군에게 물었다.

"이 사람은 무엇 하는 사람이오?" 평원군이 "저의 사인(舍人)입니다."라고 말하자 초왕이 꾸짖었다.

"어서 내려가지 못할까! 나는 너의 주인과 협상을 하고 있는 중이다. 지금 무엇을 하자는 것이냐!" 모수가 칼에 손을 대고 앞으로 나아가 말했다.

"왕이 저를 꾸짖는 것은 초나라가 사람이 많기 때문입니다. 지금 열 발짝 안에 있는 왕은 초나라의 많은 사람들을 의지할 수가 없을 뿐만 아니라, 왕의 목숨은 나의 손에 달려 있습니다. 합종을 하는 것은 초나라를 위한 것이지 조나라를 위한 것이 아닙니다."

초왕은 모수의 말에 사직(社稷)을 받들어 합종에 따르겠다고 약속을 했다. 모수는 개와 말의 피를 가져오게 하여 초왕, 평원군의 순서로 마시게 한 다음 자신도 피를 마셨다.

평원군은 합종을 성사시키고 조나라에 돌아온 후 말했다.

"나는 이제 더 이상 선비들의 상을 보지 않겠다. 내가 많게는 수천 명, 적게는 수백 명의 상을 보면서, 천하의 선비들을 하나도 놓치지 않았다고 자부했는데 오늘 모 선생을 보지 못했구나. 모 선생은 세 치의 혀로 백만의 군대보다 더 강하게 만들었다. 나는 이제 감히 선비의 상을 보지 않겠다."

그러고는 모수를 상객(上客)으로 대우했다.

### ❍ 유사성어

囊中之錐(낭중지추) 脫穎而出(탈영이출)

### ❍ 생활 속의 지혜

❶ 주위의 재능 있는 자를 잘 분별한다.

❷ 재능을 잘 갈고 닦을 수 있도록 도움을 준다.

❸ 그 재능을 발휘하도록 주선이나 인도한다.

모수자천(毛遂自薦)의 고사는 모수라는 인재와 평원군의 이야기로 낭중지추(囊中之錐)의 내용으로 더 잘 알려져 있다.

세상에는 어려운 일을 피하려는 사람이 있는 반면 그 어려운 일을 도맡아 하려는 사람도 있다.

대부분의 사람들은 권력이나 명예를 얻기 위해 추천받기를 원한다. 그런데 모수는 어려운 일을 자기가 하겠다고 청함에 있어 그 용기가 가상하다. 우리는 과연 모수의 용기를 가지고 있는 걸까? 그리고 본의가 아닌 변질된 모수자천을 하고 있지 않은지? 변질된 뜻은 전후사정도 모르고 끼어드는 것을 말함이다.

능력을 갖춘 자는 가만히 있어도 그 능력이 나타나기 마련이다.

흔히 천거 하네 추천 하네 하지만 사실은 모두가 청탁의 한 부분이다. 진정한 능력가는 가만히 있어도 남들에게 전해진다. 그러나 요즘의 사람들은 지나치게 자기를 과장하는데서 그들의 진정한 상품가치를 알지 못하는 것이다.

자기가 자기를 추천한다는 것은 아무리 생각해도 낯간지러운 행위로 생각된다. 그러나 대의(大義)를 위해 목숨을 바치는 일이라면 생각이 달라진다.

우리는 일제 강점기 때 조국독립을 위해 목숨을 던지기를 자원자천(自願自薦)했던 많은 의사(義士)와 열사(烈士)를 잘 알고 있다.

이등박문(伊藤博文)을 저격한 안중근(安重根)을 비롯하여 윤봉길(尹奉吉) 이봉창(李奉昌) 의사(義士)와 이준(李儁) 민영환(閔泳煥) 열사(烈士) 등 수많은 애국지사와 독립투사들이 많다. 그들은 조국독립을 위하여 목숨을 던졌고 이미 각오한 몸으로 자기를 천거하여 뜻을 이루고 있다.

그런 면에서 모수자천은 대의를 위한 행동에 대한 자성으로서의 교훈이 새롭게 조명된다.

治國之道 務在擧賢(치국지도 무재거현) - 諸葛亮(제갈량) -

나라를 잘 다스리는 방법은 인재를 추천하는데 있다.

## 刎頸之交(문경지교)

목 베임을 당해줄 정도의 친구.

❍ **글자 뜻 : 刎(목벨 문) 頸(목 경) 之(어조사 지) 交(사귈 교)**

❍ **출전 : 史記(사기) 廉頗 藺相如 列傳(염파 인상여 열전)**

❍ **의미 / 비유**

❶ 서로 죽음을 대신할 수 있는 막역(莫逆)한 사이.

❷ 생사를 같이 할 수 있는 벗이나 사귐.

❍ **사건유래의 요약**

전국시대 조(趙)나라 혜문왕(惠文王)의 신하 유현(劉賢)의 식객에 인상여(藺相如)라는 사람이 있었다.

그는 진(秦)나라 소양왕(昭襄王)에게 빼앗길 뻔했던 천하 명옥(名玉)인 화씨지벽(和氏之璧)을 원상(原狀) 대로 가지고 돌아온 공으로 일약 상대부(上大夫)에 임명되었다.

그리하여 인상여의 지위는 조나라의 명장으로 유명한 염파(廉頗)보다 더 높아졌다. 그러자 염파는 분개하여 이렇게 말했다.

"나는 싸움터를 누비며 성(城)을 쳐서 빼앗고 들에서 적을 무찔러 공을 세웠다. 그런데 입밖에 놀린 것이 없는 인상여 따위가 나보다 윗자리에 앉다니…. 내 어찌 그런 놈 밑에 있을 수 있겠는가. 언제든 그 놈을 만나면 망신을 주고 말 테다."

이 말을 전해들은 인상여는 염파를 피했다.

그는 병을 핑계대고 조정에도 나가지 않았으며, 길에서도 저 멀리 염파가 보이면 옆 길로 돌아가곤 했다.

이 같은 인상여의 비겁한 행동에 실망한 부하가 작별 인사를 하러 왔다. 그러자 인상여는 그를 만류하며 이렇게 말했다.

"자네는 염파 장군과 진나라 소양왕과 어느 쪽이 더 무섭다고 생각하는가?"

"그야 물론 소양왕이지요."라고 하니, 인상여가 말하기를

"나는 소양왕도 두려워하지 않고 많은 신하들 앞에서 소양왕을 혼내 준 사람이야. 그런 내가 어찌 염파 장군 따위를 두려워하겠는가? 생각해 보면 알겠지만 강국인 진(秦)나라가 쳐들어오지 않는 것은 염파 장군과 내가 버티어 있기 때문일세. 이 두 호랑이가 싸우면 결국 모두 죽게 돼. 그래서 나라의 안위를 생각하고 염파 장군을 피하는 거야."

이 말을 전해들은 염파는 부끄러워 몸 둘 바를 몰랐다. 그는 곧 '웃통을 벗은 다음 태형(笞刑)에 쓰이는 형장(荊杖)을 짊어지고 육단부형(肉袒負荊 사죄의 뜻을 나타내는 행위).'으로 인상여를 찾아가 섬돌 아래 무릎을 꿇었다.

"내가 미욱해서 대감의 높은 뜻을 미처 헤아리지 못했소. 어서 나에게 벌을 주시오."하고 염파는 진심으로 사죄했다.

"비천한 사람이 장군께서 이토록 관대한 줄을 알지 못했소.

두 사람은 마침내 화해를 하고 그 날부터 문경지교를 맺었다.(廉頗聞之, 肉袒負荊, 因賓客至藺相如門謝罪. 曰, 鄙賤之人, 不知將軍寬之至此也. 卒相與驩, 爲刎頸之交.)

### ❍ 유사성어

負荊請罪(부형청죄) 肉袒負荊(육단부형)

### ❍ 생활 속의 지혜

❶ 서로의 공(功) 다툼은 망국(亡國)/망가(亡家)의 지름길.

❷ 관대히 용서하고, 뉘우침이 빠를수록 일의 어긋남이 신속히 없어짐. (毫釐之差 千里之謬 : 호리지차 천리지류)

❸ 자중지란(自中之亂)은 망국(亡國)의 첩경(捷徑).

사사로운 감정을 뒤로하고 나라의 이익을 먼저 생각한 인상여의 이 깊은 지혜는 지금 우리에게도 꼭 필요한 교훈이 아닐 수 없다.

우리 앞에도 선진국들과 경쟁국들의 높은 장벽이 가로막고 있어서 운신의 폭이 넓지 않기 때문이다. 이에 우리는 지금 개인의 이익보다 국가의 이익을 생각할 때이다.

문무(文武)의 책임자가 자리를 놓고 다퉜더라면 나라가 존망의 위기에 처했겠지만 높은 자리에 있는 사람들이 서로 화합하고 조화를 이룸으로써 나라가 번성하는 계기가 마련됐다. 참으로 국가를 관리하는 자들에게 꼭 들려주어야 할 교훈이다.

우리나라도 항상 문관이 우선이었고 무관은 천시(賤視)의 벼슬이었다.

고려시대 이러한 사건이 실제로 심해져서 정중부에 의한 무신반란이 있었고 최충헌의 사건도 있었다.

한 국가가 탄생될 때 처음에는 무인에 의해 피를 흘리며 나라를 창업하게 되나 태평성대를 이루기 위해 어느 사이 문관이 득세를 하게 되고 무인들은 천대를 받는 존재들로 전락하게 됨은 역사를 통해 늘 있어온 예이다.

사마천은 염파 인상여 열전의 말미에 이렇게 자평(自評)하고 있다.

'죽음을 각오하면 반드시 용감하게 된다. 죽는 것이 어려운 것이 아니라 어떻게 죽느냐가 어려운 것이다. 인상여가 화씨벽을 안고 기둥을 노려본 것이라든지 진왕과의 회동에서 좌우를 꾸짖은 것은 죽음을 면하기 어려운 상황이었다. 그러나 비겁한 선비는 감히 그러한 용기를 내지 못한다.

인상여가 한번 그 용기를 분발하여 위엄을 적국에 떨치고 물러나서는 염파에게 양보하여 이름을 태산보다 무겁게 했다. 그는 지(智)와 용(勇)에 살면서 이 두 가지를 겸비하였다고 할 만하다.'

성경의 인물들 가운데 빠뜨릴 수 없는 막역지우(莫逆之友)는 다윗과 요나단이다. 다윗과 요나단의 교제는 애틋하고 아름다운 하나의 단편소설이다.

두 사람은 왕정 이스라엘의 초기에 숙명적으로 만났다. 요나단은 이스라엘의 초대 왕인 사울의 장남이었고, 다윗은 누란지위(累卵之危)의 나라를 위기에서 구해내 민중의 영웅으로 떠오르던 청년이었다.

그런 다윗에게 사울 왕은 아침과 저녁이 다르게 애증(愛憎)을 나타내며 번민하였다. 그러나 마음씨가 곱고 순수한 요나단은 아버지와 달랐다.

성경의 전후맥락을 자세히 살펴보지 않아도 요나단이 내심 자신이 물려받을 왕위를 다윗에게 양보하려 한 것은 과장이 아니라 사실이라는 것을 어렵지 않게 확인할 수 있다. (삼상 23:17)

다윗의 인품이 충분히 그럴 만하고, 그게 바로 이스라엘의 하나님의 뜻일 거라고 그는 판단하였던 것 같다.

아마 요나단이 다윗보다 두세 살 많은 것 같아 보이지만, 두 사람의 우정은 각별한 것이었다. 요나단이 다윗을 자기 생명같이 사랑하였다는 성경의 진술(삼상 18:1-3; 20:17)이 그 사실을 여실히 증명한다.

사무엘상 20장은 시기와 질투로 이성을 잃은 왕을 잠시 피해 도성(都城)으로 돌아온 다윗을 사울이 용납하는지 안 하는지를 다루고 있다.

이른바 '우정 장'(友情 章)으로 알려진 이 특이한 본문은 변함없는 우정을 나누며 이스라엘을 반석 위에 세워 놓으려는 노력을 증거하고 있다.

동서양을 막론하고 나라를 위한 충정의 참다운 우정은 많은 사람들에게 귀감이 되는 중요한 교훈라고 할 수 있다.

## 薄技大用(박기대용)

하찮은 기술이라도 크게 쓰일 수 있다.

❍ **글자의 뜻 : 薄(엷을 박) 技(기술 기) 大(큰 대) 用(쓸 용)**

❍ **출전 : 회남자(淮南子) 도응훈(道應訓)**

❍ **의미 / 비유**

❶ 세상 모든 사람들은 어떻든 한 가지 재주는 있는 법.

❷ 비범한 재주는 비범한 재주대로 유용하고 하찮은 재주도 반드시 쓰일 곳이 있다.

❸ 박한 재주를 하찮게 보아 소홀이 하면 아니 됨을 비유함.

❍ **사건유래 요약**

초나라 선왕(宣王, 재위 BC369~340) 시대 자발(子發)이란 장군은 무엇이나 한 가지 장기(長技)를 가진 자면 모두 휘하에 모아 중용하였다.

그러한 소문이 퍼지자 각지에서 특기를 가진 자들이 모여들었는데 그날도 어떤 자가 찾아와 뵙기를 청했다.

"저는 도둑질을 조금하니 거두어 주십시오." 자발은 옷도 미처 갖추어 입지 않은 채 맨 발로 나아가 그를 맞이하면서 휘하에게 잘 대접하라고 명했다. 그러나 부하들은 투덜대며 "장군은 저런 보잘 것 없는 도둑놈을 어디에 쓰려고 거두라 하십니까?"

자발이 말하기를 "그건 그대들이 알 바 아니다."

얼마 후 제(齊)나라가 초나라를 침공해와 자발도 왕명을 받고 출전해야 했다. 제나라 군사의 맹렬한 공격에 초나라 군사는 힘을 쓰지 못하고 연속 패했다. 갖가지 계책을 다 써 보았지만 제나라 군사의 기세를 막을 수 없어 위급하게 되었다. 그때에 자발 앞에 그 도둑이 나타났다.

"그동안 미천한 저를 거두어 주시어 감사합니다. 오늘은 제가 장군의 은혜에 보답하는 뜻으로 조그마한 기술을 시험해 보겠습니다. 저를 적진으로 보내 주십시오."

"그렇게 하겠네." 자발이 도둑을 적진으로 침투시킨 것을 본 군사들이 비웃었다.

"장군님도 망령이시지 저런 놈을 보내 무엇 하시겠다는 건지, 원!"

적진으로 침투한 도둑은 밤중에 몰래 적장의 침실로 숨어들어 장군의 목도리를 훔쳐왔다.

날이 밝자 자발은 군사 한 사람을 시켜 그 목도리를 제나라 군중으로 보내며 말했다.

"어제 우리 군사들이 땔감을 줍다가 장군의 목도리를 주어 왔기에 돌려드립니다."

둘째 밤에는 적장의 베개를, 셋째날 밤에는 적장의 상투비녀를 훔쳐 돌려보내자 적장은 더럭 겁이 났다.

자신의 침실을 거침없이 드나드는 적인만큼 언제 자신의 목을 베어갈지 모른다는 생각이 들었기 때문이다.

이에 즉시 군사를 거두어 돌아가고 말았다. 그러자 이제까지 자발장군을 비웃던 참모들이 감탄하며 말했다.

"기술은 크고 작은 것이 문제가 아니라 어떻게 사용하느냐에 달렸구나!"

### ❍ 유사성어

鷄鳴狗盜(계명구도) 吐哺握發(토포악발) 尊賢使能(존현사능)

### ❍ 생활 속의 지혜

❶ 세상 모든 사람들 중 나에게 쓸모없는 사람은 없다.
❷ 천한 재주를 가진 사람도 긴요하게 쓰일 곳이 있다.
❸ 선을 베풀면 선이 돌아오고 악을 베풀면 악이 돌아온다.

공자의 해박함과 관련하여 전해지는 전설들 중, 항탁(項櫜)이라는 일곱 살 아이와 공자 사이에 있었던 지식 대결에 대한 이야기는 나에게 몇 가지 의문점을 남긴다.

박학다식한 공자가 일곱 살 아이의 질문에 답하지 못하여 창피를 당했다는 해학적인 이야기인데, 내용이 지나치게 과장되어 있다는 점을 제외하고서라도 공자가 과연 이야기 속의 그러한 문제들에 정말 관심이 있었을까하는 생각이 든다.

다음은 『중국신화전설 2』에 소개되어 있는 그 일화의 일부이다.

항탁이 친구들과 길에 토성(土城)을 쌓고 병정놀이를 할 때 공자(孔子)와 그 제자들이 무리지어 다가왔다. 이를 본 아이들은 모두 피하였다. 그러나 항탁은 자기 성안에 당당히 남아있었다.

공자가 수레에서 내려 물었다.

"너는 왜 수레 오는 것을 보고 피하지 않느냐." 항탁이 대답했다.

"자고로 수레가 성을 피하지 성이 수레를 피한다는 소리는 듣지 못했습니다." 공자가 성을 피하여 가다가 어린아이의 답변이 기특하고 은근히 시험하고 싶어 수레를 돌려 다시 항탁에게로 와서 묻기를

"어떤 산에 돌이 없고, 어떤 물에 물고기가 없느냐?

어떤 문에 빗장이 없고, 어떤 수레에 바퀴가 없고, 어떤 소와 말이 새끼를 낳을 수 없느냐? 또 어떤 불이 연기가 없으며, 어떤 나무가 잎이 없느냐" 항탁이 대답했다.

"토산에는 돌이 없고, 우물에는 고기가 없습니다. 열린 문에는 빗장이 없고, 가마에는 바퀴가 없으며, 진흙으로 만든 소나 목마(木馬)는 새끼를 낳을 수 없습니다. 반딧불에 연기가 없고, 마른나무에는 잎이 없습니다."

이에 공자는 기뻐하며 크게 칭찬하였다.

그러자 이번에는 항탁이 물었다.

"거위와 오리는 왜 물에 뜰 수 있으며, 기러기와 학은 왜 울음소리를 내며 송백(松柏 : 소나무와 잣나무)은 왜 사철 푸릅니까?"

공자가 대답했다.

"거위와 오리는 발 갈퀴가 있기 때문이며, 기러기와 학은 목이 길어서이고, 송백은 속이 단단하기 때문이란다."

이에 항탁이 반박했다.

"거북이가 물에 뜨는 것도 발에 갈퀴가 있기 때문입니까? 두꺼비가 우는 것도 목이 길기 때문입니까? 그리고 대나무가 사철 푸르른 것도 속이 단단하기 때문입니까?"

이에 공자는 잠시 할 말을 잊고 있다가 제자들에게 말했다.

"내가 오늘 스승을 제대로 만났다. 이 아이를 스승으로 모셔야겠다."

벼는 익을수록 고개를 숙인다. 학문, 나무, 사람도 마찬가지이다. 경당문노(耕當問奴)라. 즉, 농사일은 응당 농부에게 물어보아야 하는 법.

불치하문(不恥下問)이라. 배움에는 지위, 빈부, 나이, 체면 없이 물어야 한다. 지위와 체면을 생각하고 승부욕과 이해타산이 앞서면 출세(出世)용이나 과시(誇示)용의 학문이 되기 때문이다.

배우려는 자세가 되어있으면 스승은 언제, 어디서나 만나기 마련이다. 마음을 열고 자세를 낮추면 모두가 스승이다.

三人行, 必有我師焉. 擇其善者而從之, 其不善者而改之.(삼인행, 필유아사언. 택기선자이종지, 기불선자이개지.)

세 사람이 길을 갈 때에는 반드시 내 스승이 있으니, 그중에 선한 사람을 가려서는 그를 따르고, 선하지 못한 자를 가려서는 자신 속의 그런 잘못을 고쳐야 한다. 논어 술이편(論語 述而篇)에 있는 가르침이다.

# 卞莊刺虎(변장자호)

호랑이 두 마리를 잡는 지혜.

**❍ 글자 뜻 : 卞(칠 변) 莊(풀성할 장) 刺(찌를 자) 虎(범 호)**

**❍ 출전 : 史記(사기), 張儀列傳(장의열전)**

**❍ 의미 / 비유**

실력이 비슷한 둘을 서로 싸우게 하여 둘 다 얻는 지혜.

**❍ 사건유래의 요약**

'변장(卞莊)'은 '변장자'로 춘추시대 노(魯)나라의 용맹한 대부(大夫)였다고 전해진다.

전국시대 한(韓)나라와 위(魏)나라는 서로 싸운 지 1년이 지나도록 풀지 못하고 있었다.

진(秦)나라 혜왕이 이 둘을 화해시키려고 하자 신하들의 의견이 분분했다.

마침 진진(陳軫)이란 자가 진나라에 와 있기에 혜왕이 진진에게 자신의 답답한 심정을 말하면서 계책을 내달라고 말하자 진진은 이런 비유를 들었다.

"일찍이 왕께 변장자라는 이가 호랑이를 찔러 죽인 일을 들려드린 사람이 있었습니까?"

왕이 말하기를 "아니오! 들려주시오."라고 말하자 진진이 말했다.

옛적에 변장자라는 자가 있었는데 하루는 저자거리에 호랑이 한 마리리가 나타나 사람들을 잡아먹으려하자 사람들이 변장자에게 호랑이를 잡아달라고 요청을 했다.

이윽고 변장자가 현장에 도착해서 호랑이를 찌르려고 하자 묵고 있던 여관의 심부름하는 아이가 말리면서 호랑이 옆에 소를 한 마리 갖다놓으라고 했습니다.

그 이유는 "소가 있으면 그 소를 잡아먹기 위해 다른 호랑이 한 마리가 올 것입니다. 그리고 그 두 마리 호랑이는 소를 잡아먹으려고 합니다. 먹어 봐서 맛이 좋으면 분명히 다툴 것입니다.

다투게 되면 반드시 싸울 테고, 싸우게 되면 큰놈은 상처를 입고 작은놈은 죽을 것입니다. 상처 입은 놈을 찔러 죽이면 한꺼번에 호랑이 두 마리를 잡았다는 명성을 얻을 것입니다."라고 하였다.

변장자도 그럴 것이라고 생각하고 서서 기다렸다.

조금 있으니 정말로 또 호랑이 한 마리가 나타나고 두 마리가 싸워서 큰놈은 상처를 입고, 작은놈은 죽었다.

변장자가 상처 입은 놈을 찔러 죽이니, 한 번에 호랑이 두 마리를 잡는 공을 세웠다고 한다.

혜왕은 결국 이 두 나라가 자신들의 눈앞의 이익에 함몰돼 대세의 흐름을 파악하지 못하리라고 확인하고는 이를 화해시키지 않았다.

결과는 만족스러웠다.

큰 나라는 타격을 입었고 작은 나라는 멸망하고 말았다.

혜왕은 이 틈에 군사를 일으켜 큰 나라를 크게 쳐부쉈으니 사태의 추이를 관망하다가 크나큰 성과를 얻게 된 것이다.

○ 유사성어

蚌鷸相爭(방휼상쟁) 漁父之利(어부지리) 一擧兩得(일거양득)

위 고사와 같은 뜻을 가진 우리 속담은 많이 있다.

일상생활에서 한 가지 행위로 두 가지 이상의 좋은 일이 있는 일은 수도 없이 많다.

집 청소를 했더니 집도 깨끗하고, 몸도 개운하고, 식구들도 좋아하고 님 도 보고 뽕도 따고, 누이 좋고 매부 좋고, 마당 쓸고 동전 줍고, 도랑 치고 가재 잡고 등이 있다.

요즈음 우리생활 속에서 변장자호의 경우를 경험하는 일을 찾아보기란 그리 어렵지 않다. 특히 작은 일로 인하여 두 가지 이득을 얻는 경우는 주위에서 종종 볼 수 있다.

이는 자선단체의 봉사활동이나 재활용, 벼룩시장 등이 그것이다.

벼룩시장 경우에도 어차피 자기에게는 버려야 하는 물건을 싸게라도 팔아서 조그마한 이익을 얻어 좋고, 사가는 손님은 자기에게 꼭 필요한 물건인데 저렴한 가격에 구입할 수 있으니 양측 모두 좋은 일 아닌가.

우리는 나아가 저 멀리 아메리카나 유럽, 아프리카지역으로 도움의 손길을 확대하고 있다.

이제 그들은 거리상으로 먼 나라가 아니다. 언제부터인가 우리의 봉사단체는 어려운 이웃을 돕는 따뜻한 손길로 먼 나라 어려운 사람을 돕기 시작했다.

돕는 사람은 행복하고, 도움을 받는 사람들은 고마울 따름이다.

성직자들의 전유물로만 알던 해외 이웃돕기나 봉사활동은 정말 작은 생각으로는 할 수 없는 일이다.

한 때 우리나라에서 '아나바다' 열풍이 일었다. 즉 '아껴 쓰고, 나누어 쓰고, 바꾸어 쓰고, 다시 쓰다.'의 앞 글자를 따서 만든 신조어인 셈이다.

이 운동은 1997년 외환위기가 발생한 이듬해인 1998년에 등장하였으며 당시 경제가 어려운 상황에서 물자를 불필요하게 낭비하지 말고 재활용할 수 있는 것을 버리지 말고 다시 사용하는 등으로 불필요한 지출을 줄이자는 캠페인이었다.

따라서 이 운동은 국가위기를 극복하는 원동력이 되었고, 정신적으로 남을 돕기 위한 작은 운동인 벼룩시장으로 발전되어 지금에 이르고 있다.

곧 남도 돕고 자기도 만족하는 이중효과를 기대할 수 있는 변장자호 역할을 톡톡히 하는 셈이다. 대신 변장자호의 기대효과를 자기 욕심을 채우는 도구 정도로 생각해서 이익을 추구하는 행위로 하는 것은 곤란하다.

주위를 도우므로 나도 행복해지는 변장자호 효과를 발전시키고 확산시켜 국가 경제에도 기여하는 제도로 정착함이 바람직하다.

足食豊衣晩景好 勤耕苦讀老來紅
(족식풍의만경호 근경고독노래홍)
먹는 것과 입는 것이 풍족하니 생활이 좋으며 힘써
밭 갈고 힘써 책을 읽으니 나이 많아도 홍안일세.

## 病入骨髓(병입골수)

병이 뼛속 깊이 들어 깊고 중하다.

❍ **글자 뜻 : 病(병 병) 入(들 입) 骨(뼈 골) 髓(골수 수)**

❍ **출전 : 史記(사기), 扁鵲倉公列傳(편작창공열전)**

❍ **의미 / 비유**

❶ 어떤 상황이든 손 쓸 수 없는 지경에 이르면 그때는 어떠한 처방도 소용도 없다.

❷ 모든 일은 미연에 방지가 꼭 필요하다.

❍ **사건유래의 요약**

춘추시대 편작(扁鵲)이라는 전설적인 명의(名醫)가 있었다.

편작(扁鵲)의 성(姓)은 진(秦)이고 이름은 월인(越人)이다.

젊었을 때는 여관의 관리인으로 일하기도 했다.

객사에 머물던 장상군(長桑君)이란 자의 비방 약을 먹고 투시해서 볼 수 있는 힘이 생겼고 웬만한 질병은 모두 터득했다는 것이다.

편작이 제(齊)나라로 갔을 때의 일이다. 환후(桓侯)라는 제후(諸侯)가 편작을 빈객으로 예우했는데, 편작이 그를 보더니

"왕께서 피부(皮膚)에 병이 있으니 치료하지 않으면 깊어질 것입니다"라고 했다. 이에 환후는 자신에게 질병이 없다며 벼슬이나 재물을 얻으려는 수작이라고 비난하며 귀담아 듣지 않았다.

그 후 얼마동안 지나다 편작은 다시 환후를 찾아가 "왕께서 혈맥(血脈)에까지 병이 번지고 있습니다. 지금 치료하지 않으면 훨씬

깊어질 것입니다."라고 말했으나 환후는 치료할 생각조차 하지 않았다.

그리고 다시 얼마 뒤에 편작이 다시 찾아가 이제 "왕의 병은 장(腸)과 위(胃) 사이까지 깊어졌으니 신속히 병을 치료하지 않으면 더 깊은 곳까지 들어갑니다."라고 말했다.

그리나 환후는 편작을 그냥 돌려보냈다. 그리고 나시 얼마 뒤에 편작이 찾아가 환후를 쳐다보고 아무런 말없이 물러나왔다.

이상한 생각 든 환후가 사람을 보내 그 까닭을 묻자 편작은 이렇게 대답했다.

"병이 피부에 있을 때는 탕약(湯藥)과 고약(膏藥)으로 고칠 수 있고, 혈맥에 있을 때는 석침(石鍼)과 금침(金鍼)으로 치료할 수 있으며, 장(腸)과 위(胃)에 있을 때는 약주(藥酒)로 고칠 수 있습니다.

그러나 병이 골수(骨髓)까지 들어가면 사명(司命 : 인간의 생명을 주관하는 고대 전설 속의 神)도 어찌할 수 없습니다.

지금은 병이 골수까지 들어가 있기 때문에 저는 더 이상 드릴 말씀이 없었던 것입니다. (病之居腠理也, 湯熨之所及也, 在血脈, 鍼石之所及也, 其在腸胃, 酒醪之所及也, 其在骨髓, 雖司命無奈之何, 今在骨髓, 臣是以無請也)" 환후는 편작을 찾았으나 그는 이미 자리를 피해 떠난 뒤였다. 환후는 결국 치료도 받아보지 못하고 죽었다.

### ❍ 유사성어

病入膏肓(병입고황) 進退兩難(진퇴양난)

### ❍ 생활 지혜 및 교훈

❶ 모든 일은 사전에 세밀히 검토 후 계획을 세운다.

❷ 추진 중 최악의 경우를 생각해 예비계획을 세운다.
❸ 일이 생기면 즉각 조치하고 전문가에게 의견을 듣는다.
❹ 자기 주장만 너무 고집하지 말라.

요즈음 시대는 자기 자신에게 있는 단점을 알고 그 병을 치유하기 위해 노력하는 사람이 매우 적은 것 같다.

모두들 자기는 잘 났는데 세상이 그렇고 사회가 나를 나쁘게 만들고 내가하면 멋진 로맨스인데 남이하면 불륜 됨이 당연한 결과라고 생각하는 세상이 되었다. 줄여서 내로남불이라고 했던가?

이를 사자성어로 대변한다면 진화타겁(趁火打劫)이라고 할 수가 있다.

이제 세상은 자기 PR시대를 지나 남의 불행이 나의 행복이고, 남의 실수가 나의 기회라고 굳건히 믿는 이상한 시대가 된 것이다.

병입골수(病入骨髓)라는 고사성어를 주목해보면 이는 병이 골수까지 깊이 들어가 매우 위중하다는 말이다.

곧 자기 자신의 병을 알지 못하고 정확히 진단해주는 의사까지 의심하고 믿지 않아 점점 병이 깊어져 이제 더는 손 쓸 수 없는 지경에까지 갔으니 후회해도 소용이 없다는 교훈이다.

병을 다스리든지 인격이나 감정을 다스리든지 아래 세 가지 사항을 염두에 두어야 한다.

자기 자신을 정확히 안다는 것은 매우 중요한 일이다 왜냐! 병을 정확히 알면 정확한 처방과 치료방법을 알 수 있기 때문이다.

참고로 병을 잘 치료할 수 있는 방법 세 가지를 소개하고자 한다.

첫째는 용한 의사를 만나는 것이다. 우명의(遇名醫), 자기에게 맞는 훌륭한 스승을 만나야 한다.

둘째는 처방한 약을 정확하게 먹는 것이다. 긍복약(肯服藥), 모처럼 맞는 좋은 기회를 놓치지 말라.

셋째는 의사가 금지하라는 것은 준엄하게 지켜야한다. 수금계(守禁戒), 법도를 잘 지켜야한다.

이는 진단과 병행해서 지켜야 할 요소들이다.

정말 그렇다. 이제 자신의 병, 가정의 병, 사회의 병, 국가의 병까지도 병입골수의 진단과 치료할 수 있는 세 가지 방법에 주목해야 할 것이다.

본문에서 제나라 환후는 자기가 최고라는 헛 망상의 태도를 취하고 있다. 의사가 진단하면 의당 한번쯤은 귀담아 들어야 한다.

요즈음 사람들도 마찬가지이다. 자신에게 약간의 병세가 감지되었을 때 병원을 찾지 않고 내 병은 내가 잘 알아 하면서 진단과 치료의 기회를 놓쳐서 낭패를 보는 경우가 많다.

반드시 그러한 것은 아니지만 많은 사람들이 고집을 피우는 경우가 많다. 인격의 수양이나 감정을 다스리는 경우도 똑같다. 자기의 성격이나 재능 가능성 등에 대해서 자기는 잘 모른다. 자기를 올바로 진단하고 조언하며 인도해 줄 스승을 만나야한다.

그리고는 기회를 만들거나 때를 기다리며 부단히 준비해야한다. 준비된 사람은 반드시 기회가 오기 때문이다. 아니면 자기가 기회를 만들 수 있으면 더욱 좋다. 그러나 충분한 준비가 되기 전에 나 혼자의 판단으로 기회를 착각하고 대들면 실패하기 십상이다. 때가 충분히 무르익었을 때 전격적으로 매진하여 일을 성취하는 것이 성공의 확률이 보장되는 것이다.

그리고는 법규나 어느 조직의 규율범주 속에서 자기 재능을 발휘해야 한다. 무조건 자기 영역이나 남이 할 영역을 구분하지 못하고 천방지축(天方地軸)날 뛴다면 아무리 능력이 있고 재능이 훌륭하다고 해도 남에게 부끄러움을 당할 뿐이다.

***** 진화타겁(趁火打劫)불난 틈을 타서 공격하고 빼앗다.

'진화타겁'의 원래 뜻은 화재가 발생해서 모두들 정신이 없는 틈을 타서 물건을 훔친다는 것이다.

남의 위기를 틈타 무엇인가를 건지는 이런 짓은 부도덕한 행위이라 할 수 있다. 《손자병법》 〈계편(計篇)〉에서는 "혼란스러울 때 취하라."고 했다. 적의 위기를 틈타 승리를 쟁취하라는 뜻이다.

千丈之堤以蟻之穴潰 百步之室以突隙之煙焚
(천장지제이의지혈궤 백보지실이돌극지연분)
천 길의 제방도 개미구멍에 의해 무너지고 백 보 되는 큰 집도
굴뚝 틈의 연기로 인하여 타버린다.

우리 속담에 호미로 막을 것을 가래로 막는다는 말이 있다. 참으로 지혜로운 가르침이다. 남의 이야기를 듣지 않고 소홀이 넘기는 것은 위험한 발상이다. 특히 국가를 책임지고 있는 직위에서 많은 권력을 소유한 자들과 옹고집자들에게 이런 일들이 많이 발생한다. 전문가의 충언을 듣지 않고 무시해버리는 경우 망할 수밖에 없음을 깊이 새겨야 할 것이다.

혹 국가가 경제적, 안보적 사항에 대해 병입골수의 경우 국가 지도자는 온 국민의 대동단결의 힘으로 극복해야 할 것이다. 혼자의 힘으로 극복하려는 어리석음은 절대 금물임을 다시 인식해야 할 것이다.

## 覆水不返盆(복수불반분)

한 번 엎지른 물은 다시 동이에 담을 수 없다.

❍ 끌자 뜻 : 覆(엎어질 복) 水(물 수) 不(아니 불) 返(돌이킬 반) 盆(동이 분)

❍ 출전 : 史記(齊太公世家) 拾遺記(王嘉)

❍ 의미 및 비유

❶ 일단 행한 일은 다시 원상복구할 수 없다.

❷ 한번 이혼(離婚)한 아내는 다시 받아들일 수 없다.

❍ 사건유래 요약

주(周)나라의 무왕(武王)을 도와 은(殷)의 주왕(紂王)을 몰아내는데 큰 공을 세워 나중에 제(齊)나라의 왕이 된 강태공(姜太公)이 젊은 시절 벼슬하지 아니하였을 때 그의 아내 마씨(馬氏)는 학문에만 열중하고 가정을 돌보지 않는 남편을 몹시 원망하였다.

아내는 먹을 것이 없어 가을철 들에 가서 논둑 밭둑에 피를 훑어서 말려 그것을 빻아서 먹고 살았는데 하루는 피를 훑어서 마당에 멍석을 펴고 멍석 위에 피를 널어놓고 다시 들에 갔다 오는 사이에 그만 소낙비가 와서 멍석에 널어놓은 피가 다 쓸려가 버렸다.

아내 마씨는 들에서 비가 오니까 멍석에 널어놓은 피가 생각이 나서 급히 집으로 왔지만 이미 멍석의 피는 빗물에 다 떠내려가고 말았다. 아내 마씨는 손이 부르트도록 훑어 온 피가 빗물에 다 떠내려갔으니 화가 날대로 났던 것이다. 그래서 마씨 부인은 당신 같은 사람과 살다가는 밥 굶어 죽겠다고 하면서 그만 보따리 싸 가지고 집을 나가고 말았다.

어쩔 수 없이 강태공은 홀몸이 되고 말았다.

그 뒤 강태공이 문왕(文王)에게 등용되어 공을 세우고 제(齊)나라 왕이 되자 태공(太公)의 부인 마씨는 태공이 훌륭한 벼슬자리에 올랐다는 것을 알고 가서 강태공 앞에 나타나 "잘못을 뉘우치고 있으니 저를 거두어 주소서."하면서 애원을 했다.

그러자 태공이 마씨에게 물 한 동이를 길어오게 한 다음 그 물을 땅에 확 쏟아 버리고는 이 물을 다시 담아 보라고 하였다. 마씨 부인은 물을 다시 담으려고 했으나 담지 못했다.

그러자 태공이 말하였다.

"그대는 이별했다가 다시 결합할 수 있다고 생각하겠지만 이미 엎지른 물은 다시 담을 수 없는 것이다."하면서 마씨 부인을 거두어 주지 않았다.

### ❍ 유사성어

破鏡不照(파경불조) 已發之矢(이발지시)

落花難上枝(낙화난상지)

### ❍ 생활 속의 지혜

❶ 곤경과 역경을 참고 견디는 인내심 필요.

❷ 큰 목적을 달성하기 위하여 작은 노고는 감수.

❸ 인륜지대사(人倫之大事)는 감정에 의해 인간 마음대로 결정지으면 안된다.

'복수불반분'이라는 성어이야기는 지금으로부터 약 3,000여 년 전 일이다. 그러나 어떠한 경우라도 엎어진 물은 주워 담을 수 없다는 것은 불고불변(不顧不變)의 진리인 것만은 틀림없다.

그 당시를 생각하면 십분 이해를 하지만 그 말의 어원에 여상(呂尙)의 고사가 있었다니 내용은 사실 별 마음에 와 닿지 않는다.

물론 이 이야기는 여성의 사회적 지위가 달랐던 옛날이야기이고 그것도 중국사람 이야기이니 그 시대에 맞는 이야기이겠지만 요즘 시대로 봐선 남자고 여자고 '피차일반(彼此一般)'이 아닌가 싶다. 아니 오히려 무능한 남편 뒷바라지를 해준 부인에게 동정이 더 가는 부분이다.

어떤 사람 의견은 '밥 굶기는 무능한 남편을 떠났으면 제대로 잘 살아 그렇게 멋진 모습을 보라는 듯 당당하게 나타나야 한다고 한다.'

또 어떤 사람은 '남자가 일국의 재상까지 되어서 출세했다면, 그것도 노인이 되어서 고생시킨 옛 시절도 있고 하니 너그럽게 받아 줄 수도 있지, 뭘 그리 유식하게 문자까지 써가며 냉정하게 굴 것도 아니라는 생각이 든다.'고 한다. 정답은 독자들의 몫이다.

여러분 생각은 어떠실지…. 어쨌든, 한번 지난 시간은 되돌릴 수 없는 것이나, 막차를 놓치면 낭패를 보는 것과 일맥상통하는 이야기이다. 하지만 어떤 면에서 바라보면 '엎지른 물'이 세상의 끝이 아니다.

설령 엎지른 물을 한 줌도 다시 담을 수 없다해도 다시 한 번 더 조심스럽게 그릇에 담을 수 있고, 물을 엎지른 자리에 따라 일부라도 다시 담을 수도 있겠고, 꼭 필요하다면 수건으로라도 닦아 내 물을 짜내면 될 것이다. 물론 원 상태로 회복될 수는 없는 것이 사실이다. 차라리 엎지른 물보다도 깨진 그릇이 더 절망에 가까운 소리로 들릴 수 있다.

하지만 어느 것 하나도 세상의 끝이 될 수 없다는 것이다. 과연 그렇다면 깨진 항아리는 정녕 절망인가? 흔히 우리는 이런 말을 하게 된다.

깨진 그릇은 다시 조각을 맞추어도 원 상태로 돌아갈 수 없다. 아니 원 상태로 돌아가면 안 된다. 요즘은 접착제가 좋아 조각을 맞추어 잘 붙이면 더 단단해질 수도 있고 또 그 상처의 흔적을 거울삼아 다시는 그런 깨어지는 아픔을 삼갈 수 있는 지침으로 삼을 수도 있다.

또 상황에 따라서는 깨진 항아리를 억지로 다시 붙여 보려할 필요 없이 그대로 참고 사랑하며 살 수 있을지도 모른다. 깨진 항아리에 대한 또 다른 이야기 하나를 생각해보자.

조금 깨어져 금이 가고 오래된 못생긴 물 항아리 하나가 있었다.

그 항아리의 주인은 다른 온전한 것들과 함께 그 깨어진 항아리를 물을 길어 오는데 사용했다.

오랜 세월이 지나도록 그 주인은 깨어진 물 항아리를 버리지 않고 온전한 물 항아리와 똑같이 아끼며 사용했다. 깨어진 물 항아리는 늘 주인에게 미안한 마음이었다.

"내가 온전치 못하여 주인님에게 폐를 끼치는구나. 나로 인해 그 귀하게 구한 물이 새어버리는데도 나를 아직도 버리지 않으시다니…."

어느 날 너무 미안하다고 느낀 깨어진 물 항아리가 주인께 물었다.

"주인님 어찌하여 저를 버리고 새로운 온전한 항아리를 구하지 않으시나요? 저는 별로 소용 가치가 없는 물건인데 말입니다."

주인은 그의 물음에 아무 말도 하지 않은 채 그 물 항아리를 지고 계속 집으로 가고 있었다.

그러다가 어느 길을 지나면서 조용하고 부드럽게 말했다.

"애야 우리가 걸어온 길을 보아라."

그제야 물 항아리는 그들이 늘 물을 길어 집으로 걸어오던 길을 보았습니다. 길가에는 예쁜 꽃들이 아름다운 자태를 자랑하듯 싱싱하게 피어 있었습니다.

"주인님 어떻게 이 산골 길가에 이렇게 예쁜 꽃들이 피어 있을까요?" 주인이 빙그레 웃으며 말했다.

"메마른 산 길가에서 너의 깨어진 틈으로 새어나온 물을 먹고 자란 꽃들이란다." 세상에는 버릴 것이 하나도 없다는 소중한 일화이다.

무엇이든 다 자기 자리가 있고 자기가 할 역할이 있다는 것이다. 언뜻 보기에는 무용지물로 보이더라도 말이다. 잊지 말았으면 한다.

우리 모두는 어느 곳에서는 꼭 필요한 존재라는 사실을 말이다.

태공망이 돌아가고 땅바닥에 엎드린 채 눈물만 뿌렸을 아내는 과연 무슨 생각을 하였을까. 어려움을 이기지 못하고 도망친 자기를 탓했을까. 매정하기 그지없는 남편 태공망을 탓했을까. 아니면 흡수력이 빠른 땅바닥 흙을 탓했을까.

아무튼 아내는 시키는 대로 물을 퍼다 땅바닥에 뿌릴 게 아니라 그 잘나신 태공망에게 뿌렸어야 한다는 사람도 있다. 당시 살림이 어려웠던 것은 학문수업에 빠져 집안을 돌보지 않은 그의 책임도 크다고 할 수 있기 때문이다.

아내가 다시 태공망에게 돌아올 수 없는 것도 복수불반분. 태공망도 자기 아내가 도망가는 걸 보고 있었어야 했던 것도 복수불반분. 피차 복수불반분이었는데 당시 시대적 상황을 적용했을 때 아내를 비판하는 것이 교훈이 된 것이다.

결과론적인 추론이지만 지금시대에 이러한 일이 있었다면 모두 남자가 책임져야 할 일이다.

아내의 인내(忍耐)는 어디까지인가?

아내의 내조(內助)는 어디까지인가?

부부가 함께 인내로써 화합하고 이해하여 화평한 가정을 영위하는 것이 최우선 되어야 한다.

一勤天下無難事 百忍堂中有泰和
(일근천하무난사 백인당중유태화)
한 번 부지런하면 천하에 어려운 일이 없고,
백 번 참으면 가정에 큰 화평(和平)이 온다.

# 誹謗之木(비방지목)

헐뜯는 나무

❍ 글자 뜻 : 誹(헐뜯을 비) 謗(헐뜯을 방) 之(어조사 지)
木(나무 목)

❍ 출전 : 史記(사기) 孝文本紀(효문본기)

❍ 의미 / 비유

❶ 나무기둥을 궁궐 앞에 세워놓고 정치의 잘못을 그 나무 아래에 와서 알리라고 함에서 유래함.

❷ 백성들이 임금에게 고통을 호소하고 소원을 고하는 나무의 기둥.

❸ 백성들의 마음을 파악해서 올바른 정치를 하는 것에 비유함.

❍ 사건유래의 요약

요(堯) 임금이 자신의 그릇된 정치를 지적받기 위해 궁궐 다릿목에 나무기둥을 세웠다.

중국 고대사에서 요(堯)와 순(舜) 두 임금은 전설상의 인물이며, 역사적인 실재성은 약하지만 이상적인 정치를 펼친 성천자(聖天子)로 평가되고 있다.

요(堯) 임금의 성은 도당(陶唐)이요, 이름은 방훈(放勳)이라 한다.

그는 하늘처럼 어질고, 신처럼 박식하며, 자비롭고 총명하기가 이를 데 없고, 부유하였으나 교만하지 않았으며, 거드름을 피우거나 오만하지 않은 인물이었으므로 백성들의 존경을 한 몸에 받았다고 한다.

그는 큰 덕을 밝혀 구족(九族 : 같은 종족 9대의 사람들을 말함) 들이 화목하게 지내도록 하였으며, 백관들을 공명정대하게 다스렸기 때문에 모든 제후국이 화합했다.

요(堯)임금이 공(公)과 사(私)를 분명히 구분했음은 만년에 자신을 대신하여 정사를 계승할 수 있는 사람을 물색하던 일에서 엿볼 수 있다.

이때 방제(放齊)라는 신하가 요(堯)임금의 아들 단주(丹州)가 총명하다며 추천했다. 그러나 요임금은 자신의 아들인 단주가 덕(德)이 없고 싸움을 좋아하여 쓸 수 없다고 잘라 말했다. 이에 사악(四嶽)이 순(舜)을 추천하여 이렇게 말했다.

"그는 장님의 아들입니다. 아비는 도덕이란 전혀 모르는 자이고, 어미는 남을 잘 헐뜯는 자이며, 동생은 교만(驕慢)합니다. 그렇지만 그는 효성을 다하여 가정을 화목하게 했으며, 가족들이 나쁜 일을 하지 않도록 만들었습니다."

그래서 요임금은 자신의 두 딸 아황(娥皇)과 여영(女英)을 그에게 시집보내어 딸들에게 대하는 그의 덕행을 관찰하였다.

순(舜)은 요임금의 두 딸을 신분을 낮추어 자기가 살고 있는 곳으로 맞이하여 부인의 예절을 지키게 하였다.

요는 순의 이러한 행동이 마음에 들어, 먼저 그에게 백성들에게 오전(五典 : 다섯 가지 도덕 윤리 : 아비는 위엄이 있고, 어미는 자애로우며, 형은 우애롭고, 동생을 공경하며, 자식은 효성스러워야 한다는 것)을 가르치도록 하자 널리 시행되었고, 다시 백관(百官)의 일을 총괄하도록 하자 그 일이 모두 질서 있게 행해졌다.

또 순에게 사문(四門)에서 손님을 접대하는 일을 맡기니 그곳에서 일을 보는 사람들이 빈객에게 정중하게 대하였고, 깊은 산림과

하천, 연못에 관한 일을 맡기자 폭풍과 우레 속에서도 일을 그르치지 않았다.

그래서 요는 순을 성인으로 보고 천자의 자리를 그에게 주었다. 사실 요 임금은 일찍이 자신이 백성을 다스림에 있어 조금이라도 잘못이 있을까 항상 걱정하고 두려워하였다.

이런 성군(聖君)도 스스로 잘못이 있다고 생각하여 이를 시정하려고 궁궐 문 앞에 아주 큰 북을 하나 달아 '감간지고(敢諫之鼓)' 라고 했다.

그것은 감히 간언하는 북이라는 뜻이다. 그렇게 하여 요 임금이 정치를 하면서 범하는 잘못을 발견하면 지위고하를 막론하고 누구든 그 북을 쳐서 말하도록 했다.

그리고 또 궁궐 다리에는 나무 네 개를 엮어 기둥을 세워 '비방지목(誹謗之木)'이라고 이름을 붙였는데, 이것은 헐뜯는 나무라는 뜻이다.

요임금의 정치에 불만이 있는 자가 그 나무 기둥에 불평스러운 부분을 적어 알리는 것이다.

### ❍ 유사성어

進善之旌(진선지정) 敢諫之告(감간지고)

### ❍ 생활 속의 지혜

❶ 가족 간에 의사소통의 원활함은 가정을 화목하게 하는 첩경이다.

❷ 상호 어려움을 없애는 다양한 방법으로 소통유지.

우리나라에도 이와 같은 제도로 신문고(申聞鼓)가 있었다.

1401년(조선 태종 1) 백성들의 억울한 일을 직접 해결하여 줄 목적(目的)으로 대궐(大闕) 밖 문루(門樓) 위에 달았던 북이다.

조선(朝鮮) 초기(初期)에 상소(上疏) 고발(告發)하는 제도(制度)는 법제화(法制化)되어 있었으나, 최후(最後)의 항고(抗告) · 직접 고발 시설의 하나로 신문고(申聞鼓)를 설치하여, 임금의 직속(直屬)인 의금부당직청(義禁府當直廳)에서 이를 주관, 북이 울리는 소리를 임금이 직접 듣고 북을 친 자의 억울한 사연을 접수 처리하도록 하였다.

즉, 억울함을 호소(呼訴)하려는 자는 서울에서는 주장관(主掌官), 지방에서는 관찰사(觀察使)에게 신고하여 사헌부(司憲府)에서 이를 해결하도록 하였는데, 이 기관에서 해결이 안 되는 경우에는 신문고(申聞鼓)를 직접 울리게 하였다.

이 제도는 조선에서 민의상달(民意上達)의 대표적(代表的)인 것이었다. 그러나 신문고(申聞鼓)를 울려 상소(上疏)하는 데에는 제한이 있어서 이서(吏胥) · 복례(僕隷)가 그의 상관이나 주인을 고발한다거나, 품관(品官) · 향리(鄕吏) · 백성 등이 관찰사(觀察使)나 수령(首領)을 고발하는 경우, 또는 타인을 매수(買收) 사주(使嗾)하여 고발(告發)하게 하는 자는 벌을 주었으며, 오직 종사(宗社)에 관계된 억울한 사정이나 목숨에 관계되는 범죄(犯罪) 누명(陋名) 및 자기에게 관계된 억울함을 고발하는 자에 한해 상소 내용을 접수 해결하여 주었다.

그 후 신문고(申聞鼓)는 사용 제한을 한층 엄격히 하였는데 속대전(續大典)에 의하면, 자기 자신에게 관한 일, 부자지간에 관한 일,

적첩(嫡妾)에 관한 일, 양천(良賤)에 관한 일 등 4건사(四件事)와, 자손(子孫)이 조상(祖上)을 위하는 일, 아내가 남편을 위하는 일, 아우가 형을 위하는 일, 노비가 주인을 위하는 일 및 기타 지극히 원통한 내용에 대해서만 신문고(申聞鼓)를 사용하도록 하였다.

세상이 제대로 돌아가려면 언론이 살아 있어야 한다.

예로부터 언론은 위대한 국가 지도자들이 국정을 운영하기 위한 중요한 수단이었다. 아무리 혹독한 비판이라도 겸허하게 받아들이고 국정에 반영한 지도자는 성군이 됐다. 하지만 자신이 하는 일에 반대하는 사람들을 탄압하거나 입을 막는 지도자는 어김없이 몰락의 길을 걸었다.

명심보감에도 '道吾善者是吾賊 道吾惡者是吾師(도오선자시오적 도오악자시오사) 나의 장점만 말하는 사람은 나를 해치는 사람이고, 나의 단점을 이야기해 주는 사람이 나의 스승이다.'라는 구절이 있다. 사람들은 대체로 자신을 칭찬하는 말을 듣고 싶어 하는데, 사실 자신을 성장시키는 것은 이런 달콤한 말이 아니라 단점과 문제점을 냉혹하게 지적하는 언사다.

맹자는 신하를 고를 때 자신에게 과감하게 쓴 소리를 할 수 있는 신하인 불소지신(不召之臣)을 한두 명 정도는 둬야 한다고 했다.

불소지신은 군주라도 '함부로 오라 가라 하지 못하는 신하'를 말한다. 더 나아가 이 단어는 '분명한 자기소신과 판단력으로 리더의 잘못을 지적해 주는 부하직원의 중요성을 강조할 때 쓰인다.'

그러기에 불소지신은 군주가 성공적인 국정을 수행하기 위해서 반드시 필요한 사람이다.

당태종(唐太宗)이 명군이 되었음은 위징(魏徵)이라는 목숨을 걸고 참언하는 신하가 있었기 때문이었다. 당태종도 인간이기에 참언하는 신하를 그 당시는 죽이고 싶을 정도로 싫었던 것만은 틀림없다. 그러나 그대로 행한즉 명군이 되었고, 위징이 죽자 한없는 슬픔에 자신의 거울이라고까지 극찬한 것을 보면 옛 말이 틀린 것이 아님을 잘 알 수 있다. 불소지신들은 때로 목숨을 아끼지 않는 충언, 또는 죽음으로 임금의 잘못됨을 바로잡아 국정이 제대로 행해지도록 하는 큰 역할을 했다.

국가와 조직이 건강하게 성장하려면 어떤 사안이든 과감하게 비방할 수 있는 비방지목을 세우고 어떤 문제도 과감하게 간언할 수 있는 감간지고를 매달아야 한다.

리더가 함부로 다룰 수 없는 불소지신도 키워야 한다. 다양한 관점에서 제기된 의견들은 국가와 조직이 어려움에 맞닥뜨릴 때마다 균형을 잡아나갈 수 있도록 하고 발전과 번영의 초석이 될 것이다.

쓴 소리가 귀에는 거슬려도 국가 미래를 위한 정론이라면 겸허히 받아들이는 것이 위정자들의 바른 자세다.

良藥苦口而利於疾 忠言逆耳而利於行(양약고구이리어질 충언역이이리어행) 좋은 약은 입에 쓰나 병에는 이롭고, 충성스런 말은 귀에는 거슬리나 행함에는 좋다.

공자가어에 있는 말이다.

## 貧者一燈(빈자일등)

가난한 사람의 등(燈) 하나

❍ 글자 뜻 : 貧(가난할 빈) 者(사람 자) 一(한 일) 燈(등잔 등)

❍ 출전 : 賢愚經(현우경) 貧女難陀品(빈녀난타품)

❍ 의미 및 비유

가난한 사람이 바치는 등 하나라는 뜻으로 물질이 많고 적음보다 정성이 중요함을 비유한 것.

❍ 사건유래 요약

어느 날 부처님이 아합세왕(阿闍世王)의 초청을 받아 궁궐에 가서 설법하시고 밤에 기원정사(祇園精舍)로 돌아가려 할 때, 왕이 길에 수만 개의 등불을 밝혀 공양하였다.

코살라국의 사위(舍衛)에 난타(難陀)라는 가난한 여인이 살고 있었는데, 구걸(求乞)로 겨우 목숨을 이어 갈 정도로 가난했다.

어느 날 석가모니가 사위성(舍衛城)에 온다는 소식이 전해지자 파세나디왕과 모든 백성은 등불 공양(供養)을 올리기 위해 분주히 움직였다.

난타라는 여인이 있었다.

난타는 비록 가난하였지만 이 세상에서 가장 존귀한 분에게 등불 공양을 올리기 위해 거리에서 하루 종일 구걸해 얻은 돈 두 닢을 들고 기름집으로 달려갔다. 기름집 주인은 여인의 갸륵한 마음에 감동하여 기름을 갑절이나 주었다.

난타는 기쁨에 넘쳐 등 하나에 불을 밝혀 석가모니께 바쳤다.

밤이 깊어 가고, 세찬 바람이 불어 다른 등불은 다 꺼졌으나 난타의 등불만은 밝게 빛나고 있었다.

등불이 다 꺼지기 전에는 석가모니가 잠을 자지 않을 것이기 때문에 시자(侍子)인 아난타(阿難陀)가 가사(袈裟)자락으로 등을 끄려 하였으나 등은 꺼지지 않았다. 이때 석가모니(釋迦牟尼)가 아난에게 말했다.

"아난아, 부질없이 애쓰지 말아라. 그것은 가난하지만 마음 착한 한 여인의 넓고 큰 서원과 정성으로 켠 등불이니 결코 꺼지지 않으리라. 그 등불의 공덕(功德)으로 이 여인은 앞으로 30겁(劫) 뒤에 반드시 성불(成佛)할 것이다. 그리고 그 이름을 '수미등광여래(須彌燈光如來)'라 할 것이다."

이에 부처님은 난타의 정성스런 마음을 알고 그 후 그녀를 비구니로 받아들였다고 한다.

### ❍ 유사성어

至誠感天(지성감천)

### ❍ 생활 속의 지혜

❶ 물질보다는 정성이 중요함을 일깨워 줌.

❷ 깊은 정성은 하늘도 감동하여 복을 내린다.

모든 불꽃의 화염과 광채와 광명은 동일한 것이다. 그러나 더욱 밝게 빛나는 등불은 등불의 기름과 심지가 오염되지 않고 순수했을 때이다.

사람의 마음이 오염되어 있으면 빛이 나지 않을 것이다. 반대로 사람의 마음이 청정하다면 밤하늘의 보름달처럼 빛나 보일 것이다.

번뇌와 무지로 가득 찬 어둠의 세계를 부처님의 지혜로 밝게 비춰 준다는 연등(燃燈). 부처님 오신 날 저 등불을 내거는 것은 어둠과 번뇌를 물리치고 영원한 진리의 광명을 밝힌다는 뜻일 것이다.

부처의 마음을 움직이는 것은 물질의 많고 적음이 아니다. 적으나마 정성을 다하느냐이다. 가진 자의 백 개보다 가난한 자가 정성으로 바치는 하나가 더 큰 빛을 발한다.

어찌 저 연등만 그러하겠는가? 세상 일 모두가 그러하지 않는가?

가진 게 없어 작고 보잘 것 없을지라도 지극정성으로 마음을 다하는 것. 그것이 하늘에 닿고 사람의 마음을 울리는 것 아니겠는가?

그러니 가난하다고 부끄러워할 일이 아니요, 없다고 뒤로 물러설 일도 아니다. 있으면 있는 대로, 없으면 없는 대로 상황과 여건에 따라 정성을 다하면 되는 것이다.

그것이 바로 저 연등이 밝혀주는 빈자일등의 교훈이 아니겠는가?

이 고사에 왕과 귀족들이 밝힌 화려한 등(燈)은 바람을 이기지 못하고 모두 꺼졌는데 난타라는 가난한 여인이 밝힌 등불만은 날이 밝아도 꺼지지 않았다는 내용이다.

이 가난한 여인이 밝힌 불은 외관상 보잘 것 없는 평범한 등불에 불과했지만 거기에 담긴 정성이 너무 지극하고 진실되어 그 등불은 영원히 꺼지지 않는 '마음의 등불'이 된 것이다.

부처님께서 "정성을 기름으로 삼아 밝힌 등불이니 바닷물을 기울여도 끄지 못할 것이다."라는 말씀이 연유가 되어서 사람들의 어두운 마음을 밝히는 지혜의 상징물로 '부처님 오신 날' 등불을 밝히는 유래가 되었다고 한다.

삶이란 어려운 문제들의 연속이며 힘들고 고달픈 과정이기도 하다. 우리 마음이 무명의 어둠에 가려 지혜가 흐려질수록 혼돈과 무질서도 만연하게 된다.

특히 현대인들은 개인의 이익과 탐욕에 목 말라하고 일부 사람들과 단체들은 비리와 부정에 눈이 멀어있다. 무지와 번뇌로 가득 찬 우리의 마음을 부처님의 지혜로 밝게 비추어야 한다. 자비한 마음과 따뜻한 눈길로 소외된 이웃, 고통 받는 이웃과 상생해야 한다.

우리 사회의 혼돈과 무질서를 잠재울 수 있는 방법은 각자의 마음에 '지혜의 등불'을 밝히는 것이다.

가난한 여인이 밝힌 '마음의 등불'처럼 어리석고 삭막한 우리들의 마음에 밝고 찬란한 지혜의 등불을 밝혀야 한다. 힘들고 어려울 때일수록 올곧은 마음으로 정성을 다하면 세상의 빛이 될 수 있는 참사람이 될 수 있을 것이다.

우리 모두들 밖을 보려하지 말고 어둡고 그늘진 내 마음, 오직 내 마음을 바로 보아야 한다.

三日修心千載寶 百年貪物一朝塵
(삼일수심천재보 백년탐물일조진)
삼 일간 마음을 닦으면 천 년의 보배요 백 년 동안 물건을 탐하여 모아둔 재산은 하루 아침의 티끌과 같음이다.

## 三令五申(삼령오신)

세 번 명령하고, 다섯 번 거듭함.

❍ 글자 뜻 : 三(석 삼) 令(명령 령) 五(다섯 오) 申(거듭 신)

❍ 출전 : 史記(사기) 孫子吳起列傳(손자오기열전)

❍ 의미 / 비유

여러 번 되풀이하여 말하거나 설명한다는 것에 비유함.

❍ 사건유래의 요약

춘추시대, 제(齊)나라 사람 손무(孫武)는 병법으로 오왕(吳王) 합려(闔閭)에게 알려지게 되었다. 오왕은 손무를 초빙해 왔다.

"그대가 지은 병서 13편을 다 읽어 보았소. 실제로 군대를 훈련시키는 것을 보여 줄 수 있겠소?"

"좋습니다."

"여자도 훈련시킬 수 있소?"

"할 수 있습니다."

오왕은 궁중의 미녀 180명을 나오게 했다. 손무는 그들을 두 부대로 나눈 다음, 왕의 총희(寵姬) 두 사람을 각각 대장으로 삼아 창을 들게 하고 명령을 내렸다.

"모두들 가슴과 왼손, 오른손, 등을 알고 있는가?" 여자들은 알고 있다고 대답했다. 손무가 말했다. "'앞' 하면 앞으로 가고, '좌로' 하면 왼쪽으로, '우로' 하면 오른쪽으로, '뒤로' 하면 뒤로 돌아야 한다." 여자들은 알겠다고 대답했다.

손무는 이렇게 군령을 결정하고, 부월(鈇鉞)을 갖추고 세 번 군령을 들려주고 다섯 번 설명을 했다. 손무는 북을 치며 "오른쪽으로!"라고 명령을 내렸다. 그러나 여자들은 크게 웃기만 했다. 손무가 말했다.

"군령이 분명하지 못하고 전달이 충분하지 못한 것은 장수의 책임이다." 다시 세 번 군령을 들려주고 다섯 번 설명을 한 다음, 북을 치며 "왼쪽으로!"라는 명령을 내렸다. 이번에도 여자들은 크게 웃기만 할 뿐이었다. 손무가 말했다.

"군령이 분명치 못하고 제대로 전달되지 않은 것은 장수의 죄이지만 이미 분명히 전달되었는데도 병졸들이 규정대로 하지 않는 것은 대장의 죄다." 그러고는 좌우의 두 대장을 베려고 했다.

누대 위에서 이를 보던 오왕은 총희를 참하려 하자 크게 놀라 사람을 보내 영을 내렸다.

"과인은 이미 장군이 용병에 능하다는 것을 알았소. 과인은 이 두 총희가 없으면 음식을 먹어도 맛을 알지 못하오. 베지 말아 주시오." 손무가 왕에게 아뢰었다.

"신은 이미 명령을 받아 장군이 되었습니다. 장군이 군문에 있을 때는 왕의 명령을 받지 않을 수도 있습니다."

손무는 이렇게 말하고 두 대장을 베고 그 다음 사람을 대장으로 임명하고 다시 북을 울렸다. 여자들은 왼쪽, 오른쪽, 앞, 뒤로 향하고 규정대로 하였으며 감히 소리조차 내지 않았다.

손무는 오왕에게 사람을 보내 보고했다.

"부대는 이미 갖추어졌습니다. 내려오셔서 시험해 보십시오. 왕께서 쓰려고만 하신다면 물과 불에라도 뛰어들 것입니다." 오왕이 말했다.

"장군은 훈련을 끝내고 숙사에서 쉬도록 하시오. 과인은 내려가

보기를 원치 않소." 손무가 말했다.

"왕은 헛되이 말만 좋아할 뿐, 그 실질적인 것은 쓰지 못하는 사람이구나."

오왕은 손무가 용병에 뛰어나다는 것을 알고 마침내 그를 장군으로 등용했다. 그 뒤 오나라가 서쪽으로 초(楚)나라를 무찔러 수도 영(郢)을 점령하고 북쪽으로는 제(齊)나라와 진(晉)나라를 위협하였으며 제후들에게 그 이름을 드러내게 되었는데, 이렇게 된 데에는 손무의 힘이 컸다.

### ❍유사성어

懲一勵百(징일여백) 一罰百戒(일벌백계) 朝令暮改(조령모개)

### ❍ 생활 속의 지혜

❶ 윗사람이 모범이 되고 법을 준수해야 함.

❷ 한 가정의 부모 명은 엄하고 일관되어야 함.

❸ 대(大)를 위하여 소(小)가 희생하는 교훈 필요.

본보기는 좋기도 하지만 두렵기도 하다. 남에게 설명하거나 증명하기 위한 모범은 좋다. 그러나 여러 사람을 훈계하기 위해 잘못한 사람을 징계하는 본보기는 다수를 위한 것이라도 두렵다.

실제 사람의 목숨을 끊은 본보기는 성어에 제법 많다. 중국 촉(蜀)나라의 군사 제갈량(諸葛亮)이 군령을 어겨 패배를 가져온 부하의 목을 울면서 벤 읍참마속(泣斬馬謖)이 있다.

무시무시한 조치 이후 군의 기강이 올바르게 된 것은 물론이다. 많이 쓰이는 일벌백계(一罰百戒)나 살일경백(殺一儆百)이란 말도 같다. 한 사람을 죽여 백 사람에게 경계가 되도록 한다는 뜻이다.

한서(漢書)가 설명한다. '하나로써 백을 경고하면, 모든 사람들이 복종하게 된다. 공포감은 스스로를 새롭게 변화시킨다(以一警百, 使民皆服, 恐懼改行自新).'

닭을 죽여(殺鷄) 원숭이에게 본보기가 되게 한다(儆猴)는 같은 뜻의 성어에는 다음 이야기가 따른다.

한 노인이 기르는 원숭이에게 곡예를 가르쳐 장터에서 돈을 벌기로 했다. 구경꾼들이 모여 들었지만 원숭이가 도통 평소 잘 하던 묘기를 할 생각이 없었다.

노인은 피를 싫어한다는 원숭이의 속성을 알고 닭의 목을 쳤다. 시뻘건 피를 보고 공포에 질린 원숭이는 그제야 재주넘기를 시작했다.

본보기를 잘못 고른 성어도 있다.

여러 사람을 다치게 하면서 얻은 교훈은 잘못된 것이다. 이끄는 사람은 효과를 봤다고 우쭐댈 때 그 조직은 곪아가기 때문이다.

法之不行 自上征之(법지불행 자상정지)

법이 행해지지 않는 것은 윗사람이 법을 범하기 때문이다.

깊이 생각해야할 문제이다.

## 塞翁之馬(새옹지마)

변방노인의 말

❍ **글자 뜻 : 塞(변방 새, 막을 색) 翁(늙은이 옹) 馬(말 마)**

❍ **출전 : 《淮南子(회남자)》〈人間訓(인간훈)〉**

❍ **의미 / 비유**

❶ 吉. 凶. 禍. 福은 일정하지 않다.

❷ 禍가 福이 되기도 하고, 福이 禍가 되기도 한다.

❍ **사건유래의 요약**

북방 국경 근방에 점을 잘 치는 늙은이가 살고 있었는데 하루는 그가 기르는 말이 아무런 까닭도 없이 도망쳐 오랑캐들이 사는 국경 너머로 가버렸다.

마을 사람들이 위로하고 동정하자 늙은이는

"이것이 또 무슨 복이 될는지 알겠소!"하고 조금도 낙심하지 않았다.

몇 달 후 뜻밖에도 도망갔던 말이 오랑캐의 좋은 암말을 한 필 끌고 돌아오자 마을 사람들이 이것을 축하하였다.

그러자 그 늙은이는

"그것이 또 무슨 화가 될는지 알겠소!"하고 조금도 기뻐하지 않았다.

그런데 집에 좋은 말이 생기자 전부터 말 타기를 좋아하던 늙은이의 아들이 그 말을 타고 달리다가 말에서 떨어져 다리가 부러졌다.

마을 사람들이 아들이 병신이 된 데 대하여 위로하자 늙은이는 "그것이 혹시 복이 될는지 누가 알겠소!"하고 태연한 표정이었다.

그런 지 1년이 지난 후 오랑캐들이 크게 쳐들어왔다.

장정들이 활을 들고 싸움터에 나가 모두 전사하였는데 늙은이의 아들만 다리가 병신이어서 징집되지 않아 부자가 모두 무사할 수 있었다.

### ❍ 유사성어

轉禍爲福(전화위복) 好事多魔(호사다마)

### ❍ 생활 속의 지혜

❶ 일의 실패에 좌절하지 말고 도전의 기회로 삼자.

❷ 성공했다고 자랑으로 일삼거나 남을 무시하지 말자.

❸ 매사에 일희일비(一喜一悲)하지 말자.

❹ 명분 없는 저항으로 스스로를 옹색하게 하지 말자.

삼국지(三國志)에서 새옹지마가 생각나게 하는 사람을 꼽으라면, 당연히 유비(劉備)가 꼽힐 것이다.

그는 삼국지에서 운명을 다하는 날까지도 끝없이 길흉과 화복을 반복하며 살았나.

특히 복(福)이 화(禍)로 변하고, 길(吉)이 흉(凶)으로 변하는 그 밑바닥에는 겸손할 때는 존귀의 표상이었지만, 교만에 빠졌을 때는 패망의 늪에 있었음을 알 수 있다.

유비의 한중대전의 승리는 관우의 맥성전투의 패배를 가져왔다.

즉, 유비가 한중대전에서 승리하자 형주를 지키던 관우는 형주 수비로만 유비에게 체면이 서지 않는다고 무리하게 조조(曹操)군이 지키던 맥성을 공격하다 손권군에게 형주도 빼앗기고 목숨마저 잃었다.

또 유비의 황제 등극의 영예는 곧이어 이릉대전의 패배를 초래했다. 즉, 위(魏)의 조비(조조의 아들)가 한(漢) 황실의 헌제(獻帝)를 폐하고 황제가 되자 유비는 한(漢)나라를 계승한다는 명분으로 촉한(蜀漢)의 황제로 등극한 후 관우 복수의 명분으로 이릉대전을 일으켰다.

제갈량, 조운 등의 만류에도 불구하고 무리하게 이 싸움을 벌인 유비는 패한 후 황제의 영예를 누려보지도 못하고 죽었다.

이처럼 인간만사 새옹지마란 인간 세상에서 일어나는 모든 일이 화(禍)와 복(福)을 반복하니 눈앞에 벌어지는 결과만을 가지고 너무 연연해하지 말라는 교훈을 우리에게 주고 있다.

인생의 길흉화복은 늘 바뀌어 일어남으로 너무 기뻐 방심해서도 안 되며, 너무 슬퍼 포기할 것도 아님을 깨닫고, 언제나 최선을 다하며 겸손하게 살아가야 할 것이다.

사람들의 성격이 점점 급해져가고 있다. 아마 삶이 점점 팍팍해지기 때문이리라.

그래서 성격이 급하거나 염세적인 사람일수록 처지가 바뀔 때마다 교만해지거나 절망하는 경우가 많다.

이럴 때 새옹지마의 교훈을 담담하게 받아들이는 노인의 지혜가 여유로움을 넘어 오히려 존경스럽기까지 하다.

작은 성공에 거들먹거리고, 어렵고 힘든 상황이 되면 절망하고 두려움에 떠는 현대인들과 다른 가치관을 지닌 노인의 철학과 선견지명은 어디서 나왔을까? 이는 다양한 실패와 성공을 거듭 경험한 경륜에서 그 지혜로움이 나오지 않았을까?

그럴 것이다. 밤이 깊어지면 새벽이 가까워 졌음을, 또 겨울이 깊어 가면 봄이 가까워진다는 천리(天理)를 이미 알고 있기 때문이다.

亡牛牢可輔 失馬廐可築(망우뢰가보 실마구가축)

소를 잃어버렸어도 우리를 고치고, 말을 잃어버렸어도 마구를 지어라.

이는 실패한 뒤 재빨리 수습하면 늦지 않다는 말이다. 오히려 往者雖已矣 來者猶可及(왕자수이의 래자유가급)지나간 일은 비록 어쩔 수 없으나 오는 일은 오히려 대처할 수 있다. (유성룡)

새옹지마가 우리에게 주는 교훈은 매사에 일희일비(一喜一悲)하거나 경거망동, 교만하지 말고, 조심 또 조심하라는 것이다.

언제나 자신의 분수를 알고 자신의 직분에 충실하며 겸손할 줄 알아야 한다는 것이다.

원치 않게 감옥에 들어간 세르반테스는 불후의 명작 '돈키호테'를 쓰게 한 장소가 되었고, 궁형(宮刑)을 당한 사마천은 사기(史記)를 탄생시켰다. 또한 정약용은 귀양 가서 목민심서(牧民心書) 등의 수많은 걸작을 남겼지 않았는가!

## 噬臍莫及(서제막급)

배꼽을 물어뜯으려고 해도 입이 닿지 않는다.

❍ **글자 뜻 : 噬(씹을 서) 臍(배꼽 제) 莫(아닐 막) 及(미칠 급)**

❍ **출전 : 春秋左氏傳(춘추좌씨전)**

❍ **의미 / 비유**

❶ 배꼽을 물려해도 입이 닿지 않는다.

❷ 기회를 잃고 난 뒤에는 아무리 후회해도 소용없다는 말.

❍ **사건유래의 요약**

중국 춘추전국시대 역사서인 좌전(春秋左氏傳)에 기록된 이야기로 주(周)왕조 때에 초(楚)나라 문왕(文王)이 지금의 하남성에 있었던 신(申)나라를 치기 위해 등(鄧)나라를 치게 되었다.

문왕은 먼저 사신을 등나라에 보내어 통과를 양해해 달라고 요청하자 이때 등나라 왕은 무골호인으로 알려진 기후(祇侯)였고, 문왕과는 아저씨와 조카 사이였다.

"그야 우리가 초나라와 티격태격할 이유가 없을뿐더러 이 문제는 어디까지나 초나라와 신나라 사이의 일이니 좋도록 하게. 더군다나 조카가 아저씨네 마당을 지나가려고 하는데 안될 것이 뭐 있겠는가?"

기후는 이렇게 순순히 허락하였고, 이윽고 문왕과 그의 군대가 등나라 도성에 이르자 기후는 초나라 문왕을 반갑게 맞아들였다.

"어서 오게나 이게 얼마만인가?"

"아저씨께서 어려운 결정으로 편의를 봐주셨으니 조카는 무엇으로 감사를 드려야할지 모르겠습니다."

문왕이 짐짓 깍듯하게 집안 어른 대접으로 심심한 감사를 표하였다. 기후는 기뻐하며 말했다.

"거 무슨 말을. 조카의 부탁인데 그보다 더한 것인들 내 못 들어주겠는가."

그리고는 성대한 잔치를 베풀어 문왕과 그 병사들을 반갑게 맞이하여 진수성찬으로 극진히 환대했다.

이때 추생(騅甥), 담생(聃甥), 양생(養生)이라고 하는 세 사람의 현자가 왕에게 간(揀) 하기를 머지않은 장래에 반드시 전하에게 칼끝을 겨누고 달려들 것입니다.

추생의 간언에 이어 담생도 말했다. "지금 문왕이 약소국 신나라를 치기 위해 가는데 등나라를 멸망시킬 자도 이 사람이 틀림없습니다. 만약 빨리 해치우지 않으면 배꼽을 물어뜯으려 해도 그 때는 이미 늦습니다(亡鄧國者 必此人也 若不早圖 後君噬臍 其及圖之乎/망등국자 필차인야 약불조도 후군서제 기급도지호)."

그러자 기후는 당치도 않는 소리라고 일축했다. "이런 망발이 어디에 있겠는가! 초왕과 나는 아재비와 조카 관계인데 어찌하여 그러한 일이 일어날 수 있단 말인가 과인이 만일 조카를 해친다면 과인이 먹다 남긴 음식은 그대로 남을 걸세."

(이 말을 들은 사람들이 자기의 불의를 미워하여 제사도 지내주지 않을 것이라는 뜻이다.)

그러자 이번에는 양생이 부르짖었다. "참으로 딱하십니다. 저희들의 간언을 듣지 않으시면 사직(社稷)이 남아나지 못할 것이 뻔한데 전하께서 잡수시고 남긴 음식이 어디에 있단 말입니까?

이들의 간곡한 충언을 듣지 않은 기후는 얄팍한 인정을 과시하여 아무런 대비도 하지 않고 있다가 십년 후에 문왕의 군대에 의해 침략당해 멸망하고 말았던 것이다.

사람에게 붙잡힌 사향노루가 자신의 배꼽에서 나는 사향 냄새 때문에 붙잡힌 줄로 여겨 자신의 배꼽을 물어뜯었다는 데서 나온 말이다. 사향노루는 이미 붙잡힌 다음에 배꼽을 물어뜯어도 아무 소용이 없는 줄도 모른 채 배꼽을 물어뜯은 것이다.

### ❍ 유사성어

後悔莫及(후회막급) 悔之無及(회지무급)

### ❍ 생활 속의 지혜

❶ 상대방을 무조건 믿지 마라.
❷ 어진 신하의 간언은 잘 들어야 한다.
❸ 실패를 거울삼아 노력하여 만회하는 지혜를 가져야 한다.

이제 고인이 되신 고(故) 김종필 전 국무총리가 2000년대 초에 자신을 위한 기념사업회인 운정회(雲庭會) 창립식에서 휠체어를 탄 채 행한 연설에서 '후회막급'이란 낱말을 입에 올렸다.

김 전 총리는 본인의 인생과 정치역정을 되돌아보면서 "이 나이(88세)가 돼서 돌이켜보니 더 잘할 수 있었는데 왜 못했나. 후회막급하다."고 무겁게 토로한 것이다.

그는 정치인생 전반에 대한 막연한 탄식인지, 특정 사안을 염두에 둔 아쉬움의 표현인지 알 순 없지만 이제는 돌이킬 수 없는 맘속의 회한인 것만은 분명해 보인다.

한때는 대통령의 꿈도 품었다가 이루지 못한 그이긴 하지만, 총리 두 번에다 9선 국회의원에다 여러 정당의 총재 · 대표에다…. 누가 뭐래도 성공한 인생을 살아온 사람이다. 그런 정치인도 지나온 생애를 결국 '후회막급'으로 귀결시키는데 이 세상 누군들 마지막에 후회스러운 심정이 없겠는가.

후회스러울 일 한 가지라도 덜 수 있게 그저 순간마다 충실하고 마디마디에 최선을 다함이 마땅하다는 교훈, 노(老)정치인의 `황혼연설(黃昏演說)'에서 또 한 번 배운다.

지난 잘못을 뒤늦게 뉘우친다는 후회는 백번을 되풀이해도 소용이 없다. 이미 돌이킬 수 없는 잘못이 저질러졌으니 말이다.

그러나 잘못을 하고도 뉘우칠 줄 모르는 것보다는 후회가 교훈적일 수 있다. 이는 같은 잘못을 재발하지는 않게 하기 때문이다.

대문호 톨스토이는 "후회해보았자 소용이 없다고 하지만 후회한다고 이미 늦은 것이 아니다."고 했으며, 스탕달은 "좋은 교훈이란 후회를 가르치는 것"이라고 했다. 그러나 인생의 실패는 혹 성공의 디딤돌이 될 수 있다. 누구든 실패를 잘 분석하고 다시 새롭게 계획하고 열심히 노력하면 성공할 수가 있다.

임진왜란 시 명재상(名宰相) 유성룡(柳成龍)도 서애집(西厓集)에서 往者雖已矣 來者猶可及(왕자수이의 래자유가급)이라 하여. 지난 일은 비록 어쩔 수 없지만 오는 일은 오히려 대처할 수 있다고 했다.

모든 일이 사람의 생각과 의지에 따라 성공과 실패가 가늠됨을 알아야 할 것이다.

## 先始於隗(선시어외)

먼저 외(隗)부터 시작하라.

❍ 글자 뜻 : 先(먼저 선) 始(시작할 시) 於(어조사 어) 隗(험할 외)

❍ 출전: 戰國策(전국책) 燕策(연책), 昭王篇(소왕편)

❍ 의미 / 비유

❶ 인재를 어떻게 예우하는가에 따라 전혀 다른 상황이 초래된다.

❷ 가까이 있는 사람이나 말한 사람부터 시작하라.

❍ 사건유래 요약

연(燕)나라 소왕(昭王)은 세자시절 제(齊)나라에 나라를 멸망당하여 신하의 농장에서 신분을 숨기고 일꾼으로 일하면서 숨어 지내며 갖은 고생 끝에 나라를 되찾아 왕위에 오른 사람이다.

연나라의 국내는 소란스러웠고 국외적으로는 제나라에 많은 땅을 빼앗겨 국력은 쇠약해 있었다.

연소왕은 곤경에 처한 나라를 다시 일으키기 위해 현명하고 지혜로운 큰 인물을 얻기 위해 직접 찾아 나섰다.

하루는 곽외(郭隗)라는 인물을 만나 나라를 부강하게 만들어 제나라에 대한 원수를 갚고 잃은 땅을 되찾을 수 있는 인재를 구할 수 있겠느냐고 물었다. 곽외는 이러한 비유를 들어서 말했다.

"옛날에 어떤 왕이 천리마를 구하려 했지만 3년이 지나도록 구하지 못했습니다. 이 때 어떤 사람이 천리마를 구해올 수 있다고 했습니다, 그래서 그에게 천금을 주고 그 일을 맡겼습니다.

그 사람은 석 달 뒤 천리마가 있는 곳을 알아내고 그 곳으로 달려갔지만 말은 그가 도착하기 며칠 전에 죽었다고 합니다. 그러자 그 사람은 죽은 천리마의 뼈를 오백 금이나 주고 사왔습니다."

그러자 왕은 크게 노하여 말하기를 "내가 원하는 것은 살아있는 천리마이지 죽은 말의 뼈가 아니다."라고 소리쳤다.

그러자 그 사람이 말하기를 "천리마라면 그 뼈도 거금으로 사니 살아있는 천리마라면 비싼 값으로 쳐 줄 것으로 생각해 머지않아서 반드시 천리마를 끌고 올 것입니다."라고 말했다.

그의 말대로 왕은 1년도 안 되어 천하의 명마를 세 필이나 구할 수 있었다.

그러니 "전하께서 진정으로 어진인재를 구하신다면 먼저 신(臣) 외(隗)부터 중용(重用) 하십시오."

곽외 자신이 연나라에 중용되었다는 소문이 나면 인재들이 모여들 것이라는 말에 연소왕은 곽외에게 상경벼슬을 주고 스승으로 대우했다.

이 일이 널리 알려지자 위(魏)나라의 명장 악의(樂毅)를 비롯하여 추연(鄒衍) 극신(劇辛) 같은 큰 인재들이 모여들었다.

연소왕은 악의를 상장군으로 삼고 제나라로 쳐들어가서 궁실을 파괴하고 종묘사직을 불살라 버리고 잃었던 땅도 모두 찾고 지난날의 제나라에 대한 원한을 시원스럽게 설욕했다.

연소왕이 이렇게 큰 공을 세울 수 있었던 것은 연소왕이 직언을 좋아하고 아첨을 싫어했기 때문이다. 아첨을 좋아하고 직언을 싫어하는 못난 정치지도자 밑에서는 큰 인재들이 일을 할 수 없고, 공을 세워 업적을 남길 수 없기 때문이다.

### ❍ 유사성어

買死馬骨(매사마골) 死馬骨五百金(사마골오백금)
先從隗始(선종외시)

### ❍ 생활 속의 지혜

❶ 귀중한 것을 얻기 위해서는 먼저 사소(些少)한 희생을 감수해야 함.

❷ 유능하고 훌륭한 인재를 구하기 위해서는 하찮은 사람도 소중히 대해 주어야 함.

❸ 어떤 일을 함에 지나치게 손익(損益)을 저울질하지 말고 정성을 다해야 함.

이 고사의 참된 내용으로 곽외와 소왕의 단순한 역사적 사실보다는 큰 일이나 큰 사업을 행할 때 먼저 가까이 있는 사람부터 귀히 여기고 시작하라는 의미로 종종 사용된다. 이것은 작은 것부터 시작하지만 결국에는 큰 것을 얻게 되는 장기적 기획의 중요성을 우리에게 보여주는 하나의 예가 되어주기 때문이다.

기업을 운영하는 리더가 외부의 우수한 인재를 영입하려면 내부에 있는 가까운 사람부터 제대로 대접하라는 뜻이다. 그래야 그것을 보고 외부의 인재들이 몰려올 것이다.

내부의 인재를 함부로 대하면서 새로운 인재를 탐하는 것은 이치에 맞지 않아 도무지 말이 되지 않는다. 인재를 얻기 위해서는 우선 회사 내부에 있는 인재를 어떻게 대접하고 있는지부터 돌아보아야 한다. 그러므로 외부의 인재를 영입하기 위해서는 내부의 인재를 우선 귀하게 대접해야 한다. 귀중한 것을 얻기 위해서는 그만큼 먼저 공을 들여야 하기 때문이다.

손익을 계산하지 않고 먼저 정성을 들여야만 자기가 바라는 바를 성취할 수 있다. 아무 노력도 없이 좋은 결과만 바라는 사람들의 나쁜 행태를 경계하는 좋은 비유가 되기도 하다.

회사의 일도 그렇지만 나와 가장 가까운 사람은 부부와 자식일 것이다. 곧 가정이다. 부부가 서로 위해주고 존중하는 것이야 말로 남에게도 존중을 받는 일임을 알아야 한다.

어느 마을에 있었던 일이다.

서로를 사랑하며 서로를 소중이 여기는 한 부부가 살고 있었다. 살림은 그리 넉넉하지 않았지만 가정은 늘 행복했다.

주위 사람들도 부러워하고 그들은 그 마을에서 좋은 인상으로 남에게 부러움을 샀다. 그러다 하루는 남편이 일을 하다가 잘못되어 왼쪽 눈을 다쳐 애꾸가 되었다.

부인은 처음에 남편을 불쌍히 여겼고 온갖 정성으로 위로도 하곤 했다. 그러기를 약 일 년이 지나고 보니 아내는 남편이 슬슬 싫어지기 시작했다.

그리고 언제부터인지 마을사람들과 모여 이야기 하다가 남편이야기가 나오면 "아! 우리 집 애꾸 말인가요?"라는 말을 하기 시작했고, 마을사람들 앞을 지나가는 남편을 볼 때 "어! 우리 애꾸 어딜 가지?"하면서 매번 남편을 애꾸라고 불렀다.

그리고 나서부터였다. 마을 사람들이 자기를 보고 늘 부인이라고 호칭을 했었는데 언제부터인가 "애꾸 마누라!"라고 부르는 것이 아닌가. 속이 상했지만 어쩔 수 없이 지내다 너무도 그 소리가 듣기 싫어서 멀리 다른 마을로 이사를 갔다.

그리고 부인은 남편의 호칭을 바꾸어 부르기 시작했다. 그는 남편을 박사님으로 부르기 시작했고, 또 그렇게 대했다.

마을은 순식간에 남편을 박사님으로 불렀고 부인에게는 박사 사모님의 호칭이 뒤따랐다.

단순한 호칭이 문제가 아니다. 자기와 가장 가까이 있는 사람을 가장 소중히 여기고 존경하면 남들은 자연히 그를 대우해준 부인까지 소중히 여기고 대우를 해주는 것이 인지상정(人之常情)인 것이다.

나의 행복은 결코 멀리 있지 않다. 가장 가까이 있는 사람을 소중하게 대우하면 자기도 멀리 있는 사람에게까지 좋은 대우를 받는 행복을 느낄 수 있다.

고(故) 이병철 삼성그룹 회장의 예를 보자. 호암(湖巖 : 이병철 호)은 '기업은 사람이다.'라고 말하며 인재양성을 각별히 강조했다.

그 결과 '인재의 삼성,' '삼성맨' 이라는 말이 회자되었다. 기술은 돈으로 사고 돈은 빌리면 되지만, 사람은 일조일석에 양성되지 않는다는 신념에서였다. 최초로 신입사원 공개 채용을 실시했고, 면접위원을 사전에 교육했으며, 면접 때는 직접 참석해 응시자의 정직성, 성실성, 걸음걸이, 말하는 태도, 음성을 종합적으로 판단했다.

직원을 채용한 후에는 '十年樹木 百年樹人(십년수목 백년수인) 10년을 내다보면 나무를 심고, 100년을 내다보면 인재를 길러라.'라는 말을 자주 인용하면서 직원 교육에 심혈을 기울였다.

신규 사업을 할 때 그룹 내에 적절한 인재가 없으면, 국내외에서 최고의 인재를 영입했다. 철저히 능력과 인품 위주로 인재를 채용했으며, 친인척이나 외부청탁에 대해서도 능력을 엄격히 검증했다. 그는 '내 시간의 80%는 사람 키우는 데 쓴다.'고 말할 정도로 좋은 인재에 관심을 가졌다. 그리고 신상필벌도 엄격해서 일을 열심히 하다 실수한 것은 용서했지만, 거짓말하거나 불성실한 사람, 그리고 부정을 저지른 사람은 절대 용서하지 않았다고 한다.

직원을 사랑하는 마음도 강해 직원복지에 남다른 관심을 보였다. 노조가 필요 없을 정도로 대우를 잘해주었다는 것이었다.

4.19 당시 그렇게 직원 대우를 잘 했는데 외부세력이 들어와 노조를 결성하고 회사를 망가뜨린 뼈아픈 경험 때문에 외부세력에 의한 노조 결성은 아주 경계했다고 한다. 항간에는 호남에 편견을 갖고 있다는 오해가 있지만 실상은 그렇지 않았다. 호암은 영호남 구분 없이 사람을 대했고, 삼성직원 중 호남 출신이 영남출신보다 많았던 때도 있었다고 한다.

또 국악을 대단히 사랑했으며, 당대의 인재를 옆에 두고 즐겨 자문을 받았다. 자문을 받을 때는 조용히 경청했는데, 이것이 호암의 장점이었다. 그러나 결정은 단호히 내렸다. 또한 호암은 동고동락한 사람은 끝까지 도와줬지만, 배신자는 절대 용서하지 않았다. 경쟁자도 도와줘야 할 때는 기꺼이 도와주었다.

## 水魚之交(수어지교)

물과 물고기의 사귐

❍ 글자 뜻 : 水(물 수) 魚(물고기 어) 之(어조사 지) 交(사귈 교)

❍ 출전 : 三國志(삼국지) (蜀書(촉서)) 諸葛亮傳(제갈량전)

❍ 의미 및 비유

❶ 물고기가 물을 떠나서 잠시도 살 수 없는 것 같이 아주 밀접한 관계를 비유하는 말.

❷ 임금과 신하 간의 아주 친밀하거나 또는 부부의 화목(和睦)함을 비유적으로 이르는 말.

❍ 사건유래 요약

후한(後漢) 말엽, 유비(劉備)는 관우(關羽), 장비(張飛)와 의형제를 맺고 한실(漢室)의 부흥을 위해 군사를 일으켰다. 하지만 능력을 발휘할 기회를 잡지 못하고 여기저기 전전(轉轉)하며 허송세월(虛送歲月)을 보내다가 마지막에는 형주자사(荊州刺史) 유표(劉表)에게 의지하는 신세가 되었다. 유능한 참모(參謀)의 필요성을 절감한 유비는 여러 사람들을 통해 남양(南陽)에 은거하는 제갈량(諸葛亮)의 존재를 알게 되었고, 관우 · 장비와 함께 예물을 싣고 양양(襄陽)에 있는 그의 초가집을 세 번이나 방문한 끝에 그를 군사(軍師)로 모실 수가 있었다.

제갈량의 지략에 힘입어 유비는 촉한(蜀漢)을 건국하였으며, 조조(曹操), 손권(孫權)과 삼국정립(三國鼎立)의 형세를 이룰 수 있었다.

유비는 제갈량을 매우 존경하였으며, 제갈량 또한 유비의 두터운 대우에 충성을 다했다. 두 사람의 정은 날이 갈수록 깊어졌다. 유비는 모든 일에서 제갈량에게 가르침을 받은 다음에 결정을 내렸다.

그러나 유비와 결의형제를 맺은 관우와 장비는 제갈량에 대한 유비의 태도가 지나치다고 생각하고 종종 불평을 했다. 그러자 유비가 다음과 같이 말했다.

"내가 제갈량을 얻게 된 것은 물고기가 물을 얻은 것과 같다네. 자네들은 더 이상 말을 하지 않도록 하게."

관우와 장비는 (불평을)그쳤다.(關羽張飛等不悅. 先主解之曰, 孤之有孔明, 猶魚之有水也. 願諸君勿復言. 羽飛乃止.)

### ❍ 유사성어

水魚之親(수어지친) 管鮑之交(관포지교) 刎頸之交(문경지교)

### ❍ 생활 속의 지혜

❶ 인생을 살아가는데 수어지교의 친구 한 명은 반드시 있어야 한다.

❷ 친구를 사귐에는 함께 마음을 주고받을 수 있는 친구를 사귀어야 함.

친구가 있어서 기쁠 때나 어려울 때 서로 만나서 웃고 즐길 수 있다는 것은 다행한 일이요, 어떤 면에서는 축복이다.

특히 공적(公的)인 일을 하는 사람에게 친구와 참모를 겸할 사람이 있으면 그에게 큰 힘이 될 것이다.

한국의 정치사(政治史)에서 언제부터인가 가신(家臣)이란 말이 입에 오르내리고 있었다. 한 사람의 지도자를 집안의 어른처럼 받들고 피차 부족한 것을 돕는 사람들을 가리킨다.

그러한 일은 한국의 정치인들에게만 있는 것은 아니다. 삼국지에 유비(劉備)가 '젊고 유능한 인재등용'을 위해 공명(孔明)을 삼고초려(三顧草廬)해서 그의 군사(軍師)로 맞았다. 이때 의형제였던 관우와 장비가 불만을 털어놓았을 때 유비의 입에서 나온 말로인해 수어지교라는 말이 나왔던 것이다.

친구는 그래야 한다. 참모도 그런 역할을 해야 된다. 중요한 것은 배우자(配偶者)끼리는 반드시 그리해야 한다. 한 남자와 여자가 서로 다른 환경에서 살다가 함께 삶을 시작하면서 전에 느끼지 못했던 새로운 활기를 경험할 때 마치 '물 만난 물고기' 같게 된다면 성공한 결혼 생활이 될 것이다.

내 집의 경사가 있어서 초청장을 보내면 "과연 기쁜 마음을 가지고 그 모임에 참여해서 축하해 줄 사람들이 얼마나 될까?" 친구는 꼭 필요하다. 특히 어려운 일을 당했을 때 제일 먼저 전화를 걸거나 만나서 상의할 수 있는 친구가 있다는 것은 큰 축복이다.

"어떤 친구는 형제보다 친밀하니라. 기름과 향(香)이 사람의 마음을 즐겁게 하나니 친구의 충성된 권고가 이와 같이 아름다우니라."

구약성경에 있는 지혜의 왕 솔로몬의 잠언에 수록된 교훈이다.

유비가 생각하는 제갈량은 절친한 친구라는 관계와는 이해를 좀 달리해야 한다.

이 두 사람 사이는 군신관계로 충(忠)과 의(義)와 예(禮)를 다한 관계라고 볼 수 있다.

서로를 존중하고, 서로를 믿고, 서로를 삼가는 관계였던 것이다.

서로 믿고 의지할 수 있는 단순 친구보다 더 높고 더 깊은 믿음에서 나오는 관계를 말하는 것이다.

요즈음 친구에 대한 경계는

酒食兄弟千個有 急難之朋一個無

(주식형제천개유 급난지붕일개무)

술과 밥을 함께 할 때는 형님 아우 하는 사람이 천 명이나 있으나 (내가) 급한 일을 당하거나 어려움에 처했을 때의 도와줄 진정한 친구는 한 명도 없다.

요즈음 시대의 기회적이고 이기적인 사회상의 민낯을 그대로 보는 것 같아 약간 씁쓸하다.

## 脣亡齒寒(순망치한)

입술이 없으면 이가 시리다.

❍ **글자 뜻 : 脣(입술 순) 亡(망할 망) 齒(이 치) 寒(찰 한)**

❍ **출전 : 춘추 좌씨전(春秋 左氏傳) 僖公(희공) 5년**

❍ **의미 / 비유**

❶ 서로 도우며 떨어질 수 없는 관계

❷ 서로 도움으로써 상립(相立)함.

❸ 가까운 사이로 한쪽이 망하면 다른 한쪽도 그 영향으로 온전치 못함.

❍ **사건유래 요약**

진헌공(晉獻公)이 재차 우(虞)나라에게서 길을 빌려 괵(虢)나라를 치려고 하자 궁지기(宮之奇)가 간했다.

"괵 나라는 우 나라의 보호벽입니다. 괵 나라가 망하면 우 나라도 괵 나라를 따르게 됩니다. 진나라의 야심을 조장하면 안 되며, 외적을 가볍게 봐서는 안 됩니다.

한 번 길을 빌려 준 것도 심한데 또 빌려 주다니요. 속담에 '輔車相依 脣亡齒寒(보거상의 순망치한), 광대뼈와 잇몸은 서로 의지하고, 입술이 없어지면 이가 시리다.'고 했는데, 바로 괵과 우의 관계를 말한 것입니다."

우공(虞公)은 대부 궁지기(宮之奇)의 간언(諫言)을 듣지 않고 진나라 사자의 (길을 빌려 달라는)요구를 들어주었다.

궁지기는 가족들을 거느리고 우 나라를 떠나면서 말했다.

"우 나라는 이제 연말의 제사를 지낼 수 없게 되겠구나. 이번에 우 나라가 멸망하면 진나라는 다시는 병사들을 보낼 필요가 없게 될 것이다." 겨울철인 12월 병자일, 진나라는 괵 나라를 멸망시켰다.

괵공(虢公)은 경사(京師, 천자의 수도)로 피신했다. 진나라는 돌아오는 도중에 우 나라에 주둔했다가 기회를 타서 우 나라를 습격하여 멸망시키고 말았다.

진나라 군대는 우공과 대부 정백(井伯)을 사로잡고 그들을 진헌공의 딸 진목희(秦穆姬)가 시집가는 데 노비로 삼았다. 하지만 우 나라의 제사는 폐하지 않았고, 우 나라의 공물은 주나라 왕실로 돌렸다.

### ❍ 유사성어

假道滅虢(가도멸괵) 車之兩輪(거지양륜) 脣齒相依(순치상의)
共爲脣齒(공위순치) 鳥之兩翼(조지양익) 征明假道(정명가도)

맹자는 "시장을 열어주되 자릿세만 받고, 물품세는 받지 않고, 국경으로 들어오는 관문은 살피기만(관리 상태나 수상한사람)할 뿐 통행세를 걷지 않으며, 농사에서도 10분의 1외에 일체의 세금을 거두지 않고, 부역과 공물을 과중하게 부과하지 않아야 한다."라고 강조했다.

"이렇게 세금을 최소화해야 천하 모든 곳의 상인 · 여행객 · 농민 · 백성이 모두 좋아하고 그 나라로 몰려들어 나라가 발전한다."는 것이다.

시장과 국가(정부)는 이와 입술의 관계에 있다고 할 수 있다.

시장이 잘 돌아가면 정부도 좋은 평가를 받지만 국가가 나서서 시장을 옥죄어 시장이 움츠려들면 정부도 부정적 영향을 받을 수 밖에 없다.

국가는 항상 건전한 시장을 통해 길러진 강한 경제를 바탕으로 해야 국민을 편안하게 해주는 정치를 한다고 할 수 있다.

우리가 사는 오늘의 현실이 이와 같다고 보여진다.

즉 상대방이 없어지거나 나의 주변의 장애물이라는 것이 무너지게 되면 모든 것이 나의 뜻대로 될 것이라는 착각에 빠져서 살아가는 모습들이다.

더 나아가서 나의 주장이나 주관이 옳고 진리이며, 남이 가지고 있는 현실이나 주관이나 생각은 그르다고 여기며 독선적인 모습으로 살아가는 것도 마찬가지이다.

우리나라는 지정학적으로 순망치한의 위치에서 항상 주변국들로부터 각축의 중심에서 늘 자국의 안전에 신경을 써왔다.

해방 직후 민중 사이에 떠돌던 절묘한 시대적 풍자가 있었다.

이른바 '미국을 믿지 말고, 소련에 속지 말라. 중국은 죽지 않고 일본은 일어나니 조선은 조심하라.'이다.

주변 4대 강대국의 첫 음절을 고스란히 인용하면서 요즈음의 한반도 상황을 직시한 예언서와 같아 섬찟하다는 느낌마저 드는 기막힌 풍자이다.

한반도는 곧 미국의 입장에서는 중국과 러시아의 태평양 진출을 막을 수 있으면서도 아시아에서의 패권국(覇權國) 행사를 할 수 있는 주요거점이요, 일본으로서는 대륙(중국)의 지상군 진출을 멈추게 할 수 있는 중요 지역임에 틀림이 없다.

또 중국이나 러시아 입장으로서는 일본의 대륙진출을 봉쇄하고, 미국의 패권을 저지하기 위하여 반드시 선점(先占)되어야 하는 중요한 위치에 자리하고 있는 것이다.

누가 어떤 의미에서 어떻게 알고 왜 이런 풍자의 구절을 만들었을까?

아마도 한반도의 요즈음 상황을 예견하고 혜안(慧眼)을 가진 선각자(先覺者)가 조국을 위해 후손들의 혼(魂)을 일깨워주기 위한 예언이 아닌가 싶다.

이로 볼 때 한반도는 말할 것도 없이 지정학적으로 주변 4대 강국이 꼭 필요로 하는 중요한 지역이므로 예로부터 일본인 섬나라는 대륙으로, 중국이나 러시아 같은 대륙은 바다로 진출하고자 하는 길목 역할을 하고 있었기에 외침의 역사도 많았다.

한국 전쟁에서 마오쩌둥은 북한을 돕기 위해 참전을 결정하면서 순망치한이란 말을 했다. 중국에 대한 북한의 위상을 보여주는 한마디의 표현이다.

반면 남한은 미국에 대한 중 · 소 진영의 진격을 일차적으로 막아줄 입술에 해당된다.

우리가 역사적으로 입술의 역할에 머무른 적이 많았다. 그러나 위기의 상황에서는 이가 입술을 도와줄 수 없다.

임진왜란 때에 입술을 도와주러 왔던 명나라도 적극적으로 전투에 임하지 않고 결국에는 일본과 협상을 통해 일본군의 퇴로를 열어주는 이적행위도 서슴지 않았다.

아관파천(俄館播遷)으로 조선의 뒷배가 되어줄 것으로 생각한 러시아는 우리 자원의 노략질에 열을 올렸고, 우리 자원에 대한 세계 각국의 노략질을 선두에 서서 지휘하지 않았던가?

어느 미 대통령이 후보 시절 주한미군의 철수 발언도 서슴지 않았다. 이제 너희가 우리의 입술이 아니라고 말하는 것이다.

새로운 변화가 동북아에 몰아치고 있다. 지금까지 미국 입술의 역할을 한 우리로서는 단단하게 동맹체계를 굳건히 하여 입술과 이빨의 역할을 공고하게 해야 할 것이다.

싸움이 나면 이가 입술을 보호하지 않는다. 입술이 이를 보호하는 것이다. 이가 부러지지 않아도 입술은 터진다. 우리가 다치고 나서 미국이 잘된들 무슨 의미인가?

순망치한은 입술인 우리의 국가안보를 지켜낼 수 있는 정책을 고민해봐야 하는 역사적인 사실이자 교훈이다.

따라서 오늘날의 이 위험한 난국을 극복할 수 있는 길은 국민의 내부적 결속과 힘의 비축뿐이다.

어떠한 정치적 목적이나 개인의 인기를 위한 정책추진은 위험하기 짝이 없는 가장 졸렬한 수단이 될 것이다.

역사적이나 현실적으로 볼 때 어느 나라이건 국가의 리더와 함께, 온 국민이 대동단결하여 나라를 지키자는 결연한 각오가 있을 때 비록 작은 나라이지만 지켜졌다.

반면 아무리 큰 나라이면서 전투력이 막강한 군대를 가졌다 하더라도 내부적 권력분쟁으로 자체분열과 갈등이 심할 때 무너졌다는 역사적 교훈을 돌아보아야한다.

천 년의 무적이었던 로마도 결국 무너졌고, 반대로 작은 나라 이스라엘은 단결된 국민들의 무장된 정신으로 대 아랍연합군에 승리하고 당당히 세계 속의 자립국가로 그 지위를 지켜가고 있다.

충신 궁지기의 순망치한 간언을 물리치고 자신의 욕심에 의해 길을 빌려주어 인접나라와 동시에 무너졌던 우공의 어리석음이 다른 나라의 일 같지 않아서 하는 말이다.

지금이라도 나라의 내부결속과 국민의 나라사랑 의지(意志)를 굳게 다져나가길 간절히 바란다.

맹자는 저서를 통해 天時 不如地利 地利 不如人和(천시 불여지리 지리불여인화)라 했다.

곧 '하늘의 때가 지형의 유리함만 같지 못하고, 지형의 유리함이 국민의 단결됨만 같지 못하다.'는 말이다.

국가는 무엇보다도 국민의 대동단결이 가장 중요한 관건이다. 국가의 리더는 국민의 단결을 위해 노력해야함은 물론이다.

## 時不再來(시불재래)

때는 두 번 다시 오지 않는다.

❍ 글자 뜻 : 時(때 시, 좋을 시) 不(아니 불) 再(다시 재) 來(올 래)

❍ 출전 : 國語(국어) 越語(월어) 下(하)

❍ 의미 / 비유

좋은 기회는 두 번 다시 오지 않으니 놓쳐서는 안됨.

❍ 사건유래의 요약

춘추시대 월(越)나라 구천(句踐)이 즉위한 지 3년에 오(吳)나라를 대대적으로 공격했다가 도리어 크게 패해 회계산(會稽山)에서 포위당해 자신은 오왕(吳王)의 신하가 되고 아내는 첩(妾)이 되게 해달라고 애원해 겨우 풀려나 3년 후에야 귀국할 수 있었다. 본국에 돌아온 구천이 모신(謀臣) 범려(范蠡)에게 가르침을 청했다.

내가 왕위에 오른 후 어린 나이에 술과 사냥을 즐기다 마침내 오나라에게 견디기 어려운 모욕을 당했소. 부디 복수할 계책을 일러주시오. 범려가 대답했다.

"아직은 때가 아니니 기다려야합니다." 1년 후 구천이 들으니 吳王 夫差(부차)가 여색에 빠져 어진 신하를 멀리하는 등 정사(政事)를 게을리해 백성들이 원망하고 있다는 소식이었다.

다시 범려에게 오나라 칠 계책을 세우라고 하자 범려가 말했다.

"인사(人事)로 보아서는 복수를 할 기회가 온 듯하나, 아직 천시

(天時)가 이르지 않았으니 조금 더 기다려야 합니다."

몇 년 뒤 오나라에서는 정직한 충신(忠臣)오자서(伍子胥)를 죽이고 또 흉년이 들어 백성들이 굶주린다는 첩보가 들어왔는데도 범려는 거듭 때가 아니라며 반대하였다.

그러다 오나라 백성들의 마음이 이반(離反)되어 흩어지고 있다는 보고를 접하고서야 월왕(越王) 에게 권했다.

"이제 오나라를 칠 때가 되었으니, 어서 대군을 이끌고 진격하십시오. 제가 들은바 '때를 얻으면 게을리하지 말라, 좋은 기회는 두 번 다시 오지 않는다. 하늘이 준 기회를 취하지 않아서 잃고 놓치면 도리어 재앙을 받는다. 臣聞之 得時無怠 時不再來 天予不取 反爲之災(신문지 득시무태 시불재래 천여불취 반위지재)'라고 하였습니다."

마침내 구천은 이 전쟁에서 오나라를 멸망시켰으며 오왕은 자살하고 말았다.

### ❍유사성어

機不可失(기불가실) 勿失好機(물실호기)

### ❍ 생활 속의 지혜

❶ 기회는 자기가 만들어야 한다 그리고 철저히 준비해야 한다.

❷ 준비한 자는 반드시 기회가 오고 또 그것을 이루게 된다.

盛年不重來 一日難再晨 及時當勉勵 歲月不待人

(성년부중래 일일난재신 급시당면려 세월부대인)

왕성한 청년 시절은 거듭 오지 않고 하루는 새벽이 두 번 오기 어렵다. 이때를 당하여 힘써 노력하라. 세월은 사람을 기다리지 않는다.

백 년을 산다고 해도 게으르고 노력하지 않으면 그것은 부지런히 노력 하는 사람의 하루와 같다.(法句經)

성경에 "네가 지혜로우면 그 지혜가 네게 유익할 것이나 네가 만일 거만하면 너 홀로 해를 당하리라." - 잠언 9:12

이탈리아 제노아 교회에 시바 여왕이 솔로몬에게 선사한 에메랄드로 만든 단지가 보존되어 있다. 그리고 그 단지와 함께 참으로 교훈적인 전설이 쓰여 있다.

솔로몬은 시바여왕의 에메랄드 단지를 선물로 받고 대단히 기뻐해서 그곳에다 무엇을 넣을까 궁리하다가 연명(延命)의 약, 즉 사람이 죽어갈 때 마시면 얼마동안 목숨을 연장할 수 있다는 묘약을 단지에 보관하고 단단히 봉하였다고 한다.

그 후 솔로몬은 가까운 부하들이나 친척들로부터 그 약을 조금만 나누어 달라는 위급한 부탁을 여러 차례 받았으나 모두 거절하였다.

얼마 뒤에 솔로몬은 자신이 병들어 눕게 되었다.

병이 깊어지자 솔로몬은 그 묘약이 든 에메랄드 단지를 가져다가 처음으로 봉인을 뜯었다. 물론 자기 자신의 목숨을 더 연장하고자 했던 것이다.

그런데 이 어찌된 일인가? 솔로몬의 단지는 비어 있는 것이었다. 누가 훔쳐간 것도 아닌데 비어있는 까닭은 아무리 에메랄드 단지를 튼튼히 봉했어도 오랜 시간이 흘러 그 묘약은 완전히 말라붙어 사라져 버렸던 것이다.

그때야 솔로몬은 자신의 지혜도 욕심 때문에 어두워진 것을 깨닫고는 크게 후회했다고 한다.

머리로 익히고 마음으로 결심하는 것은 순간적으로 할 수 있는 것이지만 그것을 행동으로 옮기는 데는 많은 시간이 걸린다. 그래서 선조들은 공부를 수신(修身)의 개념으로 보았다.

공부에는 마음의 공부, 머리로의 공부, 몸으로의 공부 세 가지가 있는데 이중에서 가장 우선시되는 것은 마음공부이다.

하지만 행동으로 이어지지 않는 공부는 아무 소용이 없다.

그러므로 가장 중요한 것은 몸 공부라 할 수 있다.

# 掩耳盜鈴(엄이도령)

귀를 막고 방울을 훔치다.

❍ **글자 뜻 : 掩(가릴 엄) 耳(귀 이) 盜(훔칠 도) 鈴(방울 령)**

❍ **출전: 呂氏春秋(여씨춘추) 不苟論(불구론)**

❍ **의미 및 비유**

❶ 스스로 자신을 속이거나 얕은꾀로 남을 속이려는 것을 비유.

❷ 자신에게 들리지 않는다고 남도 모를 줄 아는 어리석음에 비유함.

❸ 남의 말을 듣지 않으려는 독선적이고 어리석은 사람.

❍ **사건유래 요약**

춘추전국시대 진(晉)나라의 범(范)씨 가문이 몰락하자, 어떤 사람이 범씨가 소유했던 귀중한 종(鍾)을 훔치러 들어갔다. 종을 등에 지고 가려고 했으나 종이 너무 커서 짊어질 수가 없었다. 이 사람은 (종을 깨뜨려 조각내어 가져가기로 하고) 망치로 종을 내리쳤다.

종에서 천지를 진동하는 듯한 소리가 나자 다른 사람이 듣고 빼앗아갈까 봐 급히 자기 귀를 틀어막았다.

남이 듣는 것이 싫은 것은 그럴 수 있다지만, 자기가 듣는 것을 싫어하는 것은 도리에 어긋난 일이다.

사람의 왕이 되어 그 잘못을 말하는 것을 듣기 싫어하는 것이 어찌 이와 같은 것이 아니겠는가. 사람들이 왕의 잘못을 말하는 것은 오히려 괜찮은 것이다.

여씨춘추(呂氏春秋) 불구론(不苟論)에서는 이 이야기를 쓴 후에 임금이 바른말을 하는 신하를 소중히 여긴 실례로 다음과 같은 이야기가 있다.

위문후(魏文侯)가 신하들과 술을 마시며 대부들에게 위문후 자신에 대해 논하도록 했다. 어떤 사람은 왕이 지혜롭다고 말했다. 임좌(任座)의 차례가 되었다.

"왕께서는 불초한 왕입니다. 중산(中山)을 멸한 뒤 왕의 동생을 봉하지 않고 아들을 봉했습니다. 이로써 왕이 불초한 것을 알게 되었습니다." 문후가 불쾌한 표정을 짓자 임좌는 그곳을 뛰쳐나갔다. 적황(翟黃) 차례가 돌아왔다.

"왕은 어진 왕입니다. 왕이 어질어야 신하가 바른말을 할 수 있다고 들었습니다. 방금 임좌가 바른말을 하는 것을 보니 이로써 왕이 어질다는 것을 알 수 있었습니다."

문후는 곧 다시 임좌를 부른 후 몸소 계단 아래까지 나가 그를 맞이하고 상좌에 앉게 했다.

### ❍ 유사성어

姑息之計(고식지계) 自欺欺人(자기기인) 以掌蔽天(이장폐천)

### ❍ 생활 속의 지혜

❶ 독단적인 강행을 금하고, 소통의 시간을 많이 갖고 실천하

여야함.

❷ 자신의 행위를 뒤돌아보고, 잘못을 고쳐 나아간다.

지하철 안은 대체로 조용하다.

모두들 고개를 아래로 하고 휴대폰만 들여다본다. 그러한 자세이므로 서있는 사람은 1인이 아니라 1.3인 정도의 공간을 차지한다. 가방까지 맨 경우는 더하다.

그 때 웃지 못할 사건이 있었다.

어느 한 사람이 이어폰을 꽂고 앉아 동영상을 보며 낄낄거리며 재미있는지 혼자 웃기도 하면서 즐기다가 문득 고개를 들고 주위를 두루 살핀다. 그는 방귀를 참다가 동영상의 음악이 가장 시끄러운 대목에서 때는 이때다 하고 힘주어 한방 내 질렀다. 그런데 사방에서 눈총을 쏘는 것이 아닌가! 그 친구는 “어! 어떻게 알았지?”

이어폰을 낀 자기만 방귀소리를 듣지 못했던 것이다.

‘꿩은 머리만 풀에 감춘다.’라는 속담이 있다.

맹금(猛禽)에게 쫓기던 꿩이 제 몸을 숨긴다는 것이 겨우 머리만 풀 속에 묻는다는 뜻이다.

우리들 또한 자신의 잘못에서 눈을 돌리는 어리석음은 경계하고 반성해야 한다.

어리석은 잘못은 시간이 지나면 드러나기 마련이기 때문이다.

어리석은 자는 자기가 현명하다고 생각하고,

현명한 사람은 자기가 어리석은 사람이라는 것을 알고 있다.

– 셰익스피어 –

윗 고사는 임금이 바른말을 하는 신하를 소중히 여겨야 한다는 것이다. 자기가 듣지 못한다고 남도 자기의 잘못을 모르는 줄 아는 지도자는 엄이도령의 도둑과 똑같다.

비슷한 말로 엄목포작(掩目捕雀) 폐목포작(閉目捕雀)을 들 수 있다.

눈을 가리고 참새를 잡는다는 뜻인데, 제 눈을 가리면 참새가 나를 못 본다고 생각하는 어리석음을 말한다.

눈 가리고 아웅, 눈 감고 아웅, 눈 벌리고 아웅, 귀 막고 아웅, 다 비슷한 속담이다.

良藥苦口而利於疾忠言逆耳而利於行
(양약고구이리어질충언역이이리어행)
몸에 좋은 약은 입에 쓰나 병에는 이롭고,
충언은 귀에 거슬리나 행함에 이롭다.

쓴 소리 듣기 좋아하고 자기 뜻에 거스르는 사람을 좋아할 사람이 과연 얼마나 되겠는가? 그러나 큰일을 이루고 정의롭고 안정된 조직을 반석에 세우기 위해서는 언로를 개척하고, 바르고 사심 없는 신실한 사람을 모아야 한다. 그리고 그들에게 맘껏 일하고 바른 말 할 여건을 마련해줘야 한다.

성경말씀에도 "너는 마음을 다하여 여호와를 의뢰하고 네 명철을 의지하지 말라…. 스스로를 지혜롭게 여기지 말지어다…. 네 몸에 양약이 되어 네 골수를 윤택하게 하리라"(잠 3:5~8)

## 餘桃之罪(여도지죄)

(먹다)남은 복숭아의 죄

❍ 글자 뜻 : 餘(남을 여) 桃(복숭아 도) 之(어조사 지) 馬(말 마)

❍ 출전 : 《淮南子(회남자)》〈說難(세난)〉

❍ 의미 / 비유

❶ 사랑 받음을 오래 갈 수 있도록 처신해야 함.

❷ 애증의 변화를 예측하기 어려움에 비유.

❍ 사건유래의 요약

전국시대에 미자하(彌子瑕)는 美童(미동)으로 위령공(衛靈公)의 총애를 받았다. 당시 위나라 국법에 따르면 허락 없이 임금의 수레를 타는 사람은 월형(刖刑, 발뒤꿈치를 자르는 형벌)을 받게 되어 있었다.

어느 날 밤에 미자하는 어머니가 병이 났다는 말을 들었다. 미자하는 왕명이라 속이고 왕의 수레를 타고 집으로 달려갔다. 이 말을 들은 왕은 미자하가 어질다고 하면서 말했다.

"효성이 지극하구나. 어머니를 생각한 나머지 월형을 범한다는 것조차 잊었구나."라고 말했다.

어느 날 미자하는 왕과 함께 과수원에서 노닐다가 복숭아를 먹어 보니 아주 달아 다 먹지 않고 반을 남겨 왕에게 드시라고 바쳤다. 왕이 말했다. "나를 사랑하는구나. 맛까지 잊고 나에게 바치는구나."

이후 미자하의 자태가 점점 빛을 잃었고 왕의 총애도 엷어졌다. 어느 날 미자하가 왕에게 아주 작은 죄를 짓자 왕이 말했다.

"이놈은 언젠가 몰래 과인의 수레를 탔고, 또 한 번은 먹다 남은 복숭아를 나에게 먹였다."

미자하의 행동에는 처음과 다름이 없었다. 그러나 이전에는 어질다는 소리를 들었고 나중에는 죄를 얻었던 까닭은, 사랑이 미움으로 바뀌었기 때문이다.

그래서 왕에게 총애를 받을 때는 지혜를 내는 것마다 왕의 마음에 들고 친애도 더하지만, 왕에게 미움을 받게 되면 지혜를 짜내어도 왕의 마음에 들지 않고 죄가 되며 더욱 소원해지기만 하는 것이다. 그러므로 간언을 하거나 논의를 하려는 선비는 군주의 좋아하고 싫어함을 미리 살핀 후에 직언하지 않으면 안 된다.(昔者彌子瑕有寵於衛君. 衛國之法, 竊駕君車者罪刖. 彌子瑕母病, 人聞有夜告彌子, 彌子矯駕君車以出. 君聞而賢之, 曰, 孝哉. 爲母之故, 忘其犯刖罪. 異日, 與君遊於果園, 食桃而甘, 不盡, 以其半啖君. 君曰, 愛我哉. 忘其口味, 以啖寡人. 及彌子色衰愛弛, 得罪於君, 君曰, 是固嘗矯駕吾車, 又嘗我以餘桃. 故彌子之行未變於初也, 而以前之所以見賢而後獲罪者, 愛憎之變也. 故有愛於主, 則智當而加親. 有憎於主, 則智不當見罪而加疏. 故諫說談論之士, 不可不察愛憎之主而後說焉.)」

### ❍ 유사성어

餘桃啖君(여도담군) 愛憎之變(애증지변) 亡國之音(망국지음)

❍ 생활 속의 지혜

❶ 총애를 받을 때 법도를 오판하거나 어기면 안된다.

❷ 총애를 잃을 때나 견제를 당해 버림받을 때를 대비해야 함.

왕을 대하는 미자하의 행동은 예나 지금이나 크게 달라진 것이 없었던 데 반해 미자하를 대하는 왕의 태도가 딴판으로 변한 게 화근이었다.

태도가 변한 왕이 문제인가, 아니면 변한 왕을 살피지 못한 미자하가 문제인가.

무소불위(無所不爲)의 권력을 가진 왕을 탓해야 소용없는 일이다. 그보다는 변한 상황을 눈치 채지 못한 미자하의 어리석음이 더 큰 문제라 하겠다.

우리나라는 정권이 바뀔 때마다 전 정권의 모두를 잘못된 정책으로 보고 일단 부패로 몰아붙여 사정없이 단죄로 다스리고 있다.

마치 취모멱자(吹毛覓疵)를 연상하게 하는 대대적인 숙청행사를 치루는 듯하다. 곧 몇 년 후에는 자기도 똑 같은 경우를 당할 것인데 마치 자기는 영원한 성인(聖人)인 듯한 착각을 하고 있는 것이다.

그런데 이상한 것은 몇 년 전 그렇게 그 정권을 지지하던 국민들이 불과 몇 년을 지나 생각이 변하여 자기가 지지하던 정책과 정치인을 마치 죄인 취급하고 나아가 그들이 몹쓸 정책으로 나라를 망친 리더라고 그들의 생각이 180도 바뀌는 게 현실이다.

여도지죄(餘桃之罪)

애증(愛憎)의 변화는 예측하기 어렵다는 교훈이다.

법(法)은 드러내야 하고, 술(術)은 드러나지 않도록 해야 한다고 부르짖었던 한비자(韓非子)가 기원전 약 280~233년에 외친 이 말이다.

한비자는 왕과 미자하의 사랑 이야기를 전한 뒤에 애증이 바뀌었기 때문에 앞에 칭찬받았던 일이 나중에 질책으로 바뀌게 되었다고 촌평을 달았던 것이다.

사랑할 때의 잣대와 그렇지 못할 때의 잣대 기준은 이처럼 천국과 지옥을 넘나드는 것.

이 진리를 깨닫는 자만이 훗날 눈물을 흘리지 않을 것이다.

젊은이들이여!

사랑할 때는 상대방이 다소 혐오스럽고 이상한 짓을 해도 아름답게 보이는 법이다. 그러나 결혼 후 사랑이 점차 식어지면 좋은 충고를 해도 또 아름답게 치장을 해도 오히려 기분을 해치는 분위기로 바뀌게 된다.

매일 접하는 분위기에 지루함을 느낀 탓은 아닌지….

정치인들이여!

뇌물을 바치고 손바닥 비비며 접근할 때는 자기에게 상당한 관심을 보이고 뒤를 챙겨주는 선배정치인들이 그가 뇌물죄나 다른 잘못으로 감옥에 가면 챙겨주기는커녕 자기와는 인연이 전혀 없는 무뢰한으로 취급하는 냉정한 현실을 정치인이 아니더라도 느끼게 되는 것이 현실정치이다.

명심해야 한다. 이 말, 여도지죄(餘桃之罪)!

인간이 사물을 대할 때 서로 상반된 견해가 있음을 종종 경험할 수 있다.

컵에 물이 반쯤 있을 때 A라는 사람은 "어! 물이 아직 반이나 남았네!"라고 말하며, B라는 사람은 "에이! 물이 반밖에 없어"라고 말한다. 그만큼 세상의 사물과 인간의 생각과 견해는 다양하다고 할 수 있다.

무심코 우리가 던진 말과 행동이 타인에게 엄청난 스트레스와 상처를 줄 수 있다는 것을 인정해야 한다.

우리 지역사회에도 이미 존재하는 민족 간, 계층 간, 세대 간의 모순 등을 해결할 수 있는 유일한 방법은 타 문화, 타 집단 등 타인을 이해하고 배려하려는 사회적 분위기를 만들어가는 것이다.

주류만이 살아남는 배타적인 문화가 판치는 곳이 아닌, 비주류도 더불어 살아갈 수 있는 훈훈한 지역공동체로서의 소망을 그려본다.

옛 글에 '性燥心粗者一事無成 心和氣平者百福自集(성조심조자일사무성 심화기평자백복자집)

곧 성격이 조급(躁急)하고 마음이 거칠은 자는 한 가지 일도 이룰 수 없고, 마음이 화평(和平)하고 기운(氣運)이 평안(平安)한 자는 모든 복이 저절로 모인다.'

원리를 깨달으면 여도지죄의 난관에서도 슬기롭게 극복하는 지혜에 한 발자국 더 가까워질 것이다.

## 吮疽之仁(연저지인)

등창을 빨아주는 인자함.

❍ 글자 뜻 : 吮(핥을 연) 疽(등창 저) 之(어조사 지) 仁(어질 인)

❍ 출전 : 사기(史記), 손자오기열전(孫子吳起列傳)

❍ 의미 / 비유

등창을 빨아주는 인자함을 말하며, 뭔가 목적을 가지고 선행함을 비유.

❍ 사건유래의 요약

사기(史記) 손자, 오기열전(孫子, 吳起列傳)에 등장하는 대장군 오기(吳起)는 전국시대 초기 병법가다.

그는 위(衛)나라의 부자 집 아들로 태어났으며 고위관리가 되고자 하는 꿈이 있었다. 그러나 뜻을 이루기도 전에 재산을 탕진하여 웃음거리가 되었으며, 이에 자기를 비웃은 사람 30여 명을 죽이고 이웃나라로 도망을 친다.

"대신이나 재상이 되기 전에는 절대 돌아오지 않겠습니다." 그는 고향을 떠나면서 스스로, 팔꿈치 살을 물어뜯으며, 어머니에게 맹세했다. 그 후 오기는 노(魯)나라에 가서 공자의 제자 증삼(曾參)의 문하에 들어갔으나 모친이 죽었는데도 고향에 돌아가서 상복을 입지 않았다하여 파문을 당하게 되었다.

그리고 이 사건 이후 유학(儒學)을 단념하고 병법을 배워 사상초유의 명장(名將)이 된다.

제(齊)나라가 노(魯)나라를 공격해오자 노나라 왕은 오기를 장군으로 삼고자 했으나 그의 아내가 제나라 사람이라는 이유로 많은 신하들의 반대에 부딪쳤다.

그러자 오기는 자신의 아내를 죽여 장군이 되기를 원한다. 살처구장(殺妻求將)의 충성을 보여준 후 장군으로 기용되어 제나라를 물리친 후에 유명해졌다.

그런데 그는 그리 복(福)이 많은 사람 같지는 않아 보인다. 오기는 위(衛)나라 출신이라는 점 때문에 또 다시 충심(忠心)을 의심받자 노나라를 떠나, 위(魏)의 문후(文侯)에게 몸을 의탁하려하지만, 재상 이극(李克)이 "오기는 탐욕스럽고 호색하지만 병법에 있어서는 그를 따를 자가 없습니다."라며 천거한다. 문후는 이 말을 듣고 오기를 장군으로 임명해서 진(秦)의 다섯 성을 뺏는 데 성공한다.

한번은 병사 중 하나가 심한 종기로 인해 걷지도 못하는 지경이 되자, 오기는 이를 보고 피고름을 빨아 병을 낫게 해주었다.

그런데 이 이야기가 종기로 아팠던 병사의 어머니에게 전해졌는데, 소식을 들은 어머니는 갑자기 목 놓아 울기 시작했다 한다.

사람들이 이상히 여겨 우는 이유를 물으니 오기 어머니가 말하기를 "몇 해 전 오기 장군의 휘하에 있던 그 병사의 아버지 역시 장군이 고름을 빨아주어 병을 나은 적이 있습니다.

그 병사의 아버지는 장군의 은공에 감복하여 전투에서 은혜에 보답하고자 죽음을 불사하고 용맹하게 싸우다 결국은 목숨을 잃고 말았습니다. 이제 아들이 오기 장군에게 다시금 큰 은혜를 입은 것은 목숨이 얼마 남지 않았음이니 슬픔을 참을 길이 없습니다."

'士爲知己者死 女爲悅己者容(사위지기자사 여위열기자용)'이란 말이 있다.

즉 남자는 자기를 알아주는 사람을 위하여 목숨을 바치고, 여자는 자기를 사랑하는 사람을 위하여 단장(丹裝)을 한다는 말이다.

이런 면에서 보면 오기는 인간의 감성을 확실히 이해했던 장군이다. 그는 조직 구성원 즉, 병사들의 신뢰를 얻는 것이 무엇보다 중요한 일이라는 것을 알았고, 그래서 행동으로 병사들의 신뢰를 얻으려고 노력했던 것이다.

### ❍ 유사성어

吮癰舐痔(연옹지치) 嘗糞之徒(상분지도)

### ❍ 생활 속의 지혜

❶ 약자에게 최선을 다하는 인성을 길러주는 교육이 절실히 필요.

❷ 자기 목적을 달성하기 위하여 위장한 선행은 천벌을 받게 됨.

❸ 약한 자를 도우면 반드시 보답을 받게 됨.

오기에 대한 평가는 두 가지로 갈린다.

첫째는 인정이 많고 아랫사람을 사랑하며 동고동락으로 군대 사기를 돋우어 전투능력을 배가시키는 위대한 장군상이다.

두 번째로는 자기 출세를 위해 비정한 행동도 서슴지 않고 행할 수 있는 비정한 사나이로 평가된다.

이에 한비자의 글에 이런 일화가 있다.

오기가 하루는 옛 친구를 만나 식사를 하자고 했는데, 친구가 "그래. 내가 좀 볼 일이 있어서 잠깐 일 좀 보고 먹자."고 했고, 오기는 "그래. 뭐 자네 돌아오면 먹지."라고 대답했는데, 저녁이 되도록 친구는 오지 않았고 오기는 끝까지 밥을 먹지 않고 기다리다가 결국 하루 종일 식사를 하지 않았다.

다음 날 아침, 오기는 사람을 보내 옛 친구를 찾아오게 했고 친구가 오자 그때서야 함께 식사를 하였다고 한다. 오기의 집념과 고집, 인내심을 짐작케 하는 일화이다.

어쨌든 사기의 저자 사마천은 오기의 장수로서 우수성보다 인간미가 박정하고 비성한 사람으로 기록하고 있다.

오자(오기 장군의 추존)는 충무공(忠武公) 이순신(李舜臣)장군과 관계가 깊다. 이순신은 명량해전(鳴梁海戰)직전 장졸들에게 "必死則生 必生則死(필사즉생 필생즉사 : 살고자 하면 죽을 것이고, 죽고자 하면 살 것이다.)"라는 훈시를 했다. 이 구절이 오자병법에도 있다. 혹자들은 이순신이 오자병법을 인용했다고 주장하는 자들도 있다.

그렇지만 오자병법 원문에 있는 표현과 이순신장군이 직접 한 말《난중일기》에 이순신장군이 적어놓은 표현은 차이가 있다.

오자의 표현은 제3편의 〈치병(治兵)〉 제4장에 나오는 대목으로. "무릇 전쟁터란 한 번의 실수로 시체가 되는 죽음의 땅이다. 죽을 각오로 싸우면 살아날 수 있고 요행히 살려고만 하면 죽게 된다.(凡兵戰之場 立屍之地 必死則生 幸生則死)"이다. 전투에 임하는 각오에서 이순신의 명언이 훨씬 강하게 느껴진다.

이순신장군이 울돌목을 결전지로 택하고 결전하기 전 휘하장병들에게 연설한 유명한 말 '한 사람이 길을 막으면 능히 천 명도 두렵게 할 수 있다.(一夫當逕 足懼千夫 : 일부당경 족구천부)'라고 훈시했다.

오자의 병법 제 6편 여사(勵士)편에 '한 사람이 목숨(생명)을 던지면, 천 사람도 두렵게 할 수 있다. 一人投命 足懼千夫(일인투명 족구천부).' 이는 위무후가 오기에게 형벌과 상에 대해 물었을 때 오기가 다음과 같이 답한 데서 유래한 말이다.

이어서 오자는 "왕께서 공이 없는 병사 5만을 출동시키면 신이 군사를 거느려 대응할 것인데, 만약 임금께서 이기지 못하면 제후에게 웃음거리를 사고 천하에서 권력을 잃을 것입니다. 하지만 이제 죽게 될 때에 한 명을 넓은 들에 잠복시키면 천 명의 군사가 쫓되 매우 겁내고 두려워할 테니, 왜 그렇겠습니까? 그것은 갑자기 뛰쳐나와 자신을 해 할까봐 그럴 것입니다. 하여, 한 사람이 목숨을 던지면 천 명도 두렵게 할 수 있는 것입니다.(一人投命 足懼千夫(일인투명 족구천부))"

오늘날 이 두 표현은 그저 정신력이나 근성만을 강조하는 표현으로 자주 인용되곤 하는 표현들이다.

그런데 조금만 생각해 보면 저 두 표현의 출처는 병법이다.

이순신 장군도 분명히 '병법에 이르기를'이라고 말하고 있다.

효과적이고 합리적인 군대 운영방식과 군사이론을 설명하고 있는 병법에서 정신력이나 근성만을 주장할 리가 없다. 이는 전쟁이라는 특수성을 고려할 때 전쟁은 나라의 존망이 걸린 중차대한 사안으로 절대로 소홀하게 다룰 수 없는 문제로 저 표현들을 정신력 강조용으로 쓰기 전에 오자(吳字)에 나온 원래 의미가 무엇인지 잘 생각해 봐야 할 것이다.

'必死則生 必生則死(필사즉생 필생즉사)'도 흔히 '전장에서는 닥치고 목숨 걸고 싸우라.'는 의미로만 알려져 있는데 이 표현의 진정한 의미는 한 번 작전을 세운 후에 그 작전 때문에 죽지는 않을까 하는 안일한 생각은 하지 말고 주저 없이 작전을 실행하라는 의미가 진짜 의미에 가깝다. 절연한 각오를 일깨우는 구국의 정신이 바탕임을 알아야 할 것이다.

## 臥薪嘗膽(와신상담)

땔나무위에 누워 자고 쓴 쓸개를 맛보다.

❍ **글자 뜻 : 臥(누울 와) 薪(섶 신) 嘗(맛볼 상) 膽(쓸개 담)**

❍ **출전 : 史記(사기) 越王句踐世家(월왕구천세가)**

❍ **의미 및 비유**

❶ 원수를 갚기 위해 분발함을 비유.

❷ 강자(큰 뜻을 이루기 위해)가 되기 위해 분투하는 모습을 비유.

❍ **사건유래 요약**

춘추 말기에 춘추오패(春秋五霸)의 반열에 올라 춘추시대의 대미를 장식한 오(吳)나라와 월(越)나라는 이웃하고 있으면서도 원수처럼 서로 으르렁대며 싸우는 사이였다.

오나라의 왕 합려(闔閭)는 《손자병법(孫子兵法)》의 저자인 손무(孫武)와 충신 오자서(伍子胥)의 보필을 받아 춘추오패의 반열에 올랐다. 합려(BC496)는, 월나라를 쳤다가 월 왕 구천(勾踐)에게 패하고, 발가락에 입은 상처가 원인이 되어 그만 죽고 말았다. 합려는 태자 부차(夫差)에게 "월나라를 절대로 잊지 말라. 필무망월(必毋忘越)"이라는 유언을 남기고 눈을 감았다.

3년 후 월 왕 구천은 부차가 밤낮으로 병사들을 훈련시킨다는 말을 듣고 범려(范蠡)의 반대에도 불구하고 부차를 선제공격했다가 도리어 대패하고 말았다. 부차는 승세를 몰아 월나라의 수도 회계

(會稽)를 포위했다. 구천은 패잔병 5천여 명을 데리고 회계산(會稽山) 꼭대기에 피신하여, 백비(伯嚭)에게 후한 예물을 바치고 강화를 요청했다. 나라를 바치고 오나라의 신하가 되겠다는 것이 강화의 조건이었다.

전쟁이 끝나자 부차는 오자서의 반대를 묵살하고 백비의 계책에 따라 월나라와 강화한 후, 구천을 오나라에 불러 자기의 노예가 되도록 했다. 이를 '회계지치(會稽之恥)'라 한다.

구천은 나라의 정치를 문종(文種)에게 맡기고 범려와 함께 오나라에 가서 3년 동안 부차의 마구간에서 말을 먹이는 일을 했으며, 부차가 병이 들자 부차의 변까지 맛보아 가면서 몸소 간호하기도 했다. 이에 감동한 부차는 충신들의 반대를 무시하고 구천을 석방했다.

월나라로 돌아온 구천은 자리 옆에 쓸개를 놓아두고 앉거나 누우면 쓸개를 바라보았으며 먹거나 마실 때 또한 쓸개를 맛보며 '너는 회계의 치욕을 잊었느냐?'고 스스로에게 말하면서 설욕의 강한 의지를 불태웠다. 이른바 와신상담(臥薪嘗膽)의 고사이다.

월왕 구천은 손수 밭을 갈고 부인은 길쌈을 하였으며, 고기를 먹지 않고 현인을 찾고 빈객을 우대하면서 백성들과 고락을 같이했다. 문종(文種)에게는 나라 살림을 다스리게 하고, 범려에게는 군대 양성을 맡겼다.

구천은 10년 계획을 세워 생산을 장려하고 물자를 모으며 전쟁 준비를 했다. 오왕 부차가 제(齊)나라를 공격하면서 월나라에 참전을 요청하자, 군사를 파견하여 오왕을 도와 그의 환심을 사 두기도 했다.

그런 후에 구천은 오나라의 내부를 혼란스럽게 만드는 작업을 시작했다. 먼저 뇌물을 좋아하는 오나라의 대부 백비를 매수했으며, 부차에게 미인 서시(西施)를 바쳤다. 오나라에는 간신배가 득세하였으며, 충간하던 오자서는 왕의 역린(逆鱗)을 건드린 결과로 왕의 의심을 사게 된 데다, 백비의 모함까지 받아 왕이 내린 칼을 받고 자결했다. 오자서가 죽은 다음 해, 부차는 제나라를 공격했으나 승리하지 못했다.

그 후 2년 뒤 구천은 오나라가 비어 있는 틈을타 침입하여 태자를 잡아 죽였다. 제후들과 회맹하는 자리에서 급보를 전해들은 오왕은 모든 사항을 극비에 부치고, 서둘러 회맹을 마친 다음 즉시 월나라에 사자를 보내 강화를 요청했다. 구천은 범려와 의논 끝에 강화를 수락하기로 했다. 북정을 하러 갔던 오나라의 정예부대가 돌아와 일전을 벌일 경우 승패를 예측할 수 없었기 때문이었다.

강화를 맺은 후, 월나라는 계속 군비를 확충했다. 하지만 오나라는 잦은 북정으로 군사들이 피로했기 때문에 휴식이 필요했으며, 그동안 많은 전쟁을 겪느라 병력의 손실도 적지 않았다.

4년 후, 월나라는 다시 군대를 일으켜 오나라를 공격하여 도처에서 오나라의 군대를 격파하고, 3년에 걸쳐 오나라의 수도를 포위했다. 부차는 더 이상 버틸 수가 없어 구천에게 항복했다.

월왕 구천은 오왕 부차를 가엾게 여겨 항복을 받아들이려 했다. “회계의 일은 하늘이 오나라에게 월나라를 준 것인데 오나라가 받지 않았습니다. 지금은 오나라를 월나라에게 주는 것이니 하늘의 뜻을 거역해서는 안 됩니다.” 이렇게 범려가 반대하고 나섰다. 부차는 자살했다. 구천은 백비를 잡아 죽였다. 백비가 그 임금에게 충성하지 못하고 다른 나라로부터 많은 뇌물을 받으며 내통하였기 때문이었다.

월나라는 오나라를 평정하고 그 여세를 몰아 북진하여 회하(淮河)를 건너 서주(徐州)에서 제후들과 회맹하고, 춘추시대 최후의 패자가 되었다.

### ❍ 유사성어

吳越同舟(오월동주) 日暮途遠(일모도원) 韜光養晦(도광양회)

### ❍ 생활 속의 지혜

❶ 목표를 세우고 달성할 때까지 인내하고 분발하여 노력함.

❷ 철저한 자기관리로 목표를 달성함.

구천과 부차는 오나라 안에서 2년여에 걸쳐 '신경전'을 벌이게 되었고, 성안에 갇힌 부차는 끝내 항복을 선언하였다. 그리고 부차는 궁궐 안에서 자결하였다. 월나라가 오나라에게 복수의 칼날을 갈며 만반의 준비를 하면서 기다리던 그날이 온 것은 바로 20년 후에 이루어진 것이다.

굴욕의 세월 20년!

인내하고 또 인내하고, 하늘의 도리(天道)를 따르는 길이 승리하는 것임을 역설하는 월왕 구천.

인생의 여정에서 우리들은 역경과 좌절을 맛보게 된다.

그때마다 넘어지고 쓰러져 상처도 나고 아픔도 겪는다. 지금 내 앞에 어려움이 있다고 하여, 그냥 주저앉아 버리면 어떻게 될까?

비록 당장은 힘이 들고 받아들이기 어려울지라도, 참고 인내하면서 자신을 뒤돌아보고, 옳은 길을 모색해 간다면 우리는 반드시 '승리의 함성'을 지르게 되지 않을까? 세상은 분명 '나 홀로' 살아가는 것이 아님을 우리는 분명히 안다. '나'를 위해 아낌없는 충고를 해 줄 수 있는 이, '나'의 발전을 위해 끊임없이 지도해 주는 이가 곁에 있다면 '나'는 분명 성공할 것이며, 후회하지 않은 삶이었노라고 말할 수 있을 것이다.

머물러 있을 때와 떠나야 할 때를 아는 참된 지혜.(범려는 구천을 도와 월나라를 승리하게 했다.) 부귀영화를 모두 버리고, 서시를 데리고 떠나는 모습은 범인(凡人)으로선 감히 생가지도 못하는 것 이었다.(어떤 기록에는 범려가 서시를 자결시키고 홀로 월나라를 떠난 것으로 되어있다.) 자만과 오만이 끝내는 멸망의 길이라는 것을 역사 속에서 우리는 나라의 흥망성쇠와 올바른 인간관계를 배우게 된다. 우리는 자라나는 아이들에게 왜곡되지 않은 올바른 역사와 가치관을 심어줘야 할 때가 아닌가 생각을 해 보아야 한다.

세상을 살다보면 분한 일이 너무나 많이 있다.

어린 시절에는 못된 친구들에게 괴롭힘을 당하고, 학창 시절에는 열심히 공부를 했는데도 불구하고 설렁설렁 공부하는 친구보다 성적이 나오지 않을 때, 또 직장에 들어가서는 나보다 열심히 일하지 않는 사람이 더 많은 급여를 받고, 진급을 더 빨리 할 때 대개 분하다는 생각이 든다. 대부분의 사람들은 욕심이 있고 승부욕이 있기에 분함을 느끼는 것은 물론, 상대방보다 더 잘나가고 싶다는 생각을 가지고 있기 때문이다.

하지만, 계획 없이 생각이 이끄는 대로만 행동으로 옮기게 된다면, 상황은 지금보다 더 나빠질뿐더러 심할 경우에는 사회에 매장당할 수도 있는 심각한 상황에 빠지게 될 것이다.

直而不肆 光而不耀(직이불사 광이불요)

곧으나 방자하지 않고, 빛나되 번쩍거리지 않는다.

## 完璧歸趙(완벽귀조)

벽옥(碧玉)이 결점 없이 온전히 조(趙)나라로 돌아갔다.

❍ 글자 뜻 : 完(완전할 완) 璧(둥근옥 벽) 歸(돌아갈 귀) 趙(나라 조)

❍ 출전 : 史記(사기), 廉頗, 藺相如 列傳(염파, 인상여 열전)

❍ 의미 / 비유

❶ 흠 없는 구슬이란 의미로 빌려온 물건을 결점 없이 온전히 돌려보냄.

❷ 잘못된 부분이 전혀 없는 완벽함을 비유함.

❍ 사건유래의 요약

전국시대 조(趙)나라의 혜문왕(惠文王)이 초(楚)나라의 화씨벽옥(華氏璧玉)을 손에 넣었다.

이 사실을 알게 된 진(秦)나라 소왕(昭王)이 진나라의 15개 성(城)과 화씨벽을 교환하자고 제안해 왔다.

조왕은 대장군 염파(廉頗) 등 여러 대신들과 상의했으나 마땅한 방안을 얻어 낼 수가 없었다.

이때 환자령(宦者令) 무현(繆賢)이 이 문제를 해결할 인물로 인상여(藺相如)를 추천했다.

왕은 인상여를 불러 물었다.

"진왕(秦王)이 열다섯 성을 가지고 과인의 벽옥과 바꾸자고 하는데, 주어야 하는가? 주지 말아야 하는가?"

대답하길 "진나라는 강하고 조나라는 약합니다. 허락하지 않을 수 없을 것입니다."

"벽옥만 받아 넣고 성을 주지 않으면 어떻게 할 것인가?"

"진나라가 성을 주는 조건으로 벽옥을 청했는데 조나라가 듣지 않으면 잘못은 조나라에 있게 됩니다. 조나라가 벽옥을 주었는데도 진나라가 성을 주지 않으면 잘못은 진나라에 있게 됩니다.

두 가지를 놓고 비교할 때, 저쪽 말을 들어 진나라에 책임을 지우는 편이 나을 것으로 생각합니다."

"누가 사신으로 적당한가?"

"만약 적임자가 없다면 신(臣)이 벽옥을 받들고 사신으로 가겠습니다.

성(城)이 조나라에 들어오면 벽옥을 진나라에 두고 오겠지만, 성이 들어오지 않으면 벽옥을 반드시 조나라로 온전히 가지고 오겠습니다."

조왕은 인상여에게 벽옥을 들려 서쪽 진나라로 보냈다.(於是王召見, 問藺相如曰, 秦王以十五城請易寡人之璧, 可予不. 相如曰, 秦强而趙弱, 不可不許. 王曰, 取吾璧不予我城, 奈何. 相如曰, 秦以城求璧而趙不許, 曲在趙. 趙予璧而秦不予趙城, 曲在秦. 均之二策, 寧許以負秦曲. 王曰, 誰可使者. 相如曰, 王必無人, 臣願奉璧往使. 城入趙而璧留秦. 城不入, 臣請完璧歸趙. 趙王於是遂遣相如奉璧西入秦.)

진왕은 벽옥을 받아들고 크게 기뻐하며 모두들 만세를 외쳤다.

진왕이 성을 줄 마음이 없다는 것을 파악한 인상여는 벽옥에 있는 흠을 가리켜 주겠다고 속였다.

벽옥을 도로 손에 넣은 다음 기둥에 의지하고 서서, 약속을 지키지 않으면 벽옥을 머리로 받아 깨뜨려 버리겠다고 위협하며 진왕의 무례하고 신의 없음을 꾸짖었다.

벽(璧)이란 납작하므로 기둥에 대고 머리로 강하게 박으면 깨어질 수도 있다.

물론 머리도 온전할 수가 없겠지만. 진왕은 도저히 벽옥을 강탈할 수 없음을 알고 인상여의 뜻에 따라 닷새 동안 재계(齋戒)를 하고 구빈(九賓)의 예를 갖추어 대궐 뜰에서 교환 의식을 행하기로 약속했다.

그런데도 인상여는 진왕이 결코 약속을 지킬 위인이 아니라는 것을 알고 몰래 수행원을 시켜 벽옥을 조나라로 되돌려 보냈다.

약속 날짜가 되자 인상여는 진왕에게 사실을 말하고 죽음을 청했다.

인상여를 죽인다고 벽옥이 얻어질 리도 없고, 오히려 양국의 화친에 금만 갈 뿐이라는 것을 익히 알고 있는 진왕은 인상여를 후대해 조나라로 돌려보냈다.

인상여의 용기와 지혜로 벽옥은 온전한 상태로 조나라로 돌아왔을[완벽귀조(完璧歸趙)]뿐만 아니라 '완인귀조(完人歸趙)'까지 하게 된 것이다.

인상여는 그 공으로 상대부(上大夫)에 임명되었다.

### ❍ 유사성어

完人歸趙(완인귀조) 價重連城(가중연성) 必死則生(필사즉생)

### ❍ 생활 속의 지혜

❶ 분에 넘치는 사치한 귀중품을 탐하면 욕을 당할 수 있다.

❷ 나보다 약하다고 얕잡아 보면 큰일을 당할 수 있음.

❸ 죽기를 각오하고 덤비는 적은 피하는 지혜필요. (순리대로 처리)

일개 환관의 집사였던 사람이 자신의 머리를 부수면서까지 나라의 보물과 자존심을 지키겠다고 한 것이 놀랍다.

완벽을 추구하기 위해 자신의 목숨까지 내놓을 수 있던 신하가 있었기에 조나라는 '국가의 위상(國家의 位相)'을 보존할 수 있었다.

또한 완벽을 얻기 위해서는 목숨을 버린다는 강한 의지가 있어야 한다는 교훈도 남겼다.

최근 우리 주변에 있는 나라들이 강한 군사력이나 자본력을 가지고 우리의 자존심과 국가위상을 조롱하는 일이 많이 일어나고 있다.

막대한 자본의 힘으로 시장을 유린하고, 강한 군사력으로 위협하기도 하며, 너무나도 증거가 분명한 역사적 사실들을 왜곡하고, 잘못을 인정하기는커녕 조롱과 무시로 일관하는 나라들도 있다.

당시 조나라에는 인상여 말고도 수많은 내로라하는 인재들이 있었을 것이다.

하지만 인상여와 같이 완벽을 추구하기 위해서는 목숨을 걸 자세를 가진 사람은 없었던 것 같다.

완벽은 자기 소신이 전제되어야 가능한 것이다.

완벽이 인간 개인에 미치는 것은 어떤 것일까?

우리 주위에 왕왕 성공한 사람들, 유명한 사람들이 스스로 목숨을 끊는 일을 '의외로' 자주 목격하게 된다.

늘 성공에 목마른 우리는 왜 그토록 성공한 사람들이 스스로 목숨을 끊는지 이해하기가 어렵기만 하다.

완벽을 다른 표현으로 '최적'이라는 말이 있다.

완벽함은 혹 매우 만족한 상태의 수준이기 때문에 행복할 것으로 생각 하지만 오히려 완벽주의자 만큼 행복과 거리가 먼 사람도 없을 것이다.

그 이유는 완벽주의자는 모든 면에서 완벽을 추구하기 때문에 자신의 성과에서도 미흡한 점을 먼저 찾게 되고, 성공을 했더라도 성공의 기쁨은 잠시일 뿐 아직 하지 못한 미완의 것들에 눈을 돌리게 될 것이기 때문이다.

그런 이유로 그들은 늘 불행하고, 불만족스러운 상태에 놓이게 될 수밖에 없다.

성과에 순수하게 기뻐할 줄 알고, 모든 것에 완벽을 기하기보다 어느 정도 이상에서 만족하는 것으로 마음에 여유를 가질 수 있도록 하는 것이 행복에 더 가까울 수 있는 것이다.

완벽주의자는 실패와 성공 모두를 거부하는 모순된 성향을 가지고 있다고 한다. 실패를 거부하기에 실패에서 교훈을 얻는 것도 불가능하며, 성공을 순수하게 기뻐할 수 없기에 성공을 즐길 수도 없다.

완벽주의자 중에는 우울증 환자가 많다고 한다.

그들은 늘 가지지 못한 부족에 대한 갈망이 가득하다.

그도 그럴 것이 그들은 늘 실패에 대한 두려움과 초조함에 극도의 긴장이라는 살얼음판을 걸어가고 있는 심정으로 살아가고 있으니 말이다.

"난 왜 행복하지 않지?"라고 늘 되뇌는 심정, 이것에 결박되어 당신은 혹시 자신도 모르는 사이에 '완벽'을 추구하고 있지는 않는가?

"전부가 아니면 전무"라는 양비론에 휘둘리면 실패도 성공도 괴로움만 늘어가게 된다.

인간의 생각이나 하는 일에 완벽이란 거의 불가능에 가깝다.

오히려 최적의 상태를 추구함이 행복 할 수 있는 조건일 것이다.

실수하지 않기 위해 완벽을 추구하다 보면 완벽의 함정에 빠질 수 있다.

완벽한 상태를 기다리기 위해 좋은 기회를 잃을 수도 있고, 도전을 포기하게 될 수도 있다.

대부분 실수하지 않기 위해 준비를 하면서 시간을 모두 써버리고 결국 기회를 잃는다.

그렇기에 행동하는 이에게 성공의 기회가 있는 것이다.

대신 실수를 두려워하지 마라. 실수를 했다면 만회하면 된다.

중요한 것은 같은 실수를 반복하지 않는 것이다.

時或見欺不足爲恥 旣有見欺而不覺見欺 是爲可恥

(시혹견기부족위치 기유견기이불각견기 시위가치)

어쩌다 속은 것은 부끄러울 것이 없지만 이미 속임을 당함이 있고 그 속임 당함을 깨닫지 못한다면 이것이야 말로 부끄러운 일이다.

## 愚公移山(우공이산)

우공(愚公 : 어리석은 노인)이 산을 옮긴다.

❍ 글자 뜻 : 愚(어리석을 우) 公(공평할 공) 移(옮길 이) 山(뫼 산)

❍ 출전 : 列子(열자) 湯問(탕문)

❍ 의미 및 비유

어떤 어려움도 굳센 의지로 밀고 나가면 극복할 수 있으며, 하고자 하는 마음만 먹으면 못할 것이 없다는 것에 비유함.

❍ 사건유래 요약

태형산(太形山)과 왕옥산(王屋山)은 사방 700리에 높이가 만(萬) 길이나 되는데, 기주(冀州)의 남쪽과 하양(河陽)의 북쪽 사이에 있다.

북산(北山)의 우공은 나이가 아흔이 다 되었는데 산이 마주 보이는 곳에 거주했다. 그런데 북산이 막고 있어서 출입을 하려면 길을 우회해야 하는 불편이 있었다. 우공은 집안 식구들을 모아 놓고 말했다.

"나와 너희들이 힘을 다해 험준한 산을 평평하게 만들면 예주(豫州)의 남쪽으로 직통할 수 있고 한수(漢水)의 남쪽에 다다를 수 있는데, 할 수 있겠느냐?" 모두들 찬성했는데 부인이 의문을 제기했다.

"당신의 역량으로 괴보(魁父)의 언덕도 깎아 내지 못했는데, 태형과 왕옥을 어떻게 해낸단 말이오? 더구나 흙과 돌은 어디다 버린단 말이오?" 그러자 모두들 말했다.

"발해(渤海)의 끝과 은토(隱土)의 북쪽에다 버리면 됩니다." 우공은 짐을 질 수 있는 자손 셋을 데리고 돌을 깨고 흙을 파서 삼태기로 발해의 끝으로 운반했다. 이웃집 과부 경성씨도 칠팔 세 된 어린 아들을 보냈는데, 통통 뛰어다니며 도왔다. 겨울과 여름이 바뀌는 동안 한 번 왕복을 했다. 하곡(河曲)의 지수(智叟)가 비웃으며 말렸다.

"심하도다, 그대의 총명하지 못함은. 당신의 남은 생애와 남은 힘으로는 산의 풀 한 포기도 없애기 어려울 텐데 흙과 돌을 어떻게 한단 말이오." 북산 우공이 장탄식하며 말했다.

"당신 생각이 막혀 있어 그 막힘이 고칠 수가 없는 정도구려. 과부네 어린 아이만도 못하구려. 내가 죽더라도 아들이 있고, 또 손자를 낳으며, 손자가 또 자식을 낳으며, 자식이 또 자식을 낳고 자식이 또 손자를 낳으면 자자손손 끊이지를 않지만, 산은 더 커지지 않으니 어찌 평평해지지 않는다고 걱정할 필요가 있겠소." 하곡의 지수는 대꾸할 수가 없었다. 조사신(操蛇神)이 이를 듣고 (산을 옮기는 일을) 그치지 않을까 두려워하여 상제에게 호소했다.

상제는 그 정성에 감동하여 과아씨(夸娥氏)의 두 아들에게 명해 두 산을 업어다 하나는 삭동(朔東)에 두고, 하나는 옹남(雍南)에 두게 했다.

이로부터 기주의 남쪽과 한수의 남쪽에는 언덕조차 없게 되었다

### ❍ 유사성어

磨斧作針(마부작침) 精衛塡海(정위전해) 韋編三絶(위편삼절)

### ❍ 생활 속의 지혜

❶ 분명한 목표를 설정하라.

❷ 목표를 세워놓고 흔들리지 말고 단계적으로 실천할 것.
❸ 대를 이어 추진하고 노력하면 마침내 달성.

우공이산의 고사성어는 현대에서도 의미 있게 받아들일 수밖에 없는 이유가 있다.

이는 각종 연구에서도 입증되고 있기 때문이다. 하버드대학이 IQ와 학력, 자라온 환경 등이 비슷한 사람들을 대상으로 수 십 년간 연구 끝에 얻어낸 '목표가 사람의 인생에 끼치는 영향 조사' 연구 결과도 그 사례다. 소개하면 이렇다.

목표가 장기적이고 명확했던 3%는 사회 각계의 최고 인사로, 단기적인 목표를 여러 번 나눠 달성한 10%도 사회 전반에 없어서는 안 될 전문가가 됐다.

반면 목표가 희미했던 60%는 대부분 사회의 중하위 층으로, 특히 목표가 없었던 27%는 최하위 수준의 생활에 그치면서 취업과 실직을 반복하며 사회가 나서서 구제해 주기만을 기다렸다고 한다.

명확한 목표와 끊임없는 노력의 힘을 보여주는 대목이다. 목표와 집요한 끈기, 도전정신(挑戰精神)의 힘을 장황하게 늘어놓는 데는 이 논리가 사회에 적용되는 측면은 거의 진리와 가깝기 때문이다.

하버드대학의 연구결과를 떠나 우화지만 우공은 90세 나이에 감히 생각하기도 어려운 목표를 세워 꿈을 이뤘다. 하물며 젊음 하나만으로도 행복한 청년들이 이루지 못할 일이 무엇이 있겠는가.

중국 허베이성 쉬자정 예리촌에는 두 팔을 잃은 원치씨(54)와 앞을 못 보는 하이샤씨(55)가 일궈낸 '숲'이 있다.

'숲'이라는 이름으로 불리기 전까지, 이곳은 돌투성이의 황무지였다. 사람들에게 버려진 척박한 땅에 처음 나무를 심자고 제안한 사람은 원치씨였다.

원치씨에게는 오래된 꿈이 있었다. 돌이 많아 척박한 고향에 울창한 숲을 만드는 꿈. 원치씨는 세 살 무렵 감전사고로 두 팔을 잃었다.

원치씨는 장애가 있다고 주눅 들지 않았다. 두 팔 대신 두 발로 살았다. 원치씨의 주특기는 필력 좋은 붓글씨 '서예(書藝)'다. 공연 활동을 접고 고향으로 돌아온 이유는 '아버지' 때문이었다. 병든 아버지를 두고 낯선 타지로 떠돌 수만은 없었다.

원치씨와 하이샤씨는 처음 황무지에 800그루의 나무를 심었다. 가을이 끝나갈 무렵 살아남은 나무는 단 두 그루뿐이었다. 그러나 원치씨는 그만 둘 생각이 없었다. 가느다란 나뭇가지에 불과했던 나무들이 어느새 아름드리나무로 자라 마을 숲을 이루었다. 그러는 동안 낫질에 손이 베이고, 삽질에 발등이 찍혔다. 하이샤씨는 말한다.

"원치는 저의 눈이고, 저는 원치의 두 손입니다. 둘이서 함께 하지 않으면 일을 할 수 없어요."

몸이 성치 않지만 각자 잘 하는 역할은 따로 있는 법. 하이샤씨가 원치씨의 어깨를 딛고 나무에 오른다. 나무 아래에서 원치씨가 쓸 만한 묘목이 될 나뭇가지를 일러준다. 허리춤에 찬 낫으로 하이샤씨는 나뭇가지를 자른다. 나무에서 내려와 가지 손질을 하다 하이샤씨의 손에 상처가 났다. 천 조각을 발견한 원치씨는 천을 잘라 하이샤씨의 손가락에 묶어준다.

혼자 사는 원치씨에게도 못하는 일이 있다. 우물가에 물을 길으러 갈 때, 원치씨는 하이샤씨의 도움을 받는다. 원치씨가 방향을 일러주면, 하이샤씨가 도르래를 움직여 물을 긷는다. 팔이 없는 원치씨의 머리를 감겨주는 일도 하이샤씨의 차지다. 함께 시간을 많이 보내는 그들은 서로에게 부족한 부분을 채워준다.

"형이 나무에 올라가 가지를 꺾어오지 않으면 나무를 심을 수 없어요."

"제가 나무에 올라가지만, 원치가 저를 이끌어주지 않으면 나무를 심을 수 없어요."

벌써 한 자선단체의 도움으로 저수조(貯水槽)를 마련해놓았다. 우물을 파고 농수로를 따라 펌프로 물을 끌어올리는 시설만 갖추면, 벌거숭이 같은 뒷산에도 색깔 고운 초록색 옷이 입혀질 것이다.

현장을 둘러본 한 사회적 기업에서는 별다른 답이 없다.

하지만 원치씨와 하이샤씨는 뒷산 어귀에 앉아 싱글벙글 웃는다. 뒷산에 심어질 나무 이름들, 꽃향기가 일품인 복숭아나무와 사시사철 푸르른 소나무, 잎이 노란 관상용 나무와 백양나무 등등.

"방법은 고난보다 많다. 방법은 늘 생긴다."

원치씨와 하이샤씨가 자주 하는 말이다. 모든 일은 하루아침에 이루어지지 않는다. 씨앗을 뿌린 만큼 싹이 나지 않는다는 자연의 이치도 잊지 않는다. 비바람에 쓸려가고 벌레의 먹이가 되는 씨앗도 있는 것이다.

지심(地心)은 인심(人心)을 모르지 않는다.

언젠가는 푸르른 뒷동산의 꿈에 물꼬를 터 줄것이다. 십 년 넘게 만 그루의 나무를 심었던 원치씨와 하이샤씨에게 푸르른 숲을 만들어준 것도 땅의 힘 덕분이었다.

그 푸르름이 사람들의 웃음이 되고, 위로가 되리라.

한 땀 한 땀 바느질 하듯 황무지를 푸른 녹색으로 수놓았던 그들의 이야기 말이다.

마을 뒷산의 푸른빛은 새가 둥지를 틀고, 벌레가 알을 까고, 토끼가 뛰어다니는 숲에 사람들이 찾아들 것이다. 듬직한 나무 기둥에 기대어 숨바꼭질 하는 어린 아이들도 있을 것이다. 숲이 주는 맑은 공기는 사람들의 숨소리를 깊어지게 할 것이다.

서로에게 눈과 손이 되어줬던 죽마고우의 이야기가 나뭇잎 사이로 흩어질 것이다.

눈앞의 이익과 행복에만 맞춰진 삶의 리듬에 '함께 살아가는 희망을 잃지 않는 삶 의 선율'을 띄워줄 것이다.

爾起初雖然微小 爾終久必甚發達

(이기초수연미소 이종구필심발달)

네 처음 일어남에는 비록 작고 작으나,

네 나중은 반드시 매우 창대하리라

성경(聖經)에도 이 진리는 창연히 빛을 발하고 있다. 욥기에 나오는 진리의 말씀이다.

## 陰德陽報(음덕양보)

음덕을 베풀면 드러나는 보답이 있다.

❍ **글자 뜻 : 陰(그늘 음) 德(큰 덕) 陽(볕 양) 報(갚을 보)**

❍ **출전 : 淮南子(회남자) 人間訓(인간훈)**

❍ **의미 / 비유**

❶ 음덕을 베풀면 드러나는 보답이 있다.

❷ 남모르게 덕을 베풀면 밖으로 드러나는 보답을 받는다.

✱음덕 : 남에게 알려지지 아니한 선행(善行)

❍ **사건유래의 요약**

손숙오(孫叔敖)가 어렸을 때의 일이다.

어느 날 밖에서 놀다가 머리가 둘 달린 뱀을 보고 죽여서 땅에 묻어 버렸다. 그리고 나서 집에 돌아와 밥을 먹지 못하고 전전긍긍하고 있었다.

그의 어머니가 이상히 여겨 까닭을 물으니, 손숙오가 울면서,

"머리 둘 달린 뱀을 본 사람은 죽는다는데 아까 그것을 보았습니다. 머지않아 저는 죽을 것 같습니다."라고 하였다.

그 말을 들은 어머니가 다시 물어보았다.

"그래, 그 뱀은 지금 어디에 있단 말이냐?" 손숙오가

"다른 사람이 보지 못하도록 죽여서 땅에 묻었습니다."라고 말하였다.

말을 다 들은 어머니는, "남모르게 덕행을 쌓은 사람은 그 보답

을 받는다(陰德陽報)고 들었다. 네가 뱀을 죽인 것 또한 다른 사람을 위한 배려였으므로 너는 그 보답으로 죽지 않을 것이며 숨은 행실이 있는 사람은 반드시 명성을 얻게 된다."고 말하였다.

여기서 음덕(陰德)이란 드러나지 않게 행하는 덕행을 의미하며, 양보(陽報)란 드러나는 보납을 받게 된나는 것을 의미한나.

손숙오의 어머니 말처럼 그는 일찍 죽지 않았을 뿐만 아니라 젊었을 때 백성들이 그의 어짊을 따랐다.

그가 장성해서 초나라의 재상이 되어 명성을 얻게 되었다.

물론 보답을 목적으로 음덕을 베푼 것은 아니지만, 음덕을 베풀다보면 결과적으로 양보(陽報)가 따라 온다는 말이다.

### ❍ 유사성어

積善之家 必有餘慶(적선지가 필유여경) 遏惡揚善(알악양선)

### ❍ 생활 속에 지혜

❶ 見善如渴 聞惡如聾(견선여갈 문악여롱) : 착한 일을 보거든 목마른 것 같이 하며, 악한 말을 듣거든 귀머거리처럼 하라.

❷ 種瓜得瓜 種豆得豆(종과득과 종두득두) : 오이씨를 심으면 오이를 얻고, 콩을 심으면 콩을 얻는다.

손숙오는 살아있을 때 초(楚)나라를 위해 많은 업적을 남겼다.

그는 집안 일, 자식교육, 재산축적 등 사사로운 일에 일체 관여치 않고 나랏일에 만 온 정성을 쏟았다 그러므로 그가 죽고 나자 집안이 기울기 시작했다. 임금도 그의 공로를 잊고 손숙오의 집안을 돌보아 주지 않았을 뿐만 아니라, 아들들도 벼슬길이 시원치 못해 막일을 하며 지냈다.

어느 날, 초나라 임금이 궁중에서 잔치를 베풀게 되었다. 광대들이 나와 연극을 하고 술잔치가 시작 되었다.

"대왕께서는 제 술 한 잔 받으십시오!"

초나라 장왕(莊王)이 보니, 이게 웬일인가, 자기에게 술을 권하는 사람은 다름 아닌 몇 해 전에 죽은 손숙오가 아닌가.

"아니, 경이 웬일이오?"

"대왕을 뵙고 싶어 이 세상에 다시 나타났사옵니다."

손숙오임이 틀림없는 것을 안 초장왕(楚莊王)은 손을 덥석 잡으며 기쁨을 감추지 못하였다.

"다시 정승이 되어 나를 도와주구려. 그렇지 않아도 지금 어려운 일이 많은 때인데 참으로 잘 와 주셨소."

"그건 아니 되옵니다. 제가 평생 동안 나라 위해 한 몸을 바쳤음을 대왕께서도 잘 알고 계실 것입니다. 그런데 제가 죽은 후, 저의 집안은 지금 어떻게 되었습니까? 제 자식들은 끼니를 잇기 위해 나무꾼이 되어있는데, 제가 어찌 다시 벼슬을 하겠습니까?"

손숙오의 말에 임금은 부끄러워 말문이 막혔다.

그러자 손숙오가 의관을 벗고 얼굴의 분장을 하나하나 지우기 시작하니 이것은 또 웬 조화인가?

"아니, 너는 어릿광대 우맹(優孟)이 아니냐?"

"네, 그렇사옵니다. 제가 며칠 전 거리에서 손숙오의 아들을 만났는데 그는 땔감을 팔아 끼니를 잇고 있었습니다.

한 나라 공신의 자손이 이런 대접을 받아서야 누가 자신을 잊고 나랏일에 힘쓰겠습니까?"

어릿광대는 본디 궁중에서 놀이나 해학을 통해 임금의 잘못을 풍자하는 게 예사인지라 초장왕은 화를 낼 수도 없었다.

"그래, 일깨워 주어서 고맙구나. 당장 손숙오의 자손을 등용하겠노라."

어진 재상이었던 손숙오의 자손이 고생하는 것을 본 우맹이 손숙오로 분장하여 입금의 잘못을 깨닫게 한 것이다.

머리 둘 달린 뱀을 죽여 다른 사람을 살리려했던 손숙오는 훗날 재상이 되었고, 연회장에서 신하의 난처한 입장을 모른 척 용서한 초장왕(楚莊王)은(絶纓之宴 참조) 나라의 강성과 왕권강화라는 큰 보답을 받게 되었다.

드러나지 않는 곳에서 조용히 쌓아가는 덕행은 반드시 행복과 기쁨으로 보답을 받는다는 음덕양보의 논리야 말로 따뜻한 마음을 상실해가는 이 시대에 꼭 필요한 교훈이라고 할 수 있다. 성경에도

"너는 오른손이 하는 것을 왼손이 모르게 은밀하게 하라 은밀한 중에 보시는 너의 아버지께서 갚으시리라."(마 6:3-4)

깊이 새겨들을 말씀이다.

## 泣斬馬謖(읍참마속)

울면서 마속을 베다

**❍ 글자 뜻 : 泣(울 읍) 斬(벨 참) 馬(말 마) 謖(일어날 속)**

**❍ 출전 : 三國志 蜀書 馬良傳(삼국지 촉서 마량전)**

**❍ 의미 / 비유**

공정한 법집행을 하거나 대의를 위해 사사로운 정을 버리는 것을 비유함.

**❍ 사건유래의 요약**

제갈량은 출사표(出師表)를 올린 후에 위(魏)나라를 공격하기 위해 한중(漢中)을 나와 장안을 향해 진군했다.

한중에서 기산(祁山)을 향해 우회하면서 천수(天水), 안정(安定), 남안(南安) 등 3개 군을 접수하고 기산에 이른 다음 장안으로 진군하는 전략이었다.

이때 위연은 자오곡(子午谷)을 질러 바로 장안으로 기습하자는 의견을 냈는데, 제갈량은 이 의견을 받아들이지 않았다.

국력을 다 기울인 이 전투에서 성공하면 다행이지만 실패할 경우 국기(國基)가 흔들릴 정도의 타격을 입기 때문이었다.

한편 위나라는 하후무(夏侯楙)를 총사령관으로 하여 대적했으나, 남안, 천수, 안정의 농서 지방 3군을 빼앗기고 강유가 촉한에

투항하자, 위 명제(明帝) 조예는 사마의(司馬懿)를 복직시키고 장합(張郃)을 가정(街亭)으로 향하게 하였다.

제갈량은 전력상의 요충지인 가정을 지킬 장수로 마속을 보내면서 가정의 길목을 지켜 적이 접근하지 못하도록 막으라고 명령했다. 하지만 마속은 자신의 능력만을 믿고 적을 끌어들여 역습을 하려고 하다가 도리어 산등성이에서 장합의 군대에게 포위당해 힘 한번 써 보지도 못하고 참패하고 말았다.

이 때문에 제갈량은 할 수 없이 군대를 이끌고 한중으로 퇴각해야만 했다. 마속은 감옥에 갇히게 되었는데, 옥중에서 제갈량에게 '속임종여량서(謖臨終與亮書)'라는 글을 올렸다.

'승상께서는 저를 자식처럼 대해 주셨고, 저는 승상을 아버지처럼 대하였습니다.

곤(鯀)을 죽이고 우(禹)를 흥하게 한 뜻을 깊이 생각하시어 평생의 사귐이 이 때문에 무너지지 않도록 하시면 저는 비록 죽지만 황천에서도 여한이 없을 것입니다.(襄陽記曰, 謖臨終與亮書曰, 明公視謖猶子, 謖視明公猶父. 願深惟殛鯀興禹之義, 使平生之交不虧於此, 謖雖死無恨於黃壤也.)'

제갈량은 패전의 책임을 물어 마속에게 참수형을 내렸다.

다시 구하기 어려운 장수이므로 살리자고 많은 사람들이 만류했지만 법을 엄정히 지켜 기강을 바로 세우기 위해 울면서 마속의 목을 베었다.

### ❍ 유사성어

哭斬馬謖(곡참마속) 言過其實(언과기실)

❍ **생활 속의 지혜**

❶ 스스로 재능을 믿고 과시하면 실패한다.

❷ 상 · 하간 의견소통이 중요.

❸ 공(公)과 사(私)를 분명히 함.

이 당시 공명은 위나라 사마의가 공격해 올 것이 너무도 분명하다고 판단하고 전략 요충지 가정(街亭)을 지키기 위해 젊은 장수(39세)인 마속을 임명하며 당부를 한다.

공명은 이미 가정이 군사적으로 전략의 요충지임을 간파하고 있었다.

그리고 마속에게 길목을 지키되 높은 곳은 피하라고 당부했다.

마속은 자신의 능력을 과신함과 동시 공명의 당부를 무시하고 산 위에 진을 친다. 경험 많은 예하 장수들이 위험하다고 말렸으나 고집을 부렸다.

지나친 이론위주의 군사정책과 교조주의적인 정책은 가정에 쳐들어온 적장 사마의(司馬懿)에게 좋은 계기를 제공하게 하였다.

사마의는 물을 끊고 화공책을 쓰니 촉군은 대패하였다. 주위의 도움으로 마속은 목숨은 건졌으나 군사의 대부분을 잃어버렸다.

이 작전의 실패로 어쩔 수없이 한중으로 후퇴한 공명은 마속을 참수형에 처한다. 이때 공명이 흘린 눈물은 제자 마속에 대한 애정과 자신의 책임도 있었지만 유비의 유언을 가볍게 여긴 것의 의미도 지니고 있다고 한다.

유비가 임종(臨終)시에 마속은 행동보다 말이 앞서니 절대로 그를 쓰지 말라고 당부하였는데 그의 유언은 결국 실제로 적중하고 만 것이다. 죽은 유비의 인재를 보는 안목을 비로소 깨닫게 된 것이다.

국력은 물론 인명손실과 전쟁패배의 큰 비극을 예고한 그의 유언은, 사람의 이론적인 안이한 판단과 가벼운 말의 행동을 앞서는 경솔함이 어느 정도의 비극을 초래할 수 있는가를 보여주는 생생한 역사의 현장의 기록인 것이다.

마속은 공명이 신임 할 정도의 유능한 인재이다.

국운(國運)이 다함이었던가? 앞 일을 훤하게 알고 있는 공명마저도 마속을 기용했고, 그렇게 유능하다던 마속이 공명의 당부마저 물리치고 자신을 과신한 행위는 하늘이 촉을 멀리하고자 하는 국운으로 이해 할 수밖에 없다.

한 나라나 한 가정도 물리적으로 감당이 안 될 때가 많다.

다만 욕심을 버리고 순리에 따르는 미련함이 오히려 어려움을 감당할 수 있는 지혜가 될 수 있는 것이다.

能而示之不能 用而示之不用 近而示之遠 遠而示之近

(능이시지불능 용이시지불용 근이시지원 원이시지근)

능력이 있으면서 능력이 없는 것처럼 보이고, 사용하면서도 사용하지 않는 것처럼 보이고, 가까운 곳을 노리면서도 먼 곳을 노리는 것처럼 하며, 먼 곳을 노리면서 가까운 곳을 노리는 것처럼 한다.

손자병법에서 볼 수 있는 대목이다.

마속이 교만하지 않고 병법을 지켰다면 중국 역사는 지금과 달라져 있었을 것이다.

# 鷹視虎步(응시호보)

매 같은 눈빛에 호랑이 같은 걸음

**❍ 글자 뜻 : 鷹(매 응) 視(볼 시) 虎(범 호) 步(걸음 보)**

**❍ 출전 : 東漢(동한) 吳越春秋 闔閭內傳(오월춘추 합려내전)**

**❍ 의미 / 비유**

매 같은 눈빛에 호랑이 같은 걸음걸이로 흉악한 사람의 외모를 형용한 말.

**❍ 사건유래의 요약**

기원전 515년, 오(吳)나라의 공자(公子) 광(光)은 오자서(伍子胥)가 천거한 전제(專諸)라는 자객을 시켜 오나라의 왕인 요(僚)를 죽이고 왕위에 올랐다.

공자 광(光)은 역사에서 말하는 오왕 합려(闔閭)이다.

오왕 합려는 전제를 천거한 공로로 오자서를 대부(大夫)로 임명하고 그와 나라의 대사를 논의하였다.

오자서는 7년 전, 초나라의 태자소부(太子小傅) 비무기(費無忌)의 모함으로 태자태부(太子太傅)로 있던 아버지와 관리였던 만형이 처형 당하자 복수를 결심하고 오나라로 피신해 와 있었다.

오자서 역시 부친의 원수를 갚기 위해 초나라 정벌을 준비하고 있었으므로, 합려의 반란에 적극 협조하였으며, 또 그를 도와 부국강병에 노력하였다.

당시, 초나라에서 비무기의 모함으로 아버지를 잃은 백비(伯嚭)는 신변에 위협을 느끼고 있던 터에, 오자서가 오나라에서 중용되었다는 소식을 듣고 곧 오나라로 망명해왔다.

합려는 오자서와 초나라 공격에 대하여 상의하고 있다가, 백비가 귀순해 왔다는 말을 듣고, 그를 맞아 들여 연회를 베풀었다.

벡비가 초나라에시 자신이 겪은 일들을 이야기하자, 오자시는 그를 동정하였다. 이때, 함께 연회에 참석하고 있던 대부 피리(被離)가 오자서에게 물었다. "백비의 눈길은 매와 같고 걸음걸이는 호랑이와 같으니[鷹視虎步], 필시 살인을 저지를 나쁜 상(相)입니다. 그런데 대부께서는 왜 그를 보자마자 그처럼 신용하십니까?"

오자서가 대답했다.

"그것은 그와 내가 같은 원한을 지니고 있기 때문입니다."

그대는 〈하상가(河上歌)〉를 들어보지 않았습니까?

하상가에서는 '같은 병을 앓으니 서로 불쌍히 여기고, 같은 걱정이 있으니 서로 구하네. 놀라서 날아오르는 새들은 서로 따르며 날아가고, 여울을 따라 흐르는 물은 그로 인하여 다시 함께 흐르네(同病相憐, 同憂相救. 驚翔之鳥, 相隨而飛. 瀨下之水, 因復俱流)'라고 하였습니다.'

그러나 오자서는 백비를 경계하라는 피리의 충고를 듣지 않다가, 결국 월나라에 매수된 백비의 무고로 분사(焚死)했다.

### ❍ 유사성어

鷹視狼步(응시낭보) 心廣體胖(심광체반)

### ❍ 생활 속의 지혜

❶ 사람의 심성은 외모로 나타난다.

❷ 너무 정(情)에 치우쳐 사리분별이나 남의 충고를 일축하면 안 된다.

사람들은 상대방을 평가할 때 두 가지의 상반된 의견으로 구분한다.

첫째는 "'외모가 반듯하면 마음도 바르다.'라는 의견과 외모와 그 속의 마음은 반대적이어서 외모가 말쑥하면 언제인가 인물값을 한다."라는 말로 의견은 갈라진다.

중국의 문화에 영향을 받은 동양권은 대개 비슷한 문화를 가지고 있다.

과거 당(唐)나라에서 관리를 선발하던 기준인 '신언서판(身言書判)'을 기준으로 결정지었다고 한다.

신언서판은 그 사람의 풍채와(身), 언변(言), 문장력(文章力), 판단력(判斷力)을 말하며 이는 선비가 지녀야할 네 가지 미덕을 말한다.

여기서도 풍채(身)를 우선으로 한 것은 역시 외모가 우선이었음을 말해주고 있는 것이다.

원래 처음 보는 사람의 속마음을 가늠할 수 없기 때문에 외모에 호감을 느끼는 인상을 가진 사람을 선호하게 되는 것은 당연한 이치이다.

그런데 간혹 외모의 바름과는 달리 외모 값을 하는 인간들이 있어서 그들을 경계하고자 하는 말인 듯하다.

반면 외모가 무섭다거나 험악해서 언뜻 접근하기가 거북스런 경우에는 마음속으로부터 꺼리는 경우가 많은 것이 사실이다.

삼국지를 읽어 본 사람들 모두에게 제갈공명과 장비를 비교해보면 외모 상으로도 접근하고 싶은 사람을 이야기 하라면 제갈공명에게 점수를 더 줄 것이다. 어쨌든 사람의 외모는 그 사람을 평가하는 중요한 요소 중에 하나인 것만은 틀림없다.

요즈음에는 현대인들이 어찌하여 많은 돈과 신체적 고통을 참으면서 성형수술을 시술 하는가.

'첫인상'을 좋게 함이다. 벗을 사귀더라도 후덕하게 생긴 사람과 사귀어야 하는 까닭도 바로 여기에 있다.

우리가 교훈으로 삼아야 할 것 중에서 치자(治者)들을 선택할 때도 능력을 겸비한 후덕한 인품을 가진 자를 골라야 한다.

변설(辨說)에 능한 사람보다 선현(先賢)들이 말한 '신언서판(身言書判)'의 교훈을 다시 되새겨 보는 현명함을 지녀야 할 일이다.

장유(張維 : 1587~1638)의 계곡집(谿谷集)에 수록된 교훈이다.

視其外而信其中 故 有奸人亂國而 不可悔者也

(시기외이신기중 고 유간인란국이 불가회자야)

겉모습만 보고서 마음을 믿기 때문에 간사한 사람이 나라를 어지럽히고 있어도 뉘우쳐 바꾸게 할 수가 없는 것이다.

외모(外貌)만 중(重)하게 여기는 현대인에게 주는 참다운 교훈이다.

## 人面桃花(인면도화)

복숭아꽃처럼 어여쁜 얼굴

❍ 글자 뜻 : 人(사람 인) 面(얼굴 면) 桃(복숭아 도) 花(꽃 화)

❍ 출전 : 孟棨(맹계) 本事詩(본사시) 情感(정감)

❍ 의미 / 비유

사랑하는 아름다운 여인, 사랑하는 사람을 다시 만나지 못하게 된 경우.

❍ 사건유래의 요약

당나라 때 박릉(博陵) 사람 최호(崔護)는 생김새가 멋있고 고결하였으며 세상 사람들과 어울리지 않았다.

마침 청명절(淸明節)을 맞이하여 홀로 장안(長安)의 남쪽 교외를 유람하다가 어떤 사람의 장원(莊園)을 발견했다.

넓은 집에 꽃과 나무가 무성했는데, 적막하기 짝이 없는 것이 마치 아무도 없는 것 같았다.

오랫동안 문을 두드리자 어떤 여자가 문틈으로 내다보면서 누구냐고 물었다. 최호는 성명을 알려 주고는 말했다.

"봄을 찾아 홀로 거닐고 있는데, 술을 마신 후라 갈증이나 물을 좀 얻어 마실까 하오."

여자는 들어가더니 이내 물을 가지고 나와 문을 열고 의자를 내놓고 최호를 앉게 하고, 자신은 복숭아나무에 비스듬히 기대어 우두커니 서 있는데, 최호를 바라보는 모습이 그윽했으며, 그 자태가

심히 아름다웠고 가냘프면서도 고왔다.

최호가 말을 걸어 보았으나 여자는 대꾸하지 않고 오랫동안 쳐다보기만 했다. 최호가 작별을 고하자 여자는 문 앞에까지 배웅을 하고는 마치 미련이 남은 듯한 표정으로 들어갔다.

최호도 아쉬운 마음으로 떨어지지 않는 발길을 돌렸다. 그리고는 그 후 발길을 끊고 다시 찾아가지 않았다.

이듬해 청명절에 최호는 홀연히 그 여자가 생각나 감정을 억누를 수가 없어 그 집을 찾아갔다. 문과 담은 여전했지만 대문은 굳게 잠겨 있었다. 최호는 왼쪽 대문에 시를 한 수 적었다.

去年今日此門中(지난해 오늘 이 문 안에서)
人面桃花相映紅(그대 얼굴 복사꽃처럼 붉었네)
人面不知何處去(그대 얼굴은 어디로 갔는지 모르겠지만)
桃花依舊笑春風(복사꽃은 그때처럼 봄바람에 웃고 있구나)

며칠 후 우연히 남쪽 교외에 간 최호는 다시 그 집을 찾아갔는데, 그 집에서 우는 소리가 들렸다. 문을 두드리고 묻자 그녀의 아버지가 나와서 말했다.

"그대는 최호가 아닌가?" 최호가 그렇다고 대답하자 아버지는 계속 울면서 말했다. "그대가 내 딸을 죽였소." 최호는 놀라서 어떻게 대답을 해야 할 줄을 몰랐다. 아버지가 말했다.

"내 딸은 시집갈 나이가 되어 글을 익혔는데 아직 시집을 가지 않았소. 그런데 작년부터 마치 무엇을 잃어버린 것처럼 정신을 놓아 버렸소. 그날 같이 나갔다가 돌아와 왼쪽 대문에 있는 글을 보고 읽은 후, 집에 들어와 식음을 폐하고 수일 만에 죽고 말았소.

난 늙었소. 내 딸이 시집을 가지 않은 것은 좋은 남자를 찾아 나의 몸을 의탁하려고 함이었는데, 오늘 죽었으니 그대가 내 딸을 죽인 게 아니겠소?" 말을 마치고 또 대성통곡을 했다. 최호도 슬퍼하며 들어가 곡하기를 청했다.

그녀는 침상에 반듯이 누워 있었다. 최호는 시신의 머리를 들어 자신의 팔을 베게 한 후, 곡을 하면서 말했다.

"최호가 여기에 있소. 최호가 여기에 있어." 그러자 갑자기 그녀가 눈을 뜨며 반나절 만에 살아났다.

그녀의 아버지는 크게 기뻐하여 딸을 최호의 배필로 허락했다

### ❍ 생활 속의 지혜

❶ 고운님 만나면 솔직히 고백하는 것이 예의.

❷ 한번 맺은 인연 끝까지 사랑하여 백년해로가 인륜.

밤 근심이 하 길기에
꿈도 길 줄 알았더니
님을 보러 가는 길에 반도 못가 깨었구나.
새벽 꿈이 하 짧기에
근심도 짧을 줄 알았더니
근심에서 근심으로
끝 간 데를 모르겠다.
만일 임에게도
꿈과 근심이 있거든
차라리 근심이 꿈이 되고
꿈이 근심 되어라.

만해(卍海) 한용운(韓龍雲)의 꿈과 근심이라는 시(詩)이다.

젊을 때 찍은 부부 사진을 보면 대개 아내가 남편 곁에 다가서서 기대어 있습니다. 그런데 늙어서 찍은 부부사진을 보면 남편이 아내 쪽으로 몸을 기울여 있는 모습이 보입니다.

젊을 때는 아내가 남편에 기대어 살고, 나이가 들면 남편이 아내의 도움을 받으며 생을 살아가게 됩니다.

그래서 서로를 향하여 '여보, 당신' 이라고 부릅니다.

여보(如 : 같을 여, 寶 : 보배 보)라는 말은 "보배와 같다."라는 말이고, 당신(堂 : 집 당, 身 : 몸 신)은 "내 몸과 같다."라는 말입니다.

마누라는 "마주보고 누워라."의 준말이고, 여편네는 "옆에 있네." 에서 왔다고 합니다.

부부는 서로에게 가장 귀한 보배요 끝까지 함께 하는 사람입니다.

세월이 가면 어릴 적 친구도, 이웃들도, 친척들도 다 곁을 떠나게 됩니다. 마지막까지 내 곁을 지켜줄 사람은 아내요, 남편이요, 자녀들입니다.

우리가 가장 소중하게 여기고, 아끼며 사랑해야 하는 사람들입니다.

부부는 서로에게 가장 귀한 보배요 끝까지 함께하는 사람입니다. 살다보니 돈이 많은 사람보다, 잘난 사람보다, 많이 배운 사람보다, 마음이 편한 사람이 훨씬 좋더라.

내가 살려니 돈이 다가 아니고, 잘난 것이 다가 아니고, 많이 배운 것이 다가아닌, 소박함 그대로가 제일 좋더라.

사람과 사람에 있어 돈보다는 마음을, 잘남보다는 겸손을, 배움보다는 깨달음을 반성할 줄 아는 사람은 금상첨화이다.

그리고 나를 대함에 있어 이유가 없고, 계산이 없고, 조건이 없고, 어제와 오늘이 다르지 않은 물의 한결같음으로 흔들림이 없는 사람은 평생을 두고 함께 하고픈 사람이다.

가슴에 눈빛이 아닌 뜨거운 시선을 보여주는 그런 사람이 절실히 필요하고, 살아오는 동안 사람을 귀하게 여길 줄 알고 그 마음을 소중히 할 줄 알고 너 때문이 아닌 내 탓으로 마음에 빚을 지지 않으려 하는 사람은 흔치 않다는 걸 배웠다.

내가 세상을 살아감에 있어 맑은 정신과 밝은 눈과 깊은 마음으로 가슴에 눈빛이 아닌 뜨거운 시선을 보여주는 그런 사람이 절실히 필요함을 빨리 깨닫는 자 부부사랑에 성공하는 사람이다.

## 人微權輕(인미권경)

신분이 낮고, 권력이 약하다.

❍ 글자 뜻 : 人(사람 인) 微(작을 미) 權(권세 권) 輕(가벼울 경)

❍ 출전 : 史記 司馬讓苴 列傳(사기 사마양저 열전)

❍ 의미 / 비유

지위가 낮은 사람 의견이나 주장은 다른 사람들의 중시(重視)를 받지 못함.

❍ 사건유래의 요약

제(齊)나라 경공(景公) 때다.

진(晉)나라가 아(阿)와 견(甄)지역을 공략했다. 연(燕)나라도 하상(河上)지역을 침범하였다.

제나라 군사들은 계속 패했다. 이에 경공이 크게 근심했다. 그러자 안영이 전양저(田讓苴)를 추천했다.

경공이 양저를 불러 그와 더불어 병사(兵事)에 관한 이야기를 나누어 보고는 양저를 장군으로 삼았다. 그러자 양저가 말했다.

"신(臣)은 본래 미천한 신분이거늘 임금께서 저를 평민 속에서 발탁하시어 대부(大夫)의 윗자리에 올리셨으나 사졸들은 아직 복종하지 않고 백성들은 저를 신임하지 않습니다.

그러니 저는 권력이 미약한 보잘 것 없는 존재에 불과합니다.(臣素卑賤, 君擢之閭伍之中, 加之大夫之上, 士卒未附, 百姓不信, 人微權輕) 임금께서 총애하시고 온 백성이 존경하는 인물로 군대를 감독하게 하옵소서."

이 말을 들은 경공은 대부 장고(莊賈)를 딸려 보내기로 했다. 양저는 경공에게 하직인사를 한 후 "내일 정오에 군문에서 만납시다."라고 장고와 약속하였다.

장고는 원래 교만하고 우쭐한 사람이었다. 또한 자신이 감군(監軍)이므로 급히 서두를 것이 없다고 생각해 친척과 측근들이 마련한 송별연에 참석하여 오래 머무르며 술을 마셨다.

정오가 되어도 장고가 오지 않자 양저는 군대를 순시하고 군령(軍令)을 선포했다. 군령이 선포된 뒤 저녁때가 되어서야 장고가 왔다. 양저가

"어찌하여 약속시간에 늦었소?"라고 추궁하자 장고는

"대부와 친척들이 놓아 주지 않아 늦었소이다."라고 하였다. 양저가 말했다.

"장수는 명을 받은 날부터 집을 잊어야 하고, 군영에 이르러 군령을 정하게 되면 그 어버이를 잊어야 하며, 북을 치고 급히 진격할 때는 자기 몸을 잊어 버려야 합니다. 지금 적군이 나라 깊숙이 침입하여 나라 안이 어지러우며 사졸들은 변경에서 낮에도 땡볕을 쬐고 밤에도 노숙하고 있습니다. 백성들의 목숨이 모두 그대에게 달려 있거늘 이런 때 무슨 송별연이란 말이오?"

그리고는 군정(軍正)에게 "약속시간에 늦은 자를 군법에서 어떻게 처리하는가?"라고 물었다.

군정은 "참형(斬形)으로 다스리게 되어있습니다."라고 하였다.

몹시 겁이 난 장고는 경공에게 급히 사람을 보내 구명을 청했다. 하지만 떠나간 사자가 돌아오기 전에 양저는 장고를 참수형에 처하여 전군에 본보기로 보이니 모든 병사들이 죄다 두려움에 떨었다.

그러고는 삼일 후에 병사 통솔에 나서니 병자들도 모두 함께 가기를 청하며 양저를 위해 앞을 다투어 용감하게 출전하였다. 이 소식을 듣고 겁에 질린 적들은 모두 철수했다.

### ❍ 유사성어

人微言輕(인미언경) 身輕言威(신경언위)

### ❍ 생활 속의 지혜

❶ 능력에 맞는 직분수행.(낙하산식 직위는 임무수행 곤란)

❷ 윗사람의 권세만 믿고 거들먹거리면 낭패.

힘이 모이는 곳은 늘 관심의 대상이다.

정치적이라는 틀이 만들어진 뒤 힘은 한 군데로 더 모인다. 그런 정치적, 또는 물리적인 힘이 모여 있는 상태나 역량 자체를 우리는 보통 권력(權力)이라고 지칭한다. 그 권력이 직 · 간접적으로 미치는 범위는 매우 크다.

'권력'에서 '권(權)'을 분석해 보면, 나무, 또는 그로 만든 지팡이, 나아가 힘 있는 자리 등을 상징하는 나무(木), 황새나 학 등 큰 새를 가리키는 관(雚)의 합성이다. 초기 글자인 갑골문자의 형태를 볼 때 그렇다는 얘기다. 풀이는 다소 엇갈린다.

그러나 초기 한자의 세계에서 자주 등장하는 주술(呪術) 또는 제례(祭禮)와 연관을 지어 풀어보는 쪽이 더 그럴 듯하다. 이에 따르면 황새 등은 일종의 신조(神鳥)다.

따라서 글자 '권(權)'은 하늘이 내리는 조짐과 징후, 그를 관장하는 사람이 사용하는 지팡이의 합성이다.

이로 볼 때 '권(權)'은 하늘의 조짐과 예시 등을 다루는 자리에 있는 사람, 또는 그런 사람 등이 행사할 수 있는 힘 등을 일컬었던 글자로 볼 수 있다.

이런 맥락에서 얻은 새 힘이 바로 '권력(權力)'이라 할 수 있다. 그런 권력에는 두 가지 속성이 담겨 있다.

그 하나는 다른 이에게 나름대로의 기준을 설정하는 역량이고, 두 번째는 제 맘껏 뭔가를 꾸미고 벌이는 임의(任意)와 자의(恣意)의 성질이다.

앞의 경우에는 '원칙' '기준' 등의 새 힘을 얻었다. 그로써 번진 단어가 권형(權衡)이다. 권형이란 무게를 다는 저울추와 저울대다. 권도(權度)도 있다. 권도란 길이를 재는 자와 함께 일정한 원칙과 기준을 가리킨다.

임의성과 자의성이 번져 만들어진 단어는 권변(權變), 권술(權術), 권의(權宜) 등이다. 원칙과 기준에서 벗어나 옆 또는 뒤로 돌아가는 방편(方便)과 변칙(變則)을 의미하는 단어들이다.

따라서 한자 '권(權)'에는 기준과 원칙의 의미, 그 반대인 임의성과 자의성이라는 뜻이 다 담겨 있다.

세속의 권력이 지니는 단면을 잘 말해주는 대목일지 모른다.

기준과 원칙을 설정해 남들에게 이를 따르도록 하는 힘, 다른 한편으로는 제 뜻대로 번져 걷잡을 수 없을 정도에 이르는 성질이다. 따라서 권력을 쥔 사람의 소양과 식견, 자질 등은 늘 중요하다.

제가 손에 쥔 권력을 함부로 행사하면서 세상이 그에게 부여한 틀을 넘어설 때 항상 문제는 크게 변해지는 법이다.

전권(專權)이라는 말이 그에 해당한다. 권력을 제 뜻대로만 행사하는 경우다. 월권(越權) 또한 그렇다. 정해진 범주를 마구 넘어서는 경우다.

농권(弄權)도 그와 비슷한 행위다.

권력을 함부로 휘두르는 일이다. 천권(擅權)도 같은 맥락이다. 제 멋대로 구는 행위를 가리키는 '천(擅)'이라는 글자가 붙었다.

호권(怙權)이라는 옛 단어도 있다. 권력에 기대 거리낄 것 없이 구는 행위다.

독람대권(獨攬大權)은 성어식 표현이다. 혼자 큰 권력을 전횡(專橫)하는 행위다. 그렇게 하다가 나라를 망치는 일이 전권오국(專權誤國)이다.

심한 상황은 권력도 잃고 나라를 욕되게 만드는 상권욕국(喪權辱國)이다. 권력자가 제 힘을 오용(誤用)하고 남용(濫用)해서 자주 생겼던 일이라 다 성어로 남았다.

제가 손에 쥔 권력을 함부로 행사하면서 세상이 그에게 부여한 틀을 넘어설 때 항상 문제는 크게 되는 법이다.

전권(專權)이라는 말이 그에 해당한다.

권력을 제 뜻대로만 행사하는 경우다. 월권(越權) 또한 그렇다. 정해진 범주를 마구 넘어서는 경우다.

인미권경(人微權輕)은 사마천(司馬遷)의 〈사기(史記)〉에 나오는 성어다. '사람이 미천하면 권력도 가볍다'는 뜻이다.

그러나 동태적(動態的)인 풀이를 덧붙이고 싶다. '사람이 보잘 것 없어지면 권력도 가벼워진다.'는 식으로 말이다.

다른 한편으로는 제 뜻대로 번져 건잡을 수 없을 정도에 이르는 성질 말이다. 따라서 권력을 쥔 사람의 소양과 식견, 자질 등은 늘 중요하다.

# 人鼠之嘆(인서지탄)

사람과 쥐의 탄식

**❍ 글자 뜻 : 人(사람 인) 鼠(쥐 서) 之(어조사 지) 嘆(탄식할 탄)**

**❍ 출전 : 사기(史記) 이사열전(李斯列傳)**

**❍ 의미 / 비유**

사람이나 쥐나 주어진 환경에 따라 지위가 크게 달라짐을 비유함.

**❍ 사건유래의 요약**

진(秦)나라 승상 이사(李斯)가 젊었을 때 일이다. 창고지기로 있으면서 하루는 변소에서 일을 보는데 쥐란 놈이 몰려와 변을 먹는 것을 보고 불결하다는 생각을 하면서 창고 안으로 들어갔더니 쥐들이 여기저기서 수북이 쌓인 곡식을 훔쳐 먹고 있는 게 아닌가?

'뒷간의 쥐는 더러운 것을 먹으면서도 사람이나 개를 조심하며 살아야 하고, 창고의 쥐는 깨끗한 곡식을 실컷 먹으면서 사람이나 개 걱정을 하지 않는다. 사람도 그처럼 처할 환경을 잘 가려야 한다.'

생각이 여기에 미친 이사는 순경(荀卿)을 찾아가 제왕학(帝王學)을 배우고는 학문이 성취되자 순경에서 하직을 고하면서 말했다.

"제가 보기에 이곳 초왕이나 다른 제후들은 섬길 만한 인물이 없습니다. 예로부터 남아가 때를 얻기에 게을리 해서는 안 된다고 하였습니다.

지금 진왕(나중에 진시황이 됨)이 천하를 병탄하고자 황제를 참

칭하고 있으니 지금이야말로 포의(布衣)의 선비가 달려가 유세해 볼 만한 때입니다.

미천한 지위에 있는 자가 출세할 계책을 세우지 않는 것은 금수(禽獸)가 고깃덩어리를 보고 먹지 않는 것과 같으며 비천해서 당한 치욕보다 더한 것이 없고 가난보다 더 서글픈 일이 없습니다. 그러므로 저는 서쪽으로 가서 진왕을 섬기겠습니다."

진나라를 제외한 나머지 다섯 나라도 약소하여, 진나라로 길을 떠난다. 그리고 진나라의 여불위와 만나게 된다.

### ❍ 생활 속의 지혜

❶ 자기의 처지나 환경을 정확히 직시하라.

❷ 처해진 입장에 비관하지 말고 헤쳐 나갈 방도를 생각하라.

진(秦)나라에 도착한 이사(李斯)는 진나라 승상인 여불위를 찾아가 그의 식객이 되었고, 여불위는 그를 뛰어난 인물로 여겨 관리로 임명하였다.

왕의 주위에서 유세할 기회를 얻은 이사는 왕에게 당시 중국시대 상황을 논하고, 진나라의 힘으로 나머지 여섯 나라를 제압할 수 있는 지금 서둘러 대업을 이루어야 할 것을 설득했다. 진나라 왕은 이사에게 많은 재물을 주어 다른 나라에 가서 유세토록 하고, 명망 있는 사람들을 찾아 뇌물과 협박 또는 살해 등으로 또 군주와 신하 간 이간책을 시행했고, 그 공적으로 진나라 객경(타국사람을 그 나라 큰 벼슬자리에 임명)이 되었다.

그러나 잘 나가던 이사에게도 위기가 왔다. 한(韓)나라의 정국(鄭國)이라는 사람이 진나라에 와서 재정을 어렵게 만들어, 한나라를 침략하지 못하게 하는 계책을 썼다. 그것은 진나라로 하여금 운하를 건설하게 하여 대규모 인력과 자금을 소모하는 것이었다. 이것이 음모라는 것이 밝혀지자, 진나라 출신인 왕족과 대신들이 타국 출신으로 진나라에서 벼슬하는 사람을 내쫓을 것을 왕께 건의하였으며, 그 배제 명단에 이사가 포함되었다.

이를 알게 된 이사는 과거 중국 왕조로부터 타국의 능력있는 인물 들을 유입해 왕국이 부흥한 역사를 열거하고, 중국의 자원과 보물도 모두 진나라 것만이 아니라는 것, 음악조차도 서로 좋은 것은 어느 나라의 음악인지에 관련 없이 좋으면 받아들이는 이치를 설명했다. 그리고 외부의 유능한 인재를 받아드리지 않는 것은 결국 적국을 이롭게 하는 것이라고 왕을 설득하자, 왕은 타국 출신인사를 내쫓으라는 명령을 철회하고, 이사의 관직을 회복시켜 주었습니다. 이후 20년 뒤에 진나라가 천하를 통일하자 이사는 승상이 되었다.

다음은 그 상소문의 끝부분이다.

상소문의 백미(白眉)라고 말하는 마지막 구절을 소개해본다.

泰山不讓土壤故能成其大 河海不擇細流故能就其深 王者不卻衆庶故能明其德 … 중략 … 藉寇兵而齎盜糧者也

태산은 작은 흙덩이도 사양하지 않았기 때문에 그 큼을 이루고, 하해는 작은 물도 가리지 않기 때문에 그 깊음을 이루고, 왕은 백성을 물리치지 않기 때문에 그 덕을 밝힐 수 있는 것입니다. … 중략 … 이것은 적에게 병기를 빌려주고 도적에게 양식을 갖다 주는 것입니다.

진나라 통일 이전의 중국은 중앙국가가 봉건제로 운영을 했다. 봉건제는 왕이 왕족과 공신을 지방에 봉하고, 권력을 세습할 수 있었다.

제후들로 하여금 중앙국가와 떨어진 지역에서 자치를 하며, 중앙국가를 보호하는 역할을 수행토록 하기 위함이었다. 그러나 제후국들이 힘이 강해질수록 반대로 중앙국가를 위협하게 되었다.

진나라도 주나라의 제후국으로 시작했다. 그러나, 중국을 통일 후(BC221) 이사의 건의로 지방 관리를 중앙정부에서 직접 파견하는 군현제를 실시하였다. 더 이상 지방에 제후국이 세워지지 않고, 권력도 세습되지 않았다.

그로부터 8년 후 조정에서 순우월이 군현제를 비판하며, 예전과 같이 봉건제를 실시해야 나라의 안정 및 왕족들이 지위를 얻을 수 있다고 주장하자 시황제는 이 문제를 이사가 검토하도록 하였다. 이사는 봉건제가 옳지 못하며, 과거의 지식을 바탕으로 현재의 정책과 규정을 비판하는 것을 금지시켜야 한다고 하며, 의약, 점복, 농사 등 실용에서 꼭 필요한 서적을 제외한 모든 책을 태워서 없애야 하며, 이를 어기는 사람을 엄벌에 처해야 한다고 시황제에게 제안하자, 황제는 이를 시행토록 허락했다. 분서(焚書)가 있은 후 다음해 진나라를 비판한 유학자 460명을 구덩이에 묻어 죽였다.[坑儒]

이사로 인해 진나라는 법률과 제도를 만들고, 문자를 통일하고, 국력은 날로 강해졌다. 이사의 큰 아들은 태수가 되었고, 아들들은 모두 진나라 공주와 결혼하고, 딸은 진나라 왕자들에게 시집을 갔다.

그 후 이사는 스승으로 부터 '사물이 지나치게 강성해지는 것을 경계하라.'는 말을 상기하며, 자신이 평민, 시골 출신으로서 황제 다음으로 가장 높은 자리에 올라 권력과 부귀가 극에 달한 것을 느끼고, '만물이 극에 이르면 쇠하거늘 내 앞날이 어떻게 될지 알 수 없다.'는 한탄을 했다.

결국 이사는 자신의 동반자였던 조고에게 아들과 함께 처형되는 비참한 최후를 맞는다.

우리 속담에 말을 낳으면 제주도로 보내고 사람은 서울로 보내라고 한다. 사람은 환경의 지배를 받고 주어진 구역 안에서 모든 것을 걸고자 한다.

옛날 60년대만 해도 시골에는 세 끼니 밥을 모두 챙겨 먹는 집이 그리 흔하지 않았다. 그런 가운데에도 농토가 있어서 먹고 살만한 집은 자식을 가르치기 보다는 집안에 두어 농사라도 지으면서 먹고사는 고생은 걱정하지 않게 하려는 것이 집안 어른들의 생각이었다.

그러나 농토도 없고 남의 집 머슴살이를 하든지, 아니면 막일로 그날 그날을 힘겹게 살아가는 사람들이 70년대 들어 산업이 발전하고 일자리가 많아져 고향을 등지고 서울로 갔다든지, 공장에서 막노동을 하다가 기술이 축적되고 자기 자리를 완전히 잡은 사람들이 몇 년 후에는 자기가 머슴살이 하던 주인네 보다 훨씬 수입도 좋고 가정이 안정된 생활을 하였다.

그때 그때 환경이 사람을 변하게 하고 그 때에 맞게 행동한 사람들은 안정된 생활을 누릴 수 있었다.

그리고 지나치게 오래도록 권세를 누리는 것은 반드시 경계해야 한다.

'내려놓을 줄 아는 삶' 오래도록 누리는 행복의 열쇠가 아닐까?

月滿卽虧 物盛則衰(월만즉휴 물성즉쇠)

달이 차면 이지러지고, 만물이 번성하면 쇠약해진다.

주역(周易)에 있는 명언을 인용해 본다.

## 一鳴驚人(일명경인)

한번 울면 사람을 놀라게 한다.

❍ **글자 뜻 : 一(한 일) 鳴(울 명) 驚(놀랄 경) 人(사람 인)**

❍ **출전 : 史記(사기), 滑稽列傳(골계열전)**

❍ **의미 / 비유**

❶ 웅지를 품은 자가 가만히 있다가 때가 오면 행동을 취하여 사람을 놀라게 하는 경우.

❷ 평상시에는 아무런 내색도 하지 않다가 갑자기 사람을 놀라게 할 만한 업적을 내는 것에 비유.

❍ **사건 유래의 요약**

제나라 위왕(威王)은 수수께끼를 좋아했다. 왕은 음탕하게 놀면서 밤늦게까지 술 마시기를 즐겼다. 그래서 순우곤이 수수께끼로 넌지시 왕에게 말했다.

"나라에 큰 새가 있는데 궁전 뜰에 살고 있습니다. 3년간 날지도 않고 울지도 않았습니다. 왕께서는 이 새가 무슨 새인지 아십니까?"

왕이 대답했다.

"이 새는 날지 않으면 그만이지만 한 번 날면 하늘 높이 올라가며, 울지 않으면 그만이지만 한번 울면 사람들을 놀라게 할 것이오."

그리고는 모든 현령 72명을 불러들여 그중 한 명에게 상을 내리고 한 명에게는 벌을 주었다. 이어 군대를 일으켜 출진했다.

왕이 국사는 돌보지 않고 주색에 빠져 정사를 돌보지 않고 있으니 나라가 망하는 것은 시간문제였다.

그러나 아무도 간하지 못하고 있는 판에 순우곤이 용감하게 왕을 깨우치는 말을 했던 것이다. 사기는 그를 이렇게 소개하고 있다.

'순우곤은 제나라 사람의 데릴사위였다. 키는 7척도 못 됐지만 익살스럽고 변설에 능해 여러 번 제후에게 사신으로 갔는데, 굽히거나 굴욕당한 적이 없었다.'

3년 동안 날지도 않고 울지도 않는다는 말은 자복(雌伏:능력을 발휘하지 않고 세월만 보낸다는 뜻), 퇴장(退藏:물러나 숨어 있다는 뜻)과 같은 의미이다. 여씨춘추(呂氏春秋) '심응람(審應覽)'에는 춘추오패(春秋五霸) 중 하나인 초장왕(楚莊王)에게 오거(伍擧)가 이런 말을 했다고 기록돼 있다.

### ❍ 유사성어

一飛沖天(일비충천) 飛必沖天(비필충천)

### ❍ 생활 속의 지혜

❶ 행동하지 않는다고 조급하게 여기지 않는다.

❷ 때를 기다릴 줄 아는 인고(忍苦)의 노력이 필요함.

이 고사에서는 두 가지 교훈을 생각할 수 있다.

첫째는 목숨을 담보로 왕에게 충간하는 충신이 있음이고, 두 번째는 그 충신의 충간을 받아들여 올바른 군주가 되는 훌륭한 리더의 결심을 꼽을 수 있다.

세상 사람들이 살아가는 방법 중 아부하기는 쉽지만 군주를 위해 바른말[忠言]하기는 매우 어렵다. 그 이유는 목숨을 담보로 해야 하기 때문이다.

제나라 위왕은 순우곤의 우회적인 충간에 술잔을 던져버리고 여색을 멀리함은 물론 사치를 금하고 직접 각 고을을 순시하면서 치세에 신경을 쓰기 시작했다. 그리고 그는 훌륭한 목민관(牧民官)과 탐관오리(貪官汚吏)를 구분하여 신상필벌(信賞必罰)로 나라 구조를 재정비하여 나라의 안정을 되찾음은 물론 그 후 국가발전의 동력이 되었음은 말할 필요조차 없다.

위왕은 직접순시를 통해 확인한 결과 참언으로 늘 곤경에 처해 있던 산동지방수령의 즉묵대부(卽墨大夫 : 중앙 벼슬아치들에게 뇌물을 주지 않아 항상 비난을 받고 왕에게 탐관오리로 보고됨)에게 고을을 잘 다스림에 대해 칭찬하고 일만 호의 봉토(封土)를 하사한 반면 항상 뇌물로써 왕의 측근을 매수해 거짓보고를 하게한 아대부(阿大夫)에게는 가차 없이 팽형(烹刑 : 가마솥에 삶아 죽이는 형벌)에 처했다. 그리고 귀경한 위왕은 전국 72현의 현령을 소집하여 명확한 신상필벌을 내렸다.

그 후로 제나라는 잘 다스려지고 백성의 생활도 넉넉하고 안정되었다. 나아가 영토를 넓히고 군대를 양성하여 부국강병을 이룸은 물론 제나라는 몰라 볼 정도로 변화하게 되었다.

중국 여황제(女皇帝) 측천무후(則天武后).

황제의 궁녀로 궁궐 생활을 시작한 그가 무소불위의 자리에 오르기까지 무수한 역경과 그를 뛰어넘는 모략이 있었음을 짐작하기란 어렵지 않다. 그녀가 구사한 모략이 '일명경인(一鳴驚人)'이다.

무측천은 궁에 들어온 날부터 당 태종의 기호를 관찰하며 자신을 드러낼 기회를 엿보다가 기회가 다가왔을 때 자신을 알렸다. '칩복대기(蟄伏待機)다.

언제든지 화를 당할 가능성이 있는 긴박한 상황엔 재빨리 몸을 낮추고, 기회가 오자 한 번만에 울며 그 기회를 잡고 놓치지 않았다.

위왕(威王)과 무측천은 소(小)로 인한 대(大)를 잃지 않았기에 큰 명성을 이룬 것이며, 자기의 의도를 일찍 드러내지 않았기에 큰 공을 이룬 것이니, 노자의 말과도 같다.

즉 큰 그릇은 늦게 이뤄지고(大器晩成), 큰 소리는 둔하고 드러내지 않는다(大音希聲).

중국인을 표현할 수 있는 가장 적합한 말이 무엇일까? '난득호도(難得糊塗)'다. 곧 '어리숙하게 보이는 게 어렵다는 말이다.

구체적인 표현으로는 '총명난 호도경난(聰明難 糊塗更難)' 즉 '총명해 보이기는 어렵고 어리숙해 보이기는 더 어렵다'는 말인데 이것이야 말로 난득호도의 속뜻이다.

아는 것을 쉽게 드러내지 않을 뿐 아니라 남의 주장과 실수 및 잘못까지를 모두 용인하고 품어주는 삶의 태도이다. 노자(老子)는 이를 비유하여 '물이 깊으면 파도가 고요하고 배움이 넓으면 말소리가 나직하다.(水深波浪靜 學廣語聲低(수심파랑정 학광어성저))'는 말과 '큰 소리는 귀로 듣기 어렵고 모가 넓으면 모퉁이가 없다.(大音希聲 大方無隅(대음희성 대방무우))'는 말이 대표적이라 할 수 있다.

그러나 한 번 울면 사람을 놀래 킬 수 있는데, 자주 울면 동화 속의 양치기 소년이 놀리는 목소리처럼 만성이 되어 놀라지 않는다.

## 日暮途遠(일모도원)

갈 길은 먼데 해는 저물어 간다.

❍ 글자 뜻 : 日(날 일) 暮(저물 모) 途(길 도) 遠(멀 원)

❍ 출전 : 史記(사기) 伍子胥列傳(오자서열전)

❍ 의미 및 비유

❶ 할 일은 많은데 시간이 없거나 힘이 부족함을 비유함.

❷ 나이는 늙었지만 앞으로 해야 할 일이 많다는 것을 비유한 말.

❍ 사건유래 요약

오자서(伍子胥)의 집안은 원래 6대에 걸쳐 초(楚)나라에 충성을 바친 전통을 자랑하는 가문이었다.

초나라의 평왕(平王) 때, 오사(伍奢)는 태자(太子) 건(建)의 태부(太傅)였고, 비무기(費無忌)는 소부(少傅)로 있었으나 성품(性品)이 간교(奸巧)했다.

비무기는 태자를 배신하고 진(秦)에서 데려온 여자를 평왕에게 권하고 아첨(阿諂)하여 신임(信任)을 얻었다. 그 후, 태자(太子)의 보복이 두려워 태자를 참소했다.

여자에게 빠져 버린 왕은 비무기(費無忌)의 말만 곧이듣고 왕자(王子)를 변방으로 추방(追放)했다. 또 왕은 태자가 반기를 든다는 거짓말을 믿고 이번엔 태부 오사(伍奢)를 꾸짖었는데, 오사(伍奢)는 도리어 왕의 잘못됨을 간(諫)하였다.

이 때문에 오사(伍奢)는 유폐되고, 태자는 송(宋)나라로 도망(逃亡)했다. 이번에는 오사(伍奢)의 두 아들의 보복이 두려워진 비무기는 태자의 음모(陰謀)는 그 두 아들의 보복이라 참언(讒言)했다.

그 때문에 오사(伍奢)의 맏아들 오상(伍尙)은 잡혀 죽고, 둘째 아들 오자서(伍子胥)는 오(吳)나라로 도망쳤다. 그때부터 오자서는 복수(復讐)를 다짐했다.

오왕(吳王)과 공자(公子) 광(光)을 만난 오자서는 공자가 왕위(王位)를 탐하여 자객(刺客)을 구함을 알고 전제(專諸)라는 자객(刺客)을 천거했다.

이 때에 초(楚)나라는 평왕이 죽고 비무기가 평왕에 천거(薦擧)한 여자의 소생 진(軫)이 소왕(昭王)으로 등극했다.

그 후 내분으로 비무기는 피살(被殺)되고, 내분을 틈타 초를 치던 오왕은 전제의 칼에 죽고, 공자 광이 왕위(王位)에 오르니, 이가 곧 오 왕 합려(闔閭)다.

그 후 오자서는 초에 쳐들어가 평 왕의 묘를 파헤치고 시체에 300대의 곤장을 가함으로써 원한(怨恨)을 풀었다.

누가 이를 지나치다고 비난(非難)하니, 오자서가 말했다.

"부디 신포서(申包胥 : 초나라 신하)에게 잘 전해라. 해는 지고 길은 멀기 때문에 갈팡질팡 걸어가며 앞뒤를 분간할 겨를이 없었다고."

### ❍ 유사성어

日暮途窮(일모도궁) 窮途暮日(궁도모일) 窮途末路(궁도말로)

### ❍ 생활 속의 지혜

❶ 원한을 만들면 반드시 복수의 기회를 맞게 된다.

### ❷ 지나친 보복은 오히려 화를 부를 수 있다.

‘굴묘편시(掘墓鞭屍)’는 무덤을 파헤쳐 시신에 매질을 한다는 뜻으로 통쾌한 복수(復讐)나 지나친 행동을 일컫는 말이다.

복수에 관해 얘기를 하자면 오자서(伍子胥)를 빼놓을 수 없다.

오자서는 복수의 화신이지만 중국인들에게 가장 사랑받는 강직한 인물 중의 하나이기도 하다.

13억 인구 중에 무려 10억 명이 그를 알고 있다고 한다.

이어서 오(吳)나라로 망명한 오자서는 오 왕 합려(闔閭)를 보좌하여 오나라를 강국으로 키운 후 초(楚)나라 수도를 함락시킨다. 드디어 복수의 때가 왔으나 평 왕은 이미 죽은 뒤였다.

평왕은 생전에 오자서의 보복을 예견하고 자신의 묘를 깊은 연못 속에 만들고 조성작업에 종사한 일꾼 500명을 몰살(沒殺)시킨 까닭에 무덤을 찾을 수 없었다.

그러나 유일하게 살아남은 한 노인이 알려주어 오자서는 평 왕의 묘를 찾아낸 뒤 시신을 파내어 쇠 채찍으로 300번 내려침으로써 분을 풀었다. 이를 두고 친구인 신포서가 “이보다 더 천리(天理)에 어긋나는 일이 있느냐?”고 나무라자 오자서는 “해는 저물고 갈 길은 머니(일모도원 : 日暮途遠) 도리에 역행하는 수밖에 없다(倒行逆施)”고 답한다. 그것이 또 다른 업(業)이 되었을까.

오자서는 훗날 합려의 아들 부차(夫差)에 의해 죽임을 당했는데 죽으면 눈을 도려내 문 위에 걸어 오나라가 멸망하는 것을 보게 해달라고 당부한 뒤 자결(自決)했다.

비록 선대의 원(怨)은 풀었다지만 자신 또한 원을 품고 세상을 떠난 것이다.

때로는 복수를 향한 일념이 삶을 지탱해 주기도 한다지만 지나친 복수심이나 적개심(敵愾心)은 스스로의 삶을 피폐(疲弊)하게 하고 힘들게 한다. 그러니 살아가면서 남에게 원한(怨恨) 살 일을 만들지 말되 자기가 피해자가 되는 경우라도 어느 순간 그 마음을 놓아주고, 가해자(加害者)를 용서해야 한다.

사람들은 자기의 목표를 향해 달려갈 때 조급하고 거칠어지기 마련이다 그러나 바쁘다고 대충처리하거나 절차를 무시하거나 가볍게 처리하려들면 더욱 목표에 접근하기가 어려울 때가 많다.

어미 앞에서 인용된 말이지만[여도지죄(餘桃之罪) 참조]

性燥心粗者一事無成 心和氣平者百福自集

(성조심조자일사무성 심화기평자백복자집)

성격이 조급하고 마음이 거칠은 자는 한 가지 일도 이룰 수 없고, 마음이 화평하고 기운이 평온한자는 모든 복이 저절로 모인다.

바쁠수록 돌아가고 돌다리도 두드려보고 건너는 여유야 말로 목표로 접근할 수 있는 가장 확실하고 안전한 길이 될 수 있다.

窮鳥入懷 仁人所憫(궁조입회 인인소민)

궁지에 몰린 새는 사람의 품으로 날아들고, 어진 사람은 그 새를 불쌍히 여긴다.(孫子兵法)

성경에도 '긍휼이 여기는 자는 복이 있나니 저희가 긍휼히 여김을 받을 것임이요.'(마가복음 5장 7절) 깊이 명심하여야 할 것이다.

## 絶纓之宴(절영지연)

잔치자리에서 갓끈을 끊다.

❍ **글자 뜻 : 絶(끊을 절) 纓(갓끈 영) 之(어조사 지) 宴(잔치 연)**

❍ **출전 : 劉向(유향)이 지은 說苑(설원)의 復恩篇(복은편), 東國列國志(동국열국지)**

❍ **의미 및 비유**

남의 잘못을 관대하게 용서해주거나, 남을 어려운 일에서 구해주면 반드시 보답이 따른다는 비유.

❍ **사건유래 요약**

춘추시대 초(楚)나라 장왕(莊王)이 투월초(鬪越椒)의 난을 평정한 뒤 공을 세운 신하들을 위로하기 위하여 성대하게 연회를 베풀고, 총희(寵姬 : 애첩)로 하여금 옆에서 시중을 들도록 하였다.

밤이 되도록 주연은 계속되었고 신하들은 이 연회를 온몸으로 즐기고 있는데, 갑자기 광풍이 불어 촛불이 모두 꺼져버렸다. 그리고는 어둠 속에서 불현듯 왕의 총희가 부르짖는 소리가 들렸다.

총희는 장왕에게 누군가 자신의 몸을 건드리는 자가 있어 그자의 갓끈을 잡아 뜯었으니 불을 켜면 그자가 누군지 가려낼 수 있을 것이라고 고하였다. 그러나 장왕은 촛불을 켜지 못하도록 제지하고는 오히려 신하들에게 명령하였다.

"오늘은 과인과 함께 마시는 날이니, 갓끈을 끊어버리지 않는 자는 이 자리를 즐기지 않는 것으로 알겠다.(今日與寡人飮, 不絶冠纓

者不歡)"라고 말하였다. 이에 신하들이 모두 갓끈을 끊어버리고 여흥을 다한 뒤 연회를 잘 마쳤다.

이로부터 3년 후 초나라가 진(晉)나라와 치열한 전투를 벌이는 과정에서 장왕이 죽을 위기에 처했다. 이때 장웅(蔣雄)라는 장수가 나타나 장왕을 구하고 진나라를 격퇴하는 큰 공을 세웠다.

장왕이 칭찬하며 상을 내리려 하자 장웅은 이렇게 말했다.

"대왕께서 3년 전의 일을 기억하십니까? 그때 갓끈을 뜯긴 사람이 바로 저였습니다. 대왕의 은혜로 죽지 않고 살았으니 소신 목숨 바쳐 그 은혜를 보답하고자 했을 뿐입니다.

부하의 실수를 용서한 덕분에 부하는 그 은혜에 감동하여 더 큰 충성과 헌신을 바친 것이다.

물론 오늘날의 관점에서 보자면 피해자(추행당한 후궁)가 사과받지 못했고, 피해자의 인권이 무시되었다.

따라서 장왕의 결정을 그대로 본 받아야한다고 말할 수 없다.

다만 아래 사람의 잘못을 드러내고 엄격히 처벌하는 일만이 정답이 아니라는 것이다.

상황에 따라 융통성을 발휘해 너그럽게 대하는 자세가 필요하다.

### ❍ 유사성어

絕纓之會(절영지회) 自吝他寬(자인타관) 反求諸身(반구저신)

### ❍ 생활 속의 지혜

❶ 고의든 고의가 아니든 남에게 잘못을 저지르면 안 된다.

❷ 잘못을 저질렀으면 솔직히 용서를 구하라.

❸ 용서를 구하는 자 관대히 용서하라.

❹ 은혜를 입었으면 반드시 보답하라.

자그마한 일이라도 남의 허물에 관용(寬容)을 베풀려는 마음을 가지도록 노력해야 한다.

남의 허물을 명경(明鏡)같이 들여다보며 지적(指摘)과, 험담(險談)과, 비난(非難)의 화살을 쉽게 날린다. 이해하기 보다는 어느 한 부분의 행위와 언어만을 꼬집어 내어서 습관처럼 지적을 하는 부류의 사람들이 많다.

그들은 대체로 부정적인 비판에는 풍부한 반면, 긍정적인 평가와 칭찬에는 매우 인색함을 본다.

너의 허물이 오늘이면 나의 허물은 내일이 될 수 있다.

"남의 허물을 덮는 것을 밤처럼 하라."는 속담이 우리에게 주는 교훈은 결국, 부메랑처럼 나에게 돌아오기 때문이다.

오늘날의 사회는 걷잡을 수 없는 자기위주의 생활이다.

특히 인권이라는 단어 아래 정(情)도 친(親)함도 배려(配慮)도 용서(容恕)도 없는 세상이 되었다.

특히 성희롱에 대한 Me Too운동은 세상을 완전히 바꾸어 놓고 있다. 당연히 남의 인격, 특히 여성분들의 인격 존중은 이론의 여지가 없다.

좀 아쉬운 점은 반드시 법적으로 시비를 가려 피해를 보상받고 상대방을 매장시키는 차가운 인정보다는, 다소의 따뜻한 온정의 배려도 생각해 볼 수 있는 훈훈한 사회도 바람직하다.

■ "나의 단점을 정당화하지 마라!"
■ "오로지 나의 단점을 고치기에 힘쓰라!"

위는 경남 양산의 소나무 숲속에 자리 잡고 있는 통도사(通度寺) 경내 곳곳에 걸려 있는 검은 나무판의 경구 중 하나이다.

대[竹]의 마디는 성장을 멈춘 결과라고 한다. 성장을 멈추고 기다리면서 힘을 모은다.

이때 생기는 울퉁불퉁한 마디는 보기에 좋지 않지만 대나무가 휘지 않고 곧게 성장하도록 해준다고 한다.

처음에 만든 드럼통은 매끈한 통이었기 때문에 약간의 충격이나 굴릴 때의 충격에도 쉽게 부서졌다고 한다. 그래서 이 마디의 원리를 적용한 것이 드럼통이다.

누군가가 대[竹] 마디에 착안하여 드럼통에 마디를 넣어 만들었던 것이다. 이 결과 드럼통의 강도는 4배나 강해졌다고 한다.

사람은 살면서 겪어 내기 힘든 어려움과 괴로움이 찾아올 때가 있다.

겪어 내기 힘든 어려움과 괴로움 견디려면 야무진 인내를 활용하며 현실에서 잠시 멈출 필요가 있다.

왜냐하면 우리들의 풍요로운 삶의 성장이 이때 새로 시작될 마디가 생겨나기 때문이다.

이 마디는 하나로 그치지 않고 자꾸 생겨나는데 멈춤과 성장을 계속 해야 하는 삶의 과정임을 생각할 때 우리의 삶의 강도는 몇 곱절 강해질 것이다.

"참을 인(忍)자 세 번이면 살인도 면한다." 만고(萬古)의 진리이다.

그러나 요즘시대에는 요원한 말같이 들린다. 순간의 화를 참지 못하고 감정을 폭발해버리는 사람들이 늘어나고 있기 때문이다.

자동차가 경적을 울리거나 끼어들었다고 위험천만한 보복운전을 하고, 아파트 중간 소음 때문에 아래윗집 사이에 말다툼이 살인까지 자행된다. 상대를 이해하고 포용할 수 있는 마음이 부족하고 조급함과 자기중심적인 사고와 행동으로 인한 결과들이다.

언제부터 우리는 이렇듯 참을성이 없어져 간다.

예전에는 사람들이 억울한 일을 당하더라도 화를 속으로 삭여서 화병에 도달하는 정도로 그쳤다. 그러나 요즈음 전문가들의 조언은 무조건 참지 말고 적당히 발산하라는 조언을 하기도 한다.

그렇다, 적당한 발산을 해야 한다. 그러나 발산이 도를 넘으면 안 된다.

참는다는 것이 결코 쉬운 일이 아니다. 참을 인(忍)자를 보면 마음심(心)자 위에 칼날 인(刃)자가 놓여있다. 곧 참는다는 것은 심장에 칼날을 갖다 대는듯한 고통이 따르는 어려운 일이다.

'忍一時之忿 免百日之憂(인일시지분 면백일지우)'라 했다.

곧 한 때의 화를 참으면 백날의 근심을 면한다.'

분노 관리 여부에 따라 조직의 명운이 달라질 수 있다.

화를 참지 못하면 자신은 물론 조직 전체를 망하게 할 수도 있다.

責人之心責己 恕己之心恕人(책인지심책기 서기지심서기)

남을 꾸짖는 마음으로 자기를 꾸짖고, 자기를 용서하는 마음으로 남을 용서하라.

## 指鹿爲馬(지록위마)

사슴을 가리켜 말이 라고 한다.

○ **글자 뜻 : 指(가리킬지) 鹿(사슴록) 爲(할 위) 馬(말마)**

○ **출전 : 史記(사기) 秦始皇 本紀(진시황 본기)**

○ **의미 / 비유**

❶ 사실이 아닌 것을 사실로 만들어 강압으로 인정하게 됨.

❷ 윗사람을 농락하여 권세를 마음대로 함.

○ **사건유래의 요약**

진(秦)나라 시황제(始皇帝)를 섬기던 환관에 조고(趙高)란 악당이 있었다. 조고는 시황제가 죽자 유언장을 위조(僞造)하여 태자 부소(扶蘇)를 죽이고, 어리고 어리석은 막내 아들 호해(胡亥)를 내세워 황제로 옹립했다.

그래야만 자기가 권력을 마음대로 휘두를 수 있기 때문이었다.

아니나 다를까, 호해를 온갖 환락 속에 빠뜨려 정신을 못 차리게 한 다음 교묘한 술책으로 승상 이사(李斯)를 비롯한 원로 중신들을 처치하고 자기가 승상이 되어 조정을 완전히 한 손에 틀어쥐었다.

'이제 내 세상이다.'

조고는 입을 다물고 있는 중신들 가운데 자기를 좋지 않게 생각하는 자를 가리기 위해 술책을 썼다.

어느 날 사슴 한 마리를 어전에 끌어다 놓고 호해한테 말했다.

"폐하, 저것은 참으로 좋은 말입니다. 폐하를 위해 구했습니다."

"승상은 농담도 심하시오. '사슴을 가리켜 말이라 하니[指鹿爲馬(지록위마)]' 무슨 소리요?"

"아닙니다. 말이 틀림없습니다."

조고가 짐짓 우기자, 호해는 중신들을 둘러보며 물었다.

"아니, 제공들 보기에는 저게 뭐 같소? 말이요, 아니면 사슴이요?"

그러자 대부분 조고가 두려워 "말입니다."라고 대답했지만, 그나마 의지가 남아 있는 몇몇 사람들은 "사슴입니다."라고 바로 대답했다.

조고는 사슴이라고 대답한 사람을 똑똑히 기억해 두었다가 죄를 씌워 죽여 버렸다.

그러고 나니 누구도 감히 조고의 말에 반대하는 자가 없게 되었다.

얼마 뒤에 진(秦)나라는 사방에서 반란이 일어났고 반란군중 유방의 군대가 먼저 서울인 함양(咸陽)으로 밀고 올라오는 가운데 조고는 호해를 살해하고 진시황의 맏아들인 부소의 아들 자영(子嬰)을 3세 황제로 옹립했다.

그러나 똑똑한 자영은 등극하자마자 조고를 주살해버렸다.

### ○ 유사성어

以鹿爲馬(이록위마) 牽强附會(견강부회) 我田引水(아전인수)

환관권력(宦官權力)이 아방궁(阿房宮)에서 획책한 지록위마의 시말(始末)은 그처럼 황당하고 참혹했다.

조고의 권력 전횡이 극심해질수록 진나라의 형세는 날로 위태로워져 갔다. 그렇게 되자 조고는 호해 황제마저 모살(謀殺)하고 자결한 부소의 아들 자영을 옹립하여 진왕이라 부르게 했다.

그러나 큰 죄를 지어온 조고는 자영에게 죽임을 당한다. 당연히 조고의 3족도 함께 처형됐다.

진왕 자영은 재위 46일 만에 유방(劉邦)에게 항복했다.

중국 역사상 최초의 통일국가였던 진나라는 그렇게 3대 15년 만에 참담하게 붕괴되어 멸망했다.(기원전 209년)

환관권역의 '지록위마(指鹿爲馬)' 정치 탓이었다.

이처럼 중국 고사를 장황하게 인용한 이유는 현대사회에서도 사악한 환관적 권력이 모든 조직의 존립을 흔들 수 있기 때문이다.

국정을 농단하는 나라는 오래 갈 수가 없다. 조고가 호해를 능멸하며 전횡하는 사이 전국에선 반란이 일어난다.

유방의 군대가 함양으로 밀고 올라오자 조고는 호해를 죽이고 자영을 새 황제로 옹립하지만, 제국의 멸망을 막을 수 없었고, 결국 조고도 주살을 피할 수 없었다.

지록위마는 최고 권력자도 자칫하면 측근들의 농단에 놀아나기 쉽다는 역사적 교훈을 일깨워준다. 2천 년 전 진시황 때 고사지만 지금의 각국 정치에 비교해 볼 수 있다.

최고 권력자가 자기 권력을 즐기는 사이에 조고와 같은 주위의 아첨으로 일관하는 무리에게 둘러싸여 자신이 황폐해가는 것을 모르는 지도자로 전락됨은 주위에서 흔히 볼 수 있는 정치적 현상이다.

조선의 역사에도 동일한 경우는 아니지만 간신(奸臣)의 횡포로 국정을 농락하고 조정을 피로 물들인 사건이 있다.

바로 연산군(燕山君)과 임사홍(任士洪)이다.

임사홍의 아첨이 도를 넘은 것은 연산군이 임사홍의 집을 방문하였을 때 시작되었다.

임사홍(任士洪, 1449~1506년)의 집을 찾은 연산군은 '요순(堯舜)을 본받으면 저절로 태평할 것인데/ 진시황은 어찌하여 백성들을 괴롭혔는가?/ 재난과 불행이 집안에서 일어날 줄도 모르고/ 오랑캐를 막겠다며 공연히 만리장성을 쌓았구나!'라고 쓰여진 병풍을 보고 누가 쓴 것이냐고 물었다.

임사홍이 자신의 아들 임희재(任熙載)의 글씨라고 말하자 연산군은 화를 내며 말했다. "경의 아들은 불초한 자다. 내가 죽여야겠는데 경의 생각은 어떤가?"

진시황에 빗대어 자신을 비판했다고 생각했기 때문이다. 그러자 임사홍은 "희재의 성질과 행실은 전하의 말씀처럼 온순하지 못합니다. 신이 아뢰고자 하다가 미처 아뢰지 못하였습니다."고 답한다.

자식보다는 자신의 안위를 우선하는 모습을 보여주고 있는 것이다.

이후 임희재는 유배를 갔다가 갑자사화가 일어나면서 능지처참을 당했다.(연산10년 10월 28일).

그는 사림(士林)의 영수 김종직의 제자로서 아버지와는 다른 정치노선을 걸었는데 무오사화와 갑자사화로 김종직 계열의 선비들이 대거 목숨을 잃었을 때 여기에 함께 연루된 것이다.

임사홍은 이 과정에서 자식을 구하기 위한 어떠한 행동도 취하지 않았다고 한다. 오히려 앞장서서 자식을 비판하고 고발하는 모습을 보여주었는데 임금을 위해서는 천륜인 자식까지 버릴 수 있음을 과시하기 위한 것으로 판단된다.

자신의 야망을 위해 아들의 목숨을 바친 것이다.

연산군은 이러한 임사홍을 매우 아꼈는데, 자식을 바쳐 권세를 탐하는 자는 임금을 망칠 것이라는 관중(管仲)의 경고대로 임사홍은 연산군의 폭정을 더욱 악화시킨 희대의 간신으로 이름을 남기게 된다.

그 후 임사홍은 정치적 보복을 일삼는데 당시 절대 거론하면 안 된다는 폐비 윤씨의 일을 들추어내어 갑자사화(甲子士禍)를 일으켜 자기 권력을 과시했고, 피의 숙청으로 조선의 인물들을 없애는 역사적 죄까지 지은 것은 물론 패륜으로 자기가 모시던 군주는 물론 집안까지 모두 망하고 역사적으로 대표적인 간신의 모범사례로 남아있다.

國有賢良之士衆 則國家之治厚 賢良之士寡 則國家之治薄
(국유현량지사중 즉 국가지치우 현량지사과 즉국가지치박)

나라에 유능한 인재가 많으면 나라의 통치가 든든해지고, 유능하고 어진인재가 적으면 나라의 통치가 약해진다.

위정자들이나 국민 모두 꼭 새겨두어야 할 교훈이다.

## 盡忠報國(진충보국)

충성을 다하여 나라의 은혜에 보답하다.

❍ 글자 뜻 : 盡(다할 진) 忠(충성 충) 報(갚을 보) 國(나라 국)

❍ 출전 : 周書(주서), 顔之儀傳(안지의전)

### ❍ 사건유래의 요약

남북조시대 북주(北周)의 선제(宣帝)가 죽고 8세의 어린 정제(靜帝)가 뒤를 이었다.

조정에서는 나이 어린 정제의 후견인 문제로 의견 대립이 일어났다.

신하인 유방(劉昉), 정역(鄭譯) 등은 선제가 죽기 전에 반포한 명령을 사칭하여 양견(楊堅), 후의 수문제(隋文帝)를 승상으로 세워 정제를 보좌하게 하려고 했다.

안지의(顔之儀)는 선제의 유지가 아니라는 것을 알았기 때문에 거부하고 따르지 않았다.

유방 등은 조서를 만들어 서명을 하고 안지의에게도 서명을 강요했다. 그러자 안지의가 큰소리로 꾸짖었다.

"선제께서 막 돌아가시고 즉위한 황제는 연소하므로 집정하는 대신들은 마땅히 황족 중에서 가장 걸출한 조왕(趙王)에게 담당하도록 해야 하오. 여러분들은 조정의 큰 은혜를 입었으므로 마땅히 충성을 다하여 나라의 은혜에 보답해야지, 어찌하여 제위를 다른 사람에게 주려고 하는 것이오. 내가 죽는다 하더라도 선제를 기망할 수는 없소."

그러자 유방 등은 안지의를 굴복시키기 어렵다는 것을 알고 안지의를 대신해서 자신들이 서명을 했다.

양견이 후에 옥새를 찾자 안지의가 정색을 하며 말했다.

"이것은 천자의 물건으로 주인이 있는 것인데 재상이 어찌하여 찾는 것이오?"

양견이 크게 노하여 안지의를 끌어내 죽이라고 명했으나 백성들이 보고 있으므로 죽이지를 못하고 서쪽 변방의 군수로 내보내 버렸다.

### ❍ 유사성어

竭忠報國(갈충보국) 滅私奉公(멸사봉공)

### ❍ 생활 속의 지혜

❶ 나라를 위한 생각은 항상 길러지고 수행해야함.

❷ 집안에서 부모로부터의 인성교육은 사회질서 확립과 국가에 충성을 다하는 마음이 길러지게 됨.

송나라 휘종(徽宗) 때 금(金)나라가 여러 차례 송나라를 침략하였다.

그 당시 부정부패(不正腐敗)가 만연했던 송나라는 금(金)나라를 이겨내지 못하고 결국 굴복해서 황하 이북의 땅을 모두 금나라에 내어주고 휘종(徽宗)과 그의 아들 흠종(欽宗)은 수도(首都)인 개봉(開封)이 함락될 때 포로로 잡혀서 북방으로 끌려가 그곳에서 죽고 말았다.

이런 와중에서도 휘종의 아홉째 아들인 강왕(康王)은 감시가 소홀한 틈을 타서 탈출할 수 있었다. 그는 장강을 건너 절강 임안(臨安)에서 남송(南宋)을 개국하여 고종이 되었고 송나라도 겨우 명맥을 유지할 수 있게 되었다.

그 당시 송나라 조정에 있던 대신들은 대부분이 무능하고 어리석은데다가 놀기를 좋아해서 나라의 큰일은 돌보지 않고 사리사욕(私利私慾)을 채우기에 급급하고 있었다.

다만 악비(岳飛)라는 충신 영웅이 있었다.

그는 무예와 병법에 출중했으며 밤낮으로 나라의 위기에 대해 염려하였다. 이런 난세를 보면서 악비는 탄식을 금할 수 없었다.

이때 아주 현명하고 대의에 밝은 악비의 어머니는 아들이 나라를 위해 늘 걱정을 하면서 국가를 위해 큰일을 하겠다는 결심을 세운 것을 알고 매우 기뻐하며 격려하였다.

어느날 악비의 어머니는 아들이 서재에서 나라의 장래를 걱정하며 탄식하는 것을 보고 아들에게 말했다.

"다른 사람들이 어떻게 행동하든지 간에 너는 나라의 은혜에 보답하는 것을 잊어서는 안 된다. 그런 뜻에서 내가 네 등에 문신을 새겨 주고자 하는데 너는 어떻게 생각하느냐?"고 물었다.

악비는 나라에 충성을 다할 뿐 아니라 부모에게도 효성을 다하는 사람이었다. 어머니의 말을 들은 그는 즉시 웃옷을 벗고 돌아앉아 어머니에게 문신을 새기게 하였다.

악비의 어머니는 서슴없이 아들의 등에 진충보국(盡忠報國)이란 네 글자를 새겨 넣었다.

그 후 악비는 북벌을 하여 휘종과 흠종을 모셔 오고 빼앗긴 강토를 수복하자고 주장했지만 휘종(徽宗)의 아홉째 아들 고종은 화의(和議)를 주장하는 진회(秦檜)의 말만 듣고 악비의 말은 무시하였다.

악비는 진회의 음모에 빠져 서른 아홉이라는 젊은 나이에 국가에 충성할 기회를 얻지 못하고 억울한 죽음을 당하고 말았으며 송나라는 금나라에 군신(君臣) 관계를 맺기에 이르렀다.

악비의 어머니가 정성스럽게 아들의 등에 진충보국(盡忠報國)이란 문신을 새겨 주었다는 이야기에서 유래하여 악비와 같이 나라와 민족을 위해 개인의 이익은 돌보지 않고 일하는 것을 진충보국이라고 한다.

진충보국(盡忠報國)하는 일은 옛날에는 왕후장상(王侯將相)의 구호였고, 현세에 와서는 국가 고관대작(高官大爵)의 전유물처럼 변질되어 가기도 한다.

김일성이 일으킨 6.25 사변 때 대한민국의 젊은 청년들이 진충보국(盡忠報國)이라 쓴 머리띠를 두르고 입영열차에 올라 전선으로 떠나 국가를 위하여 목숨을 바치던 영상에 나오는 모습이야 말로 악비 때의 진충보국을 보는 듯했다.

국가의 안위와 풍요는 개인들의 사욕(私慾)이나 파당(派黨)들의 이익추구에서는 이루어지지 않는다.

정의로운 대중들의 희생 후에 이루어진다. 이것은 역사의 교훈이며 진리다. 엘리트집단 정치지도자나 변설가(辯舌家)들에 의하여 이루어지는 것은 더더구나 아니니다.

정치지도자들이 너나 할 것 없이 진충보국을 외쳐대는 데 그 진정성이 정말이었으면 나라는 한없이 부흥할 것이다.

## 漆身呑炭(칠신탄탄)

몸에 옻칠을 하고 불붙은 숯을 삼킨다.

❍ 글자 뜻 : 漆(옻칠 칠) 身(몸 신) 呑(삼킬 탄) 炭(숯 탄)

❍ 출전 : 사기(史記), 자객열전(刺客列傳)

❍ 의미 / 비유

❶ 복수를 위하여 몸을 괴롭힘.

❷ 은인을 위해서라면 아무리 어려운 일이라도 해내는 것을 비유함.

❍ 사건유래의 요약

진(晋)나라에 예양(豫讓)이라는 사람이 있었다. 그는 원래 범씨(范氏)와 중행씨(中行氏)를 섬겼지만 이름이 그다지 알려지지는 않은 인물이었다.

그런데 당시 지백(智伯)이란 사람은 그를 매우 존중하고 아껴주었다. 그때 조양자(趙襄子)라는 사람이 쳐들어와 지백(智伯)과 그의 후손들까지 모두 죽이는 일이 벌어졌다.

예양은 당시 산 속으로 피신하여 조양자에게 지백의 원수를 갚을 기회를 노리고 있었다. 예양은 자기의 이름을 바꾸고 조양자의 집에 하인으로 들어가 변소청소를 하며 복수의 기회를 노렸다.

어느 날 조양자가 변소에 있는 틈을 타 그를 도모하려했으나 실패하여 붙잡히고 말았다. 예양은 "지난날 지백의 원수를 갚으려했다."고 사실대로 털어놓았다. 그러자 조양자는 그를 의(義)로운 사람이라고 하여 살려주었다. 그러나 예양은 자기의 얼굴이 이미 잘 알려져 있음을 생각하고 지백의 원수를 갚으려면 아무도 자기를 알아보지 못하도록 몸에 옻칠을 하고 숯을 먹어 목소리까지 변장을 한 채로 길거리에 나섰는데 자기의 부인도 그를 알아보지 못했다고 한다.

그는 그러한 모습으로 조양자가 지나가는 다리 밑에서 몸을 숨기고 복수를 하려했지만 조양자가 탄 말이 놀라서 다리를 통과하지 않으려하자 이를 이상히 여긴 조양자의 부하들이 다리 밑을 수색하여 또 다시 실패하고 말았다.

조양자는 예양에게 "너는 지백을 섬기기 전에도 다른 사람을 섬겼는데 왜 지백의 원수만 갚으려 하느냐?"고 묻자 예양은 "나를 알아준 사람은 지백님 밖에 없었기 때문입니다."라고 답했다. 그러자 조양자는 "그렇다면 전번에 나를 죽이려 했던 일을 내가 그대를 용서해 준 일로서 또한 지백에 대한충성은 충분할 거요. 예양 그대는 지백을 위해서는 할 일을 다했소."하며 예양을 죽이려했다. 그러자 예양은 "옛말에 뛰어난 임금은 억지로 아름다운 일을 덮지 않고, 충신은 의리를 지킨다고 합니다. 그러니 공의 옷을 얻어 찔러 원수를 갚게 해주신다면 여한이 없겠습니다."라고 외쳤다. 그러자 이에 감동한 조양자는 예양에게 자기의 옷을 벗어 주었다. 그러자 예양은 조양자의 옷을 세 번이나 찌르고는 그 자리에서 자결을 했다.

옛말에 "선비는 자기를 알아주는 사람을 위해 목숨을 바치고, 여자 는 자기를 사랑해 주는 사람을 위해 얼굴을 가꾼다.(士爲知己者死 女爲悅己者容)"고 했다. 예양이란 사람은 이를 실천한 사람의 본보기가 되는 사람이다. 요즘 세상에서는 말도 되지 않는 이야기지만 과거에는 이런 사람들이 흔치 않게 많이 있었다.

### ❍ 유사성어

漆身爲癘(칠신위려) 臥薪嘗膽(와신상담) 結草報恩(결초보은)

### ❍ 생활 속의 지혜

❶ 은혜를 입은 사람에게 반드시 보답하는 생활 습관 함양.

❷ 목표달성을 위해서 모든 노력을 경주하는 마음 소유.

예로부터 동서양을 막론하고 인간은 은혜에 대해서는 보답하고 원수에 대해서는 철저히 보복하므로 그 마음의 응어리를 풀었다. 이에 인간의 본래 성품인 선한 마음으로는 은혜를 효(孝)로써 내세우고 원수를 갚는 정당성으로는 의(義)를 우선으로 했다. 또 사람들은 효와 의를 인간윤리의 핵심내용으로 선정하고 이를 행동으로 이행하도록 권장해왔다.

그러나 사회가 조금씩 변함에 따라 이제는 효(孝)보다는 동정(同情)이, 의(義)보다는 황금이 우선시 되는 사회가 되어가고 있다. 이는 공동체 집단이 크면 클수록 신분이 귀하면 귀할수록 더욱 심해지고 있다.

성경은 이렇게 가르친다.

"내 사랑하는 자들아 너희가 친히 원수를 갚지 말고 하나님의 진노하심에 맡기라. 기록되었으되 원수 갚는 것이 내게 있으니 내가 갚으리라."고 주께서 말씀하시니라. (로마서)

용서(容恕)와 관용(寬容)과 포용(包容),

이는 말은 하기 쉽고 이르기는 매우 편한 좋은 말들이다.

그러나 정치적 패배로 인하여 멀리 유배지에서 정적을 원망하며 복수의 기회를 노리는 자들에게 과연 수용할 수 있는 마음이 있을까? 특히 분노를 용서로 바꾸는 마음은 보통 어려운 일 아닐 것이다. 인간으로의 정신을 뛰어넘은 성직자가 아니고서야 거의 불가능할 것이다 그러나 믿음을 통해서는 가능하다고 한다.

'가장 고귀한 복수는 관용하는 것이다.'라는 묵시의 한 구절이 문득 생각난다.

"왜 당신은 엉뚱한 복수를 하시려는 겁니까? 하나님이 아끼시는 한 인간의 영혼에 상처를 입힐 권리는 결코 사람에게는 없어요. 복수란 오직 악마에게 대해서만 허락되는 최후 수단입니다."

용서! 그것은 어쩌면 하나님이 인간에게 최후로 가르쳐 주신 복수에 대한 가장 완전한 방법이요 축복이라고 생각하면 가능 할 수 있다.

우리는 때로 하나님께 기도 하면서 "하나님 우리가 정의로운 일, 의로운 일보다 그 이상의 하나님이 원하시는 위대한 일을 할 수 있다면 그것이 과연 무엇이겠습니까?"

뜻밖에도 우리 주님은 이렇게 대답하신다.

"내가 너에게 베풀어 준 것처럼 그들에게도 그것을 베풀어 주어라."

"눈은 눈으로, 이는 이로 갚으라 하였다는 것을 너희가 들었으나, 악한 자를 대적 하지 말라. 누구든지 네 오른편 뺨을 치거든 왼편도 돌려대며 악한 자를 아예 대적하지 말라.(눅 6:29-30)"고 가르치신 말씀을 행동으로 실천하도록 노력하는 자는 가능할 것이다.

# 七縱七擒(칠종칠금)

적을 일곱 번 놓아주었다가 일곱 번 사로잡음.

**❍ 글자 뜻 : 七(일곱 칠) 縱(늘어질 종, 용서할 종) 擒(사로잡을 금)**

**❍ 출전 : 三國志(삼국지) 蜀書 諸葛亮傳(촉서 제갈량전)**

**❍ 의미 / 비유**

상대방을 자유자재로 요리하는 재주를 비유.

**❍ 사건유래의 요약**

제갈량(諸葛亮)이 북쪽의 위(魏)나라 정벌을 계획하고 있는데, 남만(南蠻)의 맹획(孟獲)이 반란을 일으켰다. 제갈량은 북벌(北伐)을 하기 전에 배후를 평정하기 위해 맹획을 정벌하기로 결정했다.

출전에 앞서 마속(馬謖)이 제갈량에게 진언했다. "어리석은 소견이 있으니 승상께서는 헤아려 들으시기 바랍니다. 남만은 멀리 떨어져 있는 데다 산세가 험준한 것을 믿고 복종하지 않은 지가 이미 오래되었습니다. 비록 이번에 격파한다 해도 내일이면 또다시 배반할 것입니다. 승상의 대군이 이르면 저들이 틀림없이 복종할 것입니다만, 군사들이 돌아오는 날로 북쪽의 조비(曹丕)를 정벌하러 갈 것이므로, 만병(蠻兵)들이 우리 내부가 비었다는 것을 알면 재빨리 반역할 것입니다. 무릇 용병을 하는 데는 마음을 공략하는 것이 상책이며, 성을 공략하는 것은 하책입니다.

심전(心戰)이 상수요 병전(兵戰)은 하수이니, 바라건대 승상께서는 그들의 마음을 복종시켜야 할 것입니다." 공명이 감탄하여 말했다.

"참으로 유상(幼常, 馬謖)은 내 폐부를 꿰뚫어 보는구나!"

공명은 즉시 마속을 참군으로 삼고 대군을 통솔하여 곧장 진격해 나갔다. 제갈량은 작전을 전개하여 맹획을 쉽게 생포했고, 맹획은 억울하다며 놓아주면 다시 싸워 지면 항복하겠다고 했다. 제갈량은 맹획을 풀어 주었다. 공명이 맹획을 놓아 보내자, 지켜보던 여러 장수들이 물었다.

"맹획은 남만의 괴수(魁首)입니다. 이제 다행히 사로잡아 남방이 겨우 평정되었는데, 승상께서는 무슨 생각으로 놓아주십니까?" 공명이 웃으며 대답했다.

"내가 맹획을 사로잡는 것은 주머니 속의 물건을 꺼내는 것만큼이나 쉬운 일이오. 맹획이 진심으로 항복하면 남만은 저절로 평정될 것이오." 맹획은 또 생포되었지만 여전히 불복했다. 제갈량은 또 맹획을 풀어 주었다가 다시 사로잡곤 했는데, 그러기를 무려 일곱 차례나 했다. 마침내 감복한 맹획은 진심으로 승복하면서 더 이상 대항하지 않았다. 제갈량은 맹획에게 촉한(蜀漢)의 관직을 주었는데, 나중에는 어사중승(御使中丞)에까지 이르렀다.

### ❍ 유사성어

磨釜作針(마부작침) 大器晩成(대기만성)

### ❍ 생활 속의 지혜

❶ 멀리 내다보고 계획하고 운영함.

❷ 눈앞의 이익만 챙기는 것은 일을 더 어렵게 만듦.

제갈량의 칠종칠금은 아주 유명한 고사이다. 일곱 번을 잡았지만 일곱 번을 놓아준 제갈량의 칠종칠금은 많은 교훈을 준다.

제갈량이 남만의 맹획, 그러니까 지금의 중국의 서남쪽 지역을 접수하기 위해 그곳을 다스리고 있던 맹획과 전쟁을 해서 7번을 다 이기고 7번을 모두 잡아 7번을 모두 놓아 주었다. 그리고 나서야 맹획이 제갈량에게 충성을 다하겠다고 맹세 한 것이다. 제갈량은 삼국지에서 나온 제일의 책사이자 거의 신(神)에 해당될 정도로 몇 백리 뒤에서 수 만리를 훤히 꿰뚫어 볼 수 있는 전략가인 것이다.

그런 제갈량이 남만의 맹획을 7번이나 잡았다가 풀어준 것은 대단한 것이다. 사람의 마음을 얻기 위해서는 이처럼 어렵다는 것을 제대로 보여주는 것이다. 그러나 제갈량은 모두 승리 했고 남만의 맹획을 다스릴 줄 알았다. 진정한 사람에게는 그만큼 고개를 숙이는 법이다. 물론 제갈량 역시 유비의 삼고초려를 받고 들어왔으니 어찌 칠종칠금의 앞일을 몰랐겠는가.

제갈량의 칠종칠금은 삼국지에서 전무후무한 역사적 명장면 중 하나였으며 자신감과 용서, 베픎, 그리고 진정한 복종 등 많은 교훈을 일깨워 준다.

여기에서 제갈량의 원대한 전략을 알 수 있다. 즉 후방이 불안한 전선은 그 전투력을 다 발휘할 수 없다. 후방의 불안을 없게 하기 위해서는 전력을 분산해야 하고 지휘관의 지휘통제가 분산되어야 하는 지휘 부담이 있는 것이다. 그것도 후방의 적이 완전히 복종하여 우리 편이 되기 전에는 심히 불안한 전투를 해야 되기 때문이다. 그리고 제갈량의 자신만만한 심리적 상태이다. 이미 적의 작전이나 전력의 강약을 파악하고 있었을 것이다. 이유는 원정 간 군대가 적장을 잡아놓고 다시 싸워보자는 말에 그렇게 하자고 하며 풀어주는 바보 같은 지휘관이 있겠는가.

제갈량이 몇 번을 싸워도 이길 수 있는 자신감은 적의 지피지기

(知彼知己)가 아니면 생각할 수 없는 것이다. 그 다음의 교훈은 적지의 민간인에 대한 신뢰구축일 것이다. 만약 이기고도 주민의 협조가 없으면 장기전을 치룰 수가 없기 때문이다. 주민과의 유대강화는 전쟁을 이기고 잔여 항쟁의 불씨를 없애 버리는 결과가 되기 때문이다. 제갈량의 탁월한 지휘통솔 등 개인적인 탁월한 지휘능력이 아니더라도 전장에서 일어날 수 있는 모든 조치를 완벽하게 해놓고 치룬 전투이기 때문에 백전백승이 가능하였다.

손무는 손자병법 제3편 모공(모공)편에서

知彼知己, 百戰不殆. 不知彼而知己, 一勝一負. 不知彼, 不知己, 每戰必殆.(지피지기, 백전불태. 지피이지기, 일승일부. 부지피, 부지기, 매전필태.)

적을 알고 나를 알면 백 번 싸워도 위태롭지 않다. 적을 알지 못하고 나를 알면 한 번 이기고 한 번 진다. 적도 모르고 나도 모르면 싸울 때마다 반드시 위태롭다.

경쟁사의 잠재력이 어느 정도인지 몰라도 내 회사의 강점과 취약점을 제대로 파악하고 있다거나, 상대에 대한 정보가 없지만 나의 장단점만이라도 명확하게 알고 있다면 승산의 반을 확보할 수 있다는 말이다. 왜? 적을 아는 것보다 나 자신을 제대로 아는 것이 더 어렵기 때문이요, 승리는 내가 만들어 가는 것이기 때문이다.

하지만 적을 알지도 못하고 자기 자신이 어떤 사람인지조차 파악하지 못하면서 승리를 꿈꾸는 어리석은 자에게 승리는 영원히 찾아오지 않을 것이다.

欲勝人者 必先自勝(욕승인자 필선자승)

남을 이기고자 하면 반드시 먼저 자신을 이겨야한다.

- 여람(呂覽) -

## 破鏡重圓(파경중원)

깨어진 거울이 다시 온전하게 되었다.

**❍ 글자 뜻 : 破(깨질 파) 鏡(거울 경) 重(거듭 중) 圓(둥글 원)**

**❍ 출전 : 孟棨(맹계) 本事詩(본사시) 情感(정감)**

**❍ 의미 / 비유**

거울을 깨서 나누어 가졌다가 다시 거울을 맞추었다.
헤어졌던 부부가 다시 만나게 되는 것을 비유함. (재결합)

**❍ 사건 유래의 요약**

남북조시대 북주(北周)의 승상 양견(楊堅)은 나이 어린 황제 정제(靜帝)를 죽이고 스스로 제위에 올라 수(隋)나라를 세운 다음 남조의 마지막 왕조 진(陳)을 공격했다.

진의 황제인 후주(後主) 진숙보(陳叔寶)는 나라가 망해 가는데도 주색에만 빠져 있었다.

당시에 진나라 태자의 사인(舍人)이었던 서덕언(徐德言)의 부인은 진숙보의 여동생으로 낙창(樂昌)공주에 봉해졌으며, 재주와 미모가 뛰어난 여인이었다.

진나라의 정세가 혼란스러워지자 서덕언은 아내를 지켜 줄 수 없음을 알고 아내에게 말했다.

"그대의 재능과 용모로는 나라가 망한 후 틀림없이 권세 있는 집안으로 넘어갈 것이오. 그렇게 되면 우리는 영원히 헤어지게 될 것이오. 인연이 끝나지 않았다면 다시 만날 수 있게 될 터이니 그렇게 되리라고 믿습시다." 그리고는 거울을 깨어 반쪽씩 나누어 갖고 약속을 했다.

"반드시 정월 보름에 도성의 시장에다 팔도록 하시오. 내가 거기에 있다가 그날로 그대를 찾아갈 것이오."

진나라가 망하자 낙창공주는 과연 수나라 권신인 양소(楊素)의 아내가 되어 지극한 총애를 받았다.

서덕언은 갖은 고생을 다하며 겨우 수도로 가, 마침내 정월 보름에 시장에 갔다. 한참 돌아다니다 보니 사람들이 모여 수근 거리는 소리가 들렸다.

"미쳐도 단단히 미쳤구먼! 온전하지도 못한 반쪽거울을 누가 그 값을 주고 사나?" 가까이 가 보니 어떤 노인이 거울을 팔고 있었는데 너무 높은 값을 부르자 모든 사람이 다 비웃었다.

서덕언은 그를 숙소로 데려가 밥을 대접하고 그간의 사정을 일일이 말해 주었다. 서덕언은 나머지 반쪽 거울을 꺼내 맞추어 보고는 거울 뒷면에다가 시(詩) 한 수를 썼다.

鏡去人俱去 (거울과 사람이 함께 떠나)
鏡歸人未歸 (거울은 돌아왔는데 사람은 돌아오지 않네)
無不嫦娥影 (항아 같은 그대 모습 어디가고)
空留明月輝 (헛되이 밝은 달만 휘영청 남았네)

낙창공주는 이 시를 보고 울기만 하고 식음을 전폐했다.

양소가 이를 알고 비통해하며 즉시 서덕언을 불러 아내를 데려가도록 했으며, 많은 재물을 주었다.

이 말을 듣고 감탄하지 않은 자가 없었다.

낙창공주는 드디어 서덕언과 함께 강남(江南)으로 돌아가 평생을 함께했다.

### ❍ 유사성어 / 반대성어

溫達平康(온달평강) 牽牛織女(견우직녀) 好童樂浪(호동낙랑)
覆水不返盆(복수불반분) 破鏡再不照(파경재불조)

### ❍ 생활 속의 지혜

❶ 천륜의 인연은 무엇보다 소중하게 생각한다.
❷ 한번 맺은 인연 어떤 경우라도 다시 만날 것을 기대해야 함.

요즈음 한국사회의 결혼관은 이혼을 하기 위해 결혼을 하는 게 아닌가하는 착각이 들 정도로 가정이 깨어지고 있다.

소위 파경의 위기에 처해있는 가정이 많다.

최근 뉴스에 의하면 한국의 이혼율이 미국, 영국, 스위스 다음으로 높다고 하니 기막힐 일이다.

죽었다가 다시 태어나도 지금 배우자를 만나고 싶다는 천생연분이 있는가 하면 평생 원수로 생각 하며 사는 부부도 있다. 결혼을 하기는 쉬워도 결혼 생활을 유지하기는 참 어렵다.

가정에 평화가 있어야 사회도 건강하고 나라도 굳건 해 진다는 사실은 누구나 알고 있다.

내 가정은 얼마나 건강한지, 부부 사이에 어떤 알지 못하는 골은 없는지 한번 살펴보고 모든 가정 가정에 행복만이 가득 찼으면 하고 기대한다.

이혼에 위기에 처해있는 부부들은 그 나름대로 이유가 있을 것이다. 그러나 결혼을 앞둔 분들이나 결혼한 부부들에게 벤자민 프랭클린의 깊이 새겨들을 만한 축사 한 마디를 소개해 본다.

"결혼을 하기 전엔 눈을 크게 뜨고 결혼 후엔 반쯤 감아주라"

夫婦 人倫之始 萬福之原 雖至親至密 而亦至正至謹之地
(부부 인륜지시 만복지원 수지친지밀 이역지정지근지지)
부부는 인륜의 시작이고, 온갖 복의 근원이다. 비록 지극히 친하고, 지극히 가까우나 또한 지극히 바르고 삼가야 하는 자리이다.

이글은 퇴계(退溪) 이황(李滉) 선생이 손자 이안도(李安道)의 혼례 때 보낸 편지의 일부이다.

이제 막 혼례를 올리는 손자에게 부부란 무엇인지, 부부사이에는 어떻게 해야 하는지를 짧은 편지에 담았다.

가장 가까운 사이지만 서로 간에 항상 삼가야 한다고 하였다. 이어서 선생은 세상 사람들이 버릇없이 지나치게 친하기만 하여 마침내 업신여기고 능멸하여 못하는 짓이 없는데 이르는 것은 서로 공경하지 않아서 생기는 것이라 했다.

친함이 지나쳐 버릇이 없게 되어 서로 간에 공경이 사라지면 결국 함부로 대하는 지경까지 이르게 된다. '집안을 바르게 하려면 시작을 삼가해야 하니 항상 경계하라'라고 편지를 마무리 했다.

부부가 오래 서로 사랑하고 서로를 공경하고 상대방을 먼저 배려하는 따뜻함이 있어야 그 관계가 유지될 수 있다.

옛 선조들의 소중한 조언은 후손에게 길이 참고 됨은 말할 필요가 없다.

## 破釜沈舟(파부침주)

솥을 깨뜨리고 배를 가라앉힌다.

❍ **글자 뜻 : 破(깨뜨릴 파) 釜(솥 부) 沈(물에 빠질 침) 舟(배 주)**

❍ **출전 : 史記 項羽本紀(사기 항우본기)**

❍ **의미 및 비유**

❶ 솥을 깨뜨리고 배를 가라앉히다.

❷ 살아 돌아갈 기약을 하지 않고 죽을 각오로 싸우겠다는 굳은 결의를 비유함.

❍ **사건유래의 요약**

급격히 추진된 진(秦)나라의 통일 정책과 대규모 토목공사 등으로 백성들의 부담이 가중되면서 민심이 동요하기 시작하자, 진시황제(秦始皇帝) 말년에 극단적인 탄압 정책이 자행되었다.

당시 진나라의 폭정을 견디다 못한 백성들은 시황제의 죽음을 계기로 하여 여기저기서 들고일어났다.

이 당시 품팔이꾼이던 진승(陳勝, 진섭(陳涉))과 오광(吳廣)이 봉기해 장초(張楚)를 세우고 진나라에 항거하다가 실패한 후, 초나라의 귀족 출신인 항량(項粱)이 모사(謀士) 범증(范增)을 군사(軍師)로 영입 하고나서 그의 계책에 따라, 회왕(懷王)을 옹립하고 초나라를 재건했다.

당시 변방의 하급 관리인 정장(亭長)에 불과했던 유방(劉邦)은 여산릉(진시황의 능) 공사에 동원되는 인부들을 인솔하고 가던 중, 탈주자가 속출하자 아예 인부들을 해산시켜 버리고 자기 지역에서 소규모의 반란을 일으켰다.

유방은 패현의 서기(書記) 소하(蕭何)와 옥리(獄吏) 조참(曹參), 그리고 개 백정 번쾌(樊噲) 등의 지지에 힘입어 패현(沛縣)을 접수하고 현령으로 추대되어 활약하다가 항량에게 가담했다.

항량은 장한(章邯)을 격파하고 군대를 이끌고 정도(定陶)에 이르러 다시 진나라 군사를 깨뜨렸다.

계속해서 항우(項羽)와 유방은 진나라 군대와 옹구(雍丘)에서 싸워 크게 이기고 이유(李由, 이사(李斯)의 아들)의 목을 베었다.

한편 진나라 장한은 조(趙)나라의 한단(邯鄲)을 격파하고, 거록(巨鹿)을 포위했다. 조나라는 급히 초나라에 구원을 요청했고. 초(楚)의 회왕(懷王)은 송의를 상장에, 항우를 차장에, 범증을 말장으로 임명하여 5만의 원병을 파견했다.

그런 사이 11월 중순이 되자 병사들은 추위와 굶주림에 지쳐만 갔다. 더 이상 보고만 있을 수 없다고 생각한 항우는 장막 안으로 들어가 송의를 참살하였다.

그리고 그 군대를 모두 이끌고 황하를 건너 배를 모두 가라앉히고, 솥과 시루를 깨뜨리고, 막사를 불태우고, 사흘 동안 먹을 양식만을 지니고서 사졸에게 죽음으로 싸우겠다는 의지를 보여 주었다. 그런데도 누구 하나 마음을 돌이키는 자가 없었다.

그리하여 진나라 군대와 아홉 번 만나 싸워 크게 쳐부수고 왕리(王離)를 사로잡았다. 이로써 초나라 군대가 제후군의 으뜸이 되었고, 항우는 비로소 제후의 상장군이 되었으며, 제후가 모두 그의 소속이 되었다.

### ❍ 유사성어

棄糧沈船(기량침선)  背水之陣(배수지진)

### ❍ 생활 속의 지혜

❶ 막다른 상황까지 가지 않도록 사전에 치밀한 계획수립.

❷ 파부침주(破釜沈舟) 각오로 일을 하면 못할 것이 없다.

이 당시 병사들이 장하(璋河)를 건넜을 때 항우는 갑자기 뜻밖의 명령을 내렸다. 병사들에게 3일분의 양식을 지급하게 한 다음 모든 솥을 깨부수게 하였다. 또 타고 온 배를 모두 파괴하여 부숴 물속에 침몰시키게 하였다.

이것은 병사들이 되돌아갈 수 없음을 뜻하는 것이다. '3일분의 양식'이란 3일후부터는 전혀 먹을 것이 없음을 의미한다. 오로지 남은 것은 싸워서 승리를 쟁취하든가, 아니면 패하여 모두가 죽는 것 둘 중에 하나만이 있을 뿐이었다.

항우의 병사들은 엄청난 수적 열세에도 불구하고 죽기 아니면 살기의 물불을 가리지 않는 배짱과 용맹함으로 무섭게 돌진하여 사력을 다해 싸웠다.

그 결과, 적의 주력부대를 패퇴시킴으로 전쟁을 승리로 이끌었다. 그리고 이것을 계기로 항우는 중원의 최고의 명장으로 등극하게 되었다.

지난 2018년 러시아 월드컵 때 우리나라는 무적 전차군단이라는 별명을 지닌 독일을 상대로 예선전을 치르게 되었다. 결전의 날 우리는 태극전사들에게서 마지막 시합에 임하기전 전사들의 표정이 한결같이, 죽기를 각오하고 싸우겠다는 결연함을 읽을 수 있었다.

그 당시 누군가가 1%의 기적을 바랄뿐이라고 했는데 그 파부침주의 의지(意志)가 1%의 기적을 만들어 냈다. 정말 승리보다 위대하고 값진 교훈이었다. 결국 교만한 독일은 침몰했고, 파부침주의 의지를 가진 태극전사들이 세계 랭킹 1위인 독일을 침몰시키는 쾌거를 달성했다.

우리는 여기서 소중한 교훈을 얻었다. '죽음을 각오로 한다면 어떤 일이라도 성사시킬 수 있다'는 교훈 말이다. 그 교훈은 실제 열한 명의 태극전사들에 의해 입증되었다는 사실이다.

반면, 우리 국민이 반성하고 고쳐야 될 부분 또한 과감해져야한다. 남의 말하기를 좋아하는 누리꾼들의 비난, 촌철살인이라 했던가!

그들의 무자비한 남 헐뜯기가 선수들의 마음을 갈기갈기 찢어놓고 괴로움과 사기저하 되는 잘못은 크게 반성해야한다. 자기 자신의 생각만으로 남을 무지막지하게 비판하는 잘못된 버릇(자기는 잘하지도 못하면서) 이제는 사라져야 한다. 그것이 국익을 훼손하는 큰 지렛대 역할을 한다는 것을 깨달아야 한다. 곧 파부침주의 의지를 깨버리는 독소역할을 하기 때문이다.

# 破竹之勢(파죽지세)

대[竹]를 쪼개는 기세

**❍ 글자 뜻 : 破(깨뜨릴 파) 竹(대 죽) 之(어조사 지) 勢(기세 세)**

**❍ 출전 : 晉書 列傳 第四 杜預傳(진서 열전 제4 두예전)**

**❍ 의미 / 비유**

❶ 맹렬한 기세로 거침없이 나아감.

❷ 무인지경을 가듯 아무런 저항도 받지 않고 진군함의 비유.

**❍ 사건유래의 요약**

삼국 가운데 촉한(蜀漢)이 가장 먼저 망하고, 천하는 위(魏)의 뒤를 이은 진(晉)과 남방의 오(吳)가 대치(對峙)하게 되었다.

진(晉)나라의 장군 양호는 오(吳)나라를 칠 것을 몇 차례나 상소했지만, 북쪽 흉노(匈奴)의 남하(南下)를 우려한 중신(重臣)들의 반대로 숙원(宿願)을 이룰 수가 없었다. 뒷날 양호는 죽으면서 두예(杜預)를 무제(武帝)에게 천거했다. 양호는 자기의 꿈을 두예(杜預)에게 위탁했던 것이다.

장군이 된 두예(杜預)도 오(吳)나라 정벌을 역설했고 마침내 무제(武帝)는 두예(杜預)의 건의를 받아들였다.

이윽고 진(晉)나라의 대군이 남정(南征)을 개시, 형주를 쳐서 점령했다. 여기서 장군들이 모여 작전회의(作戰會議)를 열었는데 한 장군은 이런 의견을 내놓았다.

"지금 단번에 승리를 거두기는 어렵소. 게다가 지금은 봄철이어서 비가 많이 내리고, 질병(疾病)도 발생하기 쉽소. 여기서 일단 작전(作戰)을 중지하고, 다음 겨울까지 기다리는 게 좋지 않겠소." 그러자 두예(杜預)가 단호히 말했다.

"절대로 그렇게 해서는 안 되오. 지금 우리 군대의 사기(士氣)는 크게 높아져 있소. 이것을 비유해서 말하면 '대[竹]를 쪼개는 것 즉 파죽지세(破竹之勢)'과 같소. 두 마디 세 마디를 쪼개다 보면, 나중에는 칼만 대면 저절로 쪼개져서 힘을 들일 필요가 없소. 그러니 지금이 절호의 기회요."

두예(杜預)는 휘하의 전군을 휘몰아 오나라의 도읍 건업(建業)을 단숨에 공략했다.

드디어 오왕(吳王) 손호(孫晧)가 항복함에 따라 마침내 진(晉)나라는 삼국시대(三國時代)에 종지부를 찍고 천하를 통일하게 되었다.

### ❍ 유사성어

勢如破竹(세여파죽) 迎刃而解(영인이해)

士氣衝天(사기충천) 一瀉千里(일사천리)

### ❍ 생활 속의 지혜

❶ 옳다고 생각한 것은 끝까지 관철 할 것.

❷ 파죽지세의 결단은 중지(衆智)를 모아 결정.

파죽지세의 기세는 비록 중국의 고사만이 아니다.

우리나라는 몇 번의 전쟁이 적군의 파죽지세의 공략으로 위기를 겪은 것이 한 두 번이 아니다.

1592년 4월 13일에 일본군이 첫 상륙을 하고, 4월 28일 신립이 패했으니, 15일 만이다. 문제는 급박한 상황에서 병력을 끌어 모아 내려갔으니 15일 정도에 모을 수 있는 병력은 사실 상 그게 다였고, 그걸 몽땅 올인 했다가 패했으니 이제 남은 건 한양까지의 탄탄대로였다. 선조는 도원수 김명원에게 북상하는 왜군을 막으라는 전권을 부여하고, 팔도에 교시와 초유사를 보내 군대를 조직하게 된다. 그리고 스스로는 몽진을 결정한다.

4월 30일에 큰 비가 내렸지만 왜군 1번대는 한양을 급습하는 것이 우선이라 판단해 예정대로 충주를 출발 5월 1일에는 주력 부대까지 양평을 지나게 된다. 그리고 2일에는 북한강을 건너고 양수리 인근에서 강을 따라 서쪽으로 빠르게 전진해 간다. 즉 서울에서 보면 동쪽에서 치고 들어오는 모양이 된다.

2번대는 충주에서 음성 용인을 거쳐 2일에 한강 남쪽에 도달한다. 2번대는 한양 남쪽에서 치는 모습이고, 3번대는 충청도 황간을 거쳐 청주, 진천을 지나 죽산에서 2군의 꼬리를 물고 용인으로 북상했다. 선조는 30일에 한양을 버리고 몽진했다.

궁궐이 불타는 모습을 본 것은 둘째 치고 임진강변에 도착했을 때 그 많던 신하들도 다 도망치고, 심지어 호위를 하는 갑사들도 튀어버려서 종친과 일부 신하 그리고 내시 등까지 쳐서 100명 정도 뿐이었다.

이런 상황에서 5월 1일 저녁 늦게 개성에 들어가게 되는데, 이 난리 통에도 대간, 신하라는 자들이 위기 대응은 둘째 치고 파천을 주장한 자를 죽여야 한다면서 당쟁을 하고 있었으니 한심하기 이를 데가 없다.

선조가 떠난 뒤에 한양에 남은 김명원과 신각은 무관 50명과 군사 1,000명 정도를 거느리고 한강 북안에 방어선을 쳤습니다만… 될게 아니었다.

5월 3일. 전쟁이 시작 된지 한 달도 못되는 사이에 고니시의 1번대가 동대문을 통해 한양으로 진입하게 된다. 바로 이어 2번대도 숭례문을 통해 진입하고, 복병이 있을지도 모른다는 우려에 샅샅이 성내를 뒤지지만 정말… 사람 하나 볼 수 없었다.

완전 무혈입성. 그리고 한양이 함락되던 날, 선조는 개성을 떠나 4일에는 평산, 5일에는 봉산, 6일에는 황주를 거쳐 7일에는 평안도 중화를 지나 대동강을 건너 저녁 늦은 시간 평양성에 들어간다.

그야말로 파죽지세의 일본군 공격이었다.

현대전에서도 6.25 남침 때 북한 괴뢰군이 또한 그러했다. 그때도 북한군은 그야말로 파죽지세로 남한을 유린했고 그 기세로 대구까지 단숨에 진격하였다. 파죽지세의 교훈은 우리 민족에게는 큰 상처와 아픔을 겪은 쓰라린 경험의 고사성어이기도 하다 대신 유비무환이라는 큰 교훈을 얻는 성과도 빼놓을 수 없다.

善游者溺 善騎者墜(선유자익 선기자추) : 헤엄 잘 치는 자 물에 빠져죽고 말 잘 타는 자 말에 떨어져 죽는다.

自伐者無功 自矜者無長(자벌자무공 자긍자무장) : 스스로 떠벌리는 자 오히려 공이 없고, 자신을 과시하는 자 오래가지 못한다.

파죽지세가 꼭 좋은 것만은 아니다.

## 咸興差使(함흥차사)

함흥으로 가는 특별한 사신(特使)

**❍ 글자 뜻 : 咸(다 함) 興(일어날 흥) 差(어긋날 차, 보낼 차) 使(사신 사)**

**※ 差使(차사 : 중요한 임무를 위하여 파견하는 임시직)**

**❍ 출전 : 老峰集(노봉집), 五山說林(오산설림)**

**❍ 의미 및 비유**

❶ 권력을 차지하고자 하는 내분의 비극.

❷ 가정에서의 비극이 부자간의 반감으로 상호불신 초래.

❸ 심부름 간 사람이 아무런 소식이 없는 것에 비유.

**❍ 사건유래의 요약**

태조(이성계)가 1, 2차 왕자의 난(亂)이후 만년(晩年)에 왕업(王業)을 일으킨 함흥(咸興)에 대한 그리움을 품고 세자에게 왕위를 물려준 뒤 북궐(北闕)로 행행하고 나서는 대궐로 돌아오려 하지 않았다. 이에 조정에서 매번 돌아오도록 청하였으나 청을 이룰 수 없었다. 그리하여 전후로 보낸 사자만 10여 명이었는데 모두 돌아오지 못하였다.

판승추부사(判承樞府事) 박순(朴淳)이 비분강개하여 자신이 가기를 청하였다.

함흥에 이르러 멀리 행궁이 바라보이자 일부러 새끼 말은 나무에 매어 두고 어미 말을 타고 가는데, 말이 자꾸 뒤돌아보며 머뭇거려 나아갈 수가 없을 정도였다.

박순은 상왕(上王)과 어렸을 때부터 친구였기 때문에 상왕은 그를 반갑게 맞아 옛일을 얘기하며 정성껏 대접해 주었다. 상왕이 물었다.

"새끼 말을 나무에 매어 둔 것은 무슨 까닭인가?" 박순이 아뢰기를 "길을 가는 데 방해가 되어 매어 두었는데, 어미와 새끼가 차마 서로 헤어지지 못하였습니다. 미물이라도 또한 지극한 정인가 봅니다."

박순은 이렇게 대답하고는 눈물을 흘리며 오열했다. 상왕도 감동하여 눈물을 줄줄 흘렸다.

그러다가 하루는 박순과 함께 바둑을 두고 있었는데, 마침 쥐가 새끼를 물고 가다가 천장에서 떨어져 죽게 되었는데 어미쥐가 뒤이어 떨어져 새끼 쥐를 물고 달아나 서로 저버리지 않는 것을 보았다. 박순이 다시 바둑판을 밀고 땅에 엎드려 우니, 상왕이 슬피 여겨 곧 대궐로 돌아갈 뜻을 밝혔다.

박순이 하직하고 돌아가려고 하자 상왕이 속히 가라고 했다.

행재소(行在所)에 있던 신하들이 그를 죽이도록 청하였으나 상왕(上王)이 허락하지 않았다. 그리고 박순이 이미 용흥강(龍興江)을 건넜으리라 추측하고 사자에게 칼을 주면서 말했다.

"만약 이미 강을 건넜으면 추격하지 마라." 그런데 박순은 우연히 급작스런 병에 걸려 그때까지 배 안에 있으면서 강가를 벗어나지 못하고 있었다. 사자가 박순을 요참(腰斬)하고 돌아오니 상왕이 크게 통곡하며 물었다.

"박순이 죽으면서 무어라 하던가?" 사자가 대답했다.

"북쪽으로 행궁을 향하여 '신은 죽습니다. 원컨대 전에 하신 말씀을 바꾸지 마소서.'라고 부르짖었습니다." 상왕이 눈물을 흘리며 말했다.

“박순은 어렸을 적의 좋은 친구이다. 내가 지난번에 한 말을 번복하지는 않을 것이다.”

태종은 박순의 죽음을 듣고 놀라 애통해하면서 등급을 더하여 진휼(軫恤)하고, 화공에게 명하여 그의 반신을 그리도록 했다.

### ❍ 유사성어

終無消息(종무소식) 江原道砲手(강원도포수)

### ❍ 생활 지혜 및 교훈

❶ 모든 일은 순리대로 진행해야함(長子繼承原則)을 적용했으면 왕자난(王子亂)은 없었을 것이다.

❷ 과도한 자기욕심은 금물.

함흥차사가 주는 교훈은 원칙을 멀리하고 멋대로 세자를 책봉한 태조에게서부터 시작되었음을 알 수 있다. 그것이 결국 왕자의 난으로 이어졌고, 조선 최대의 씻을 수 없는 정쟁(政爭)비극이 되었다.

결국 태조는 돌아와 태종에게 왕위를 물려주지만 한 나라의 개국과 권력에 대한 상쟁(相爭)의 어두운 뒷면도 회고해 보아야 진정한 고사를 이해하리라 생각한다.

여기서 우리는 태조의 마음을 돌리기 위해 처절하고도 의연한 능력을 발휘한 박순의 모범적인 충성과 절의의 충성된 모습을 깨달아야 할 것이다.

태조의 환궁을 결심하게 한 또 한사람 충신 성석린에 얽힌 사연은 다음과 같다.

"명신록"에 의하면 태종 이방원은 문안사를 자원(自願)한 성석린을 함흥으로 보냈는데 그는 백마를 타고 베옷 차림으로 과객같이 하고 떠났다. 목적지 근처에 당도한 성석린은 태조에게 직접 가지 못하고 근처에서 불을 피워 밥을 짓는 시늉을 하였다. 그랬더니 태조가 내시를 시켜 누구인가 알아보게 하였고 성석린이 "용무가 있어 지나가다가 날이 저물어 말을 매고 유숙하려 한다."고 보고하였다.

태조는 유난히도 오래 아끼던 그를 불렀고 성석린이 밤중에 부자 사이의 변고에 대한 도리를 말하자 태조는 "너도 너의 임금을 위해서 나를 달래려고 온 것이냐?"라고 의심스런 표정으로 물어 보았다.

이에 대해 성석린은 "만약 그래서 왔다면 신(臣)의 자손은 반드시 눈이 멀어 장님이 될 것입니다."라고 대답했다고 한다.

이 말을 믿은 태조는 환궁하지만 뒷날 성석린의 자손들이 모두 눈이 멀었다고 하고 둘째 아들은 자식이 없었다고 여러 문헌에 전한다.

그래서 누구나 함부로 거짓으로 말하기를 조심하라는 이른바 "말이 씨가 된다."는 경우로 언행을 삼가라는 교훈을 담고 있기도 하다.

口舌者禍患之門 滅身之斧(구설자화환지문 멸신지부야)

입과 혀는 재앙과 근심의 문이요, 몸을 망치는 도끼이다.

반대로 말 한마디에 천량 빚을 갚는다 했다. 말의 중요함을 새삼 느끼는 소중한 말씀이다.

## 興淸亡淸(흥청망청)

흥에 겨워 마음껏 즐기며 거드럭거림

❍ 글자 뜻 : 興(일으킬 흥/좋아할 흥) 淸(맑을 청) 亡(망할 망)

❍ 출전 : 조선왕조 실록

❍ 의미 및 비유

❶ 돈이나 물건 따위를 아끼지 않고 마구 쓰다.

❷ 흥에 겨워 마음껏 즐기며 거드럭거리는 모양.

❍ 사건유래의 요약

1494년 조선의 제 10대 왕이 된 연산군(燕山君)은 생모 폐비 윤씨(廢妃尹氏)가 사사(賜死)되면서 마지막으로 남긴 피 묻은 적삼을 보고 타오르는 복수심에 그의 패악(悖惡)과 폭정(暴政)은 날이 갈수록 심해 갔다.

몇 차례의 피 보라가 조정 안팎을 적시고 나자 쾌락 중독에 젖어든 연산군에게 간신 임사홍(任士洪)과 그 아들 임숭재(任崇載)는 갖은 아부로 기분 맞추기에 여념이 없었다.

임사홍 부자는 고심 중에 무릎을 치면서 생각해 낸 묘안이 바로 조선팔도의 미녀들을 징발하여 왕을 기쁘게 하려는 것을 생각했다.

계획이 짜여 지자 즉시 '채청(採靑), 채홍사(採紅使)'라는 특별 전담반을 구성하였는데 채홍사란 전국 각 지방에 파견되어 미색이 뛰어난 기생이나 여인들을 찾아 한양으로 데려 와야 하는 특명을 받은 벼슬아치들이다.

이들 채홍사 가운데 성적이 우수한 자는 벼슬은 물론 토지와 노비를 포상으로 주었다. 연산군 일기에 채홍사 가운데 성적이 가장 으뜸인자는 임사홍으로써 삼천여 명의 미녀를 찾아다 바치고 포상을 제일 많이 받은 것으로 기록되어 있다.

그때 전국 각지에서 1차에 합격된 여인들은 '운평(運平)'이라 불렀으며 그렇게 선발되어 뽑혀온 여인이 무려 일만여 명에 달했다.

그리고 일만여 명의 여인들 중에서도 기예(技藝)와 미색(美色)이 가장 출중한 절세미녀(絶世美女) 50명을 연산군이 직접 심사하여 '홍청(興淸)'이라 불렀다.

당시 연산군은 백마(白馬)가 정력(精力)에 좋다고 믿고 말고기를 즐겨 먹었으며 혼인하지 않은 처녀를 '청녀(靑女)'라 칭하여 각 지방 양반가의 미혼처녀를 선발하여 데려오기 위해 '채청녀사(採靑女使)'를 8도에 파견시켰다.

특히 전라도에 속했던 제주에 준마와 미녀가 많은 것으로 꼽혔는데 해안 도서지방의 여인들은 해산물 섭취량이 내륙 지방인들보다 많아 혈액이 청정하여 귀 볼이 늘어지지 않았으며 생리 활성이 뛰어났다.

이러한 과정을 거쳐 홍청으로 선발된 여인들에게 방중술을 통한 건강 증진법을 가르치는 내시부 교육담당 관리도 '채홍사'라고 불렀다.

연산군이 연일 잔치와 행사로 탕진하여 소비되는 엄청난 비용을 공신들의 재산을 몰수하여 충당하려 하자 공신들과 관료들의 반감이 커지고 끝내는 중종반정이 일어나 연산군은 폐위되고 말았다.

수천 명의 절세미녀들을 껴안고 재물을 물 쓰듯 하다가 신세 망친 연산군의 몰락을 지켜본 이들은 홍(興)하는 청(淸)이 아니라 망

(亡)하는 청(淸)이라는 뜻에서 '홍청망청(興淸亡淸)'이라는 말이 생겨났다.

### ❍ 생활 속의 지혜

❶ 나라의 지도자는 덕을 갖추고 왕도의 원칙을 잘 따라야한다.

❷ 향락과 사치는 몸과 가정, 나라를 망치는 지름길.

연산군은 또 원각사를 폐지하여 기생 양성소로 개편 하고, 오늘날 국립대학에 해당하는 성균관도 학생들을 내쫓고 유흥장으로 만들어 버렸다.

전국을 이처럼 접대부 양성소 및 대기소로 만들어 놓고 눈에 드는 운평은 대궐로 불러 들였다.

궁중에 들어가면 명칭이 홍청(興青)으로 바뀌며 지체가 높아 졌다. 그러나 홍청이라고 다 같은 홍청이 아니었다. 임금의 마음에 들어 잠자리를 같이 하면 천과(天科)홍청이라 하여 급수를 높였다. 그렇지 못한 홍청은 반대로 지과(地科)홍청에 머물렀다.

벼슬아치나 선비들로 하여금 홍청들을 태운 가마를 메게 했으니 천지가 뒤바뀐다 해도 상상하기 어려운 일을 저질렀다.

그런 식으로 밤낮을 가리지 않고 홍청들과 놀아났다.

자신이 말이 되어 홍청들을 태우고 기어 다니지를 않나, 반대로 자기가 그녀들 등에 올라 타 말놀이를 즐겼다. 그것도 모자라 민간 유부녀도 예쁘다는 말만 들으면 불러다 함부로 겁탈 하고, 심지어 큰 아버지인 월산대군의 부인까지 성추행 했다.

그 결과 중종반정이 일어나 왕좌에서 쫓겨나고 목숨을 잃었다.

그렇게 홍청들과 놀아나다 망했다 해서 백성들 사이에 홍청망청이란 말이 생겨났다.

小任崇載大任洪(소임숭재대임홍)
千古姦凶是最雄(천고간흉시최웅)
天道好還應有報(천도호환응유보)
從知汝骨亦飄風(종지여골역표풍)
작은 소인은 숭재요 큰 소인은 사홍이라.
천고에 으뜸가는 간흉이로구나.
천도는 돌고 돌아 응당 보복이 있으리니
알겠느냐 네 뼈 또한 바람에 날려질 것을

'중종실록(中宗實錄)'에 실려 있는 이 시(詩)에 임사홍은 아들과 함께 부마(駙馬 : 임금의 사위)로서 왕실과 인연을 맺으며 세조에서 연산군까지 정치적으로 탄탄대로를 걸었던 인물이었다.

그러나 1506년 중종반정(中宗反正)이 일어난 후 처형당했고, 부관참시(剖棺斬屍)까지 당하는 비참한 최후를 맞았다.

그는 사후까지도 연산군의 악행(惡行)과 패륜(悖倫)적인 행동을 부추긴 간신의 대명사로 인식되었다.

잠시간의 정치적 출세와 영원한 간신의 낙인, 역사의 심판은 실로 준엄하고 불변임을 일깨워준다.

흥청(興淸)이란 말 그 자체로 보면 '맑음을 일으킨다.'는 뜻이다.

조선왕조실록 연산군일기에 보듯 연산군은 흥청(興淸)의 뜻을 '나쁜 기운을 씻어 없앤다는 의미 所謂興淸 乃蕩滌邪穢之意也' 즉 마음속에 쌓인 나쁜 기운을 씻어낼 수 있는 좋은 제도라는 고상한 명분을 애써 부여하며 흥청망청 놀았고 그 결과 자신은 물론 나라마저 엉망이 되고 말았다.

인생은 내릴 수 없는 여행. 꼭 사치와 향락이 아니더라도 가장 소중한 '시간'을 그냥 무의미하게 대충 보낸다면 그것도 또 다른 의미의 홍청망청이 아닐까.

요즈음 한국 사회는 유래 없는 경제적 여유와 넘치는 정보로 인하여 두 가지 부류로 나누어지고 있다.

소위 베이비붐 이전 세대로 그냥 움켜쥐고 낭비하지 않는 것을 미덕으로 알고 모으며 저축하고 투자하여 차후를 대비하려는 막연한 생각으로 내 놓을 줄 모르는 세대가 그 하나요.

그 이후 세대는 내일 당장 어떻게 되더라도 재미있고 즐거운 생활을 우선으로 하는 세대가 그 하나이다. 서로들 걱정하고 우려하고 있지만 어느 부류가 옳다고 말할 수 없다.

그 중간 정도를 취함이 옳을 듯하다. 이전 세대는 좀 즐기고 이후세대는 미래를 생각하는 정도를 적당히 섞어서 살면 맞는 것 같다.

그 시대에 맞게 사는 것이 현명한 삶이 되겠지만 다가오는 미래도 한번쯤은 생각해야한다.

넉넉하다고 홍청망청 놀아나는 것 또한 경계해야할 요소라고 한번쯤은 생각해 보아야 한다.

一葉蔽木不見泰山 兩豆塞耳不聞雷霆
(일엽폐목불견태산 양두색이불문뇌정)
잎사귀 하나가 눈을 가리면 태산을 볼 수 없고,
콩 두 알이 귀를 막으면 천둥소리도 듣지 못한다.

- 鶡冠子(갈관자) -

2권으로 이어집니다.

# 장상현의 故事成語 ❶

장상현 편저

발 행 일 | 2019년 7월 5일
지 은 이 | 장상현
발 행 인 | 李憲錫
발 행 처 | 오늘의문학사
출판등록 | 제55호(1993년 6월 23일)
주　　소 | 대전광역시 동구 대전로867번길 52(한밭오피스텔 401호)
전화번호 | (042)624-2980
팩시밀리 | (042)628-2983
전자우편 | hs2980@hanmail.net
카　　페 | cafe.daum.net/gljang(문학사랑 글짱들)
cafe.daum.net/art-i-ma(아트매거진)

공 급 처 | 한국출판협동조합
주문전화 | (070)7119-1752
팩시밀리 | (031)944-8234~6

ISBN 979-11-6493-000-5
값 20,000원



* 이 도서의 국립중앙도서관 출판예정도서목록(CIP)은 서지정보유통지원시스템 홈페이지(http://seoji.nl.go.kr)와 국가자료종합목록시스템(http://www.nl.go.kr/kolisnet)에서 이용하실 수 있습니다.
(CIP제어번호 : CIP2019025963)